现代物流管理系列教材

物流企业客户服务

主编　赵　宁　王天春

中国物资出版社

图书在版编目（CIP）数据

物流企业客户服务/赵宁，王天春主编. —北京：中国物资出版社，2006.3（2015.2 重印）

（现代物流管理系列教材）

ISBN 978-7-5047-2469-4

Ⅰ. 物… Ⅱ. ①赵… ②王… Ⅲ. 物资企业—企业管理：销售管理—高等学校—教材 Ⅳ. F253

中国版本图书馆 CIP 数据核字（2005）第 148675 号

策划编辑 沈兴龙
责任编辑 沈兴龙
责任印制 方朋远
责任校对 孙会香

中国物资出版社出版发行
网址：http: //www.cfpress.com.cn
社址：北京市西城区月坛北街 25 号
电话：（010）68589540 邮政编码：100834
全国新华书店经销
三河市西华印务有限公司

开本：710mm×1000mm 1/16 印张：19 字数：336 千字
2006 年 3 月第 1 版 2015 年 2 月第 4 次印刷
书号：ISBN 978-7-5047-2469-4/F · 0978
印数：9001—11000 册
定价：28.00 元

《现代物流管理系列教材》编审委员会

序　言

中共中央办公厅、国务院办公厅印发的《2002年～2005年全国人才队伍建设规划纲要》指出："进入新世纪，国际形势正在发生深刻变化。随着经济全球化的发展，人才全球化趋势进一步增强，我国加入世界贸易组织后，面临的物流人才问题更加突出。发达国家利用各种手段吸引我国人才，人才竞争日益激烈：全球范围内的经济结构调整对人才素质提出了更高要求；综合国力的竞争更加倚重于科技进步和人才开发。今后5～10年，是我国经济和社会发展的重要时期，做好加入世界贸易组织后各项应对工作，实现'十五'计划确定的宏伟目标，把建设有中国特色社会主义事业不断推向前进，人才是关键。抓住机遇，迎接挑战，走人才强国之路，是增强我国综合国力和国际竞争力、实现中华民族伟大复兴的战略选择。"

面对世界经济一体化的进程加快，许多大型跨国集团的进入，我国各级政府部门和许多市场意识敏锐的企业已把物流作为提高竞争能力和提升企业核心竞争力的重要手段，把现代物流理念、先进的物流技术和现代经营与管理模式引入国家、地区经济建设和企业经营与管理之中。但是，我国的物流教育仍十分滞后，造成现代物流综合性人才，企业尤其是流通企业改造传统物流与加强物流管理、城市规划与物流系统运筹、第三方物流企业的运作技术操作等现代物流人才严重匮乏，阻碍了经济的发展和经济效益的提高。据各地人才预测，物流人才是全国12种紧缺人才之一，物流工程规划人员、物流管理人员、物流科研人员、物流师资全面紧缺。到2010年全国大专（高职、高专）以上物流人才的需求量为30万～40万人，国际物流、物流管理、仓储与配送、物流运输、企业物流、物流营销、物流信息处理等技能型操作人才每年需要近10万人。不仅如此，根据我国加入WTO的承诺，物流和分销服务业是全面开放的行业之一，国内市场将会出现高层次、高起点的激烈竞争的局面，这势必会使本身就匮乏的人才竞争加剧。如果我们不从现在做起，加快我国物流管理与技术人才的培养，终将成为我国物流产业发展的瓶颈，物流产业化和成为21世纪新的经济增长点就成了一句空话。因此，加速推动现代物流产业的人才培养工程，实施多层次、多样化的物流教育，是21世纪物流产业化发展中保证物流产业形成合理的人才结构，提高我国物流管理水平和经济效益的决定因素。为此，中国物流与采购联合会为了适应物流人才的培养先后已组织大批著名物流专家、教授组织编写出版了四套现代物流系列教材，引起了物流学术界和企业界的普遍关注，取得了较大的社会效益和经济效益。为了进一步满足物流高等教育、高等职业技术教育和各层次人员培训教育的需要，在中国物流技术协会的指导下，我们根据教育部关于高等院校教育培养规格要求，组织大批物流专家、教授编写了一套最新现代物流管理系列教材。经审定本套现代物流管理系列教材和相关课程教学丛书，既可作为普通高等院校、高职高专院校的物流及其相关课程的选用教材和教学参考资料，亦可作为各层次成人教育和企业培训教学参考用书，也适合作为广大物流从业人员的自学读物。同时，对参加物流职业资格认证考试的人员具有较高的参考价值。

现代物流管理系列教材，在编写过程中得到了许多院校和研究机构的专家、教授以及物流企业领导的大力支持，在此一并致谢。由于编写时间仓促加上编者水平有限，书中有不足之处在所难免，恳请广大读者提出宝贵意见，以日臻完善。

现代物流管理系列教材编审委员会

前　言

作为从事物流产业的企业，进入的将是一个给你提供巨大商机的市场。

进入21世纪，物流作为一个产业，迄今只有20多年的历史。现代物流泛指原材料、产成品从起点至终点及相关信息有效流动的全过程。它将运输、仓储、装卸、加工、整理、配送、信息等方面有机结合，形成完整的供应链，为用户提供多功能、一体化的综合性服务。由于现代物流在降低企业的总成本、创造企业利润方面的巨大作用，而被誉为现代经济发展的火车头，并被普遍认为是企业在降低物质消耗、提高劳动生产率以外的“第三利润源”，物流产业目前正在世界范围内广泛兴起。

英国密歌根州立大学的一项研究表明，目前全球物流市场总额已达到2.89万亿美元。这个巨大的物流市场不但为世界范围内的生产和建设提供了物质前提和交易保障，而且通过充分实现商品的时间价值和空间价值，使商品的价值和使用价值得以充分实现，并推动着社会生产方式、流通方式以至于人们生活方式的改变。可以说，处于成长与发展时期的现代物流产业，符合先进生产力发展的要求，已成为衡量一个国家现代化程度和综合国力的重要指标。因此，国际上普遍把现代物流称作“第三利润源泉”和现代经济的“加速器”。

经过改革开放20年的经济高速发展时期，我国政府有关部门和广大企业也越来越深刻地认识到现代物流对于经济发展的促进作用。

近年来，随着买方市场的形成，企业对物流领域中存在的“第三利润源泉”开始有了比较深刻的认识，优化企业内部物流管理，降低物流成本成为目前多数国内企业最为强烈的愿望和要求。物流产业在我国的经济建设中发挥着越来越重要的作用，中国物流产业已经进入黄金发展时期。权威数字显示，2004年，全国物流总额达38万亿元人民币，比上年增长三成；国内物流业实现增加值8459亿元人民币，同比增长8.4%；中国物流业创造的价值达到2.9万亿元人民币，比上年增长16.6%。放眼展望，从事物流产业，商机无限。

冷眼观察，物流企业面临的是竞争日益激烈的市场。

我国的物流市场正成为众多企业的目标市场，各种类型的企业趋之若鹜。有国际的，也有国内的；有大型的，也有小型的；有多功能综合型的，也有经营单一业务的。储运科摇身一变成为物流部，以往那种靠几辆敞篷车运输家具的“搬家公司”也变成物流公司，而有的就是两三个人、有几辆车就打着物流公司的牌子招揽生意。广告战、价格战、渠道战。竞争者众多，且鱼目混珠；竞争手法单一、低级；市场竞争态势激烈，市场秩序混乱。从事物流的企业，面临着严峻的风险挑战。

抓住机遇，迎接挑战，是企业不可回避的选择。进入并占领物流市场，取得物流市场的竞争优势，客户拥有率成为重要指标，因为，我们已经进入了一个客户经济的时代。

客户经济时代，客户是企业的重要资产，客户价值是企业利润的重要来源。在竞争激烈、商机巨大的市场上，作为一个物流企业，你认识到客户的力量和价值了吗?

显而易见，客户已经成为市场上不可忽视的主角，正像我们称他们为上帝那样。更为严峻的是，上帝变得越来越不可捉摸而且挑剔无比。客户需求多样化、个性化的趋势给企业带来的挑战是前所未有的。

当今市场上，当众多企业提供的产品和经营项目在核心利益层次和形式产品利益层次越来越接近时，附加产品的利益层次则成为顾客的追求。服务质量高低成为客户满足需求的重要标准。因此，也有人说世界已经进入服务经济时代。有资料表明，企业的服务质量每提高1%，销售额可增加10%；企业员工每怠慢一名顾客，则会影响40名潜在的顾客。企业的大量利润来源于服务。

所幸的是，我们的许多企业也敏锐地看到了这一点。正如联想公司总裁杨元庆所说：“现在电脑技术发展很快，国内外厂商生产电脑的工艺水平和技术含量越来越趋于同一水平，在这种情况下，售后服务就成了厂商进行市场竞争的一个极其重要的方面，必须通过更好的服务来争取消费者。”海尔集团总裁张瑞敏也说过：“市场竞争不仅要靠名牌产品，还要靠名牌服务。”

为此，我们会说到或听到或看到这些口号：

“消费者是上帝!”

“以客户为中心!”

……

对于这些口号，说者可以脱口而出、听者耳熟能详、看者司空见惯。你的企业是否真正做到了呢? 即使做到了，是否达到了企业的经营目标?

前　言

为客户服务，如果仅仅停留在口号上而不表现在经营业务过程中，就有愚弄、欺骗甚至坑害顾客之嫌，会受到客户的惩罚，被客户所摒弃，最终被市场淘汰；如果对客户服务活动所达到的结果非企业经营目标所愿，那么，你就要反思：企业的客户服务的科学性问题。

在物流市场上，如何做好客户的服务工作，以赢得客户、赢得市场、实现盈利目标，成为当今时代从事物流业务的企业应关注和考虑的问题。

这就是编写本书的直接目的。其思考、分析和解决上述问题的思路是：物流企业在竞争激烈的市场上，应该树立市场导向的观念，以客户为中心，制定客户服务的经营战略，以服务的意识、服务的理念和服务的行为去经营物流业务，从事物流活动，高质量地提供给客户基本服务和增值服务，加强客户服务管理，提高客户满意度和忠诚度，扩大市场占有率，实现企业经营目标。

本书由赵宁、王天春主编，物流企业和高等财经院校的管理、科研和教学人员联合编写。编写分工如下：王天春（第一、二、三、九、十章）；于宁（第四、六章）；杨宜苗（第五、十一章）；郭凤侠（第七章）；赵宁（第八章）。全书由王天春、赵宁统稿总纂。

在本书的编写过程中，参阅了国内外有关论著，得到了中国物资出版社、大连物流协会和锦程国际物流集团的支持和帮助，在此表示衷心的感谢。

同时，特别感谢物流专家、东北财经大学副校长夏春玉教授对本书的关心和支持，感谢中国物资出版社沈兴龙先生的大力支持和帮助。

编　者

目 录

第一章 物流与物流企业 1

第一节 物流概述 1

第二节 物流企业的类型 15

第三节 第三方物流企业 25

第二章 物流企业服务战略 33

第一节 物流服务战略的制定 34

第二节 物流企业客户服务的内容和特征 41

第三节 物流服务管理 52

第三章 物流企业服务体系 67

第一节 物流服务体系的构成 67

第二节 物流企业服务组织结构 71

第三节 物流服务中心建设 74

第四章 客户服务价值 85

第一节 客户服务价值的内容 85

91 第二节 客户价值链
98 第三节 优化价值链
101 第四节 延伸价值链

111 **第五章 客户服务质量管理**
111 第一节 客户服务质量的概念
114 第二节 客户服务的培训
118 第三节 客户服务的设计、实施与管理
126 第四节 客户投诉管理
133 第五节 客户服务质量的提升

145 **第六章 客户服务绩效评价**
145 第一节 客户满意度及行为
152 第二节 客户服务的评估
162 第三节 服务的质量控制

172 **第七章 物流企业的业务服务**
172 第一节 运输业务服务
183 第二节 配送业务服务
189 第三节 保管业务服务
195 第四节 包装业务服务
202 第五节 装卸业务服务
208 第六节 流通加工业务服务

211 **第八章 第三方物流服务业务**
211 第一节 第三方物流概述

第二节　第三方物流服务业务内容　220

第九章　国际物流业务服务　228

第一节　国际物流概述　228

第二节　国际物流业务内容　232

第三节　国际物流的发展趋势　238

第十章　物流信息在物流服务中的应用　242

第一节　物流与信息流　242

第二节　物流信息系统的功能与内容　248

第三节　信息技术在物流服务中的运用　253

第十一章　物流企业客户关系管理（CRM）　265

第一节　客户关系管理（CRM）概述　265

第二节　CRM 的实施　272

第三节　CRM 在企业物流中的应用　277

参考文献　287

第一章 物流与物流企业

本章提要

1. 物流的产生和发展
2. 物流的作用
3. 现代物流的特征和发展趋势
4. 我国物流企业的类型
5. 第三方物流企业的含义和特征
6. 第三方物流企业的管理

权威数字显示，2004年，全国物流总额达38万亿元人民币，比上年增长三成；国内物流业实现增加值8459亿元人民币，同比增长8.4%；中国物流业创造的价值达到2.9万亿元人民币，比上年增长16.6%。数据表明了物流产业的市场前景。

物流，是如何产生和发展的，它的发展趋势是什么？任何一个行业的兴起和发展，必将引起企业组织的关注。

第一节 物流概述

一、物流的起源和发展

在第二次世界大战期间，围绕战争供应，美军后勤组织运用了一套科学方法，成功地将各种战略物资及时准确地送至全球各地，为美军实施全球化的军事战略提供了有力的后勤保障。这套方法在军事上被称为logistics，意为后勤。这种"后勤"的方法是将战时物质装备的生产、采购、储备、运输、配给等活动作为一个整体进行运作，并进行全面的后勤管理

(Logistics Management)，以此保证物质装备补给费用最低、速度最快、服务最好。战后，这套后勤补给的方法经过发展，引入工业和商业，被称之为“工业后勤”（Industrial Logistics）和“商业后勤”（Business Logistics）。这时，“后勤”包含了商品生产和商品流通过程的物流，“包括原材料的流通、产品分配、运输、购买与库存控制、储存、用户服务等业务活动”，其领域统括原材料物流、生产物流和销售物流，运用在企业的采购、生产与销售的业务流程中。但是由于历史的原因，美国一直把物流部门称为实体配送部门，采用物流（Physical Distribution）一词，主要内容是企业为了把产品顺利销售出去而进行的一系列运输、仓储、包装等活动。Physical Distribution（PD）意为实体配送。

直到20世纪80年代logistics替代原来的PD称作后勤。将Physical Distribution改为Logistics。其理由是因为Physical Distribution的领域较狭窄，Logistics的概念则较宽广、连贯、整体。改名后的美国物流协会(C. L. M.）对Logistics所做的定义是：“以适合于客户的要求为目的，对原材料、在制品、制成品与其关联的信息，从产业地点到消费地点之间的流通与保管、为求有效率且最大的‘对费用的相对效果’而进行计划、执行、控制。”

20世纪80年代中期以后，随着经济环境转变、产业结构的调整和信息技术的迅猛发展，物流理论和实践开始向纵深发展。人们已认识到需要从流通生产的全过程看待物流，物流也已被提高到一个战略的高度，成为支撑企业竞争力的三大支柱之一。人们开始从理论和实践上认识到现代物流活动对于创造需求的巨大作用，物流已经形成高度产业化，并实行物流客户服务战略和供应链管理战略，提高了物流的管理水平和整体效率，推动现代物流向现代化和纵深化发展。

20世纪50年代，物流的概念传入日本。在日本，物流发展的历史虽然不长，但物流业发展的速度之快、规模之大、整体现代化程度之高及惊人的物流效率，为世界瞩目。

在中国，虽然新中国成立以来运输、仓储行业（物流业的雏形）已经形成并有所发展，但管理方式十分粗放。20世纪70年代末，我国引进了物流的概念，物流也作为一门学科在部分院校里得到研究，但由于我国长期处于短缺经济状态，企业一直以粗放式经营为主，物流的战略地位还未显露，得不到政府和企业的重视，物流的发展很缓慢。改革开放以后，随着社会主义市场经济的发展，各类经济主体积极投资，生产规模扩大，产品供给日益增多，走出了短缺经济的局面。20世纪90年代后进入了全面过剩时期，国内需求不足，开始呈现供大于求的局面。企业间竞争激烈，对内加强成本控制的管理，对外强化市场营销。90年代中期以后，我国政府和企业逐渐认识到作为“第三利润源”的物流的价值和战略地位，广泛地开展物流理论研讨和实践。期间，也涌现出众多第三方物流公司，物流产业化开始出现了苗头。但我国物流与发达国家比较，在基础设施、经营管理、理论研究、物流技术等方面都还比较落后。

☞ 链接

关于现代物流的各种定义

1. 现代物流是相对于传统物流而言。它是在传统物流的基础上，引入高科技手段，如通过计算机进行信息联网，并对物流信息进行科学管理，从而使物流速度加快，准确率提高，减少库存，降低成本，延伸并扩大了传统的物流功能。

2. 美国后勤管理协会认为现代物流是：“有计划地将原材料、半成品及产成品由产地送至消费地的所有流通活动。它包括为用户服务、需求预测、信息联系、物料搬运、订单处理、选址、采购、包装、运输、装卸、废料处理及仓库管理等。”

3. 日本通产省的研究所认为：“现代物流是商品从卖方到买方的全部转移过程。”

4. 7R（Right）定义：认为现代物流是：“在合适的时间、地点和合适的条件下，将合适的产品以合适的方式和合适的成本提供给合适的消费者。”

5. 我国六部委（原国家经贸委、铁道部、交通部、信息产业部、原外经贸部、民航总局）于2001年3月在“加快物流发展若干意见”的通知中，对现代物流的定义：“原材料、产成品从起点至终点及相关信息有效流动的全过程。它将运输、仓储、装卸、加工、整理、配送、信息等方面有机结合，形成完整的供应链，为用户提供多功能、一体化的综合性服务。”

6. 2005年5月1日，国家质量监督检验检疫总局和国家标准化管理委员会联合发布的《物流企业分类与评估指标》中术语和定义部分的描述：物流（Logistics）：物品从供应地向接收地的实体流动过程。根据实际需要，将运输、储存、装卸、搬运、包装、流通加工、配送、信息处理等基本功能实施有机结合。[GB/T 18354－2001]

二、现代物流的目的与作用

（一）物流的目的

在每个企业，物流的目的都不尽相同。一般说来，物流的目的有：扩大商品市场占有率，提高服务品质，降低成本。

1. 提高营销效率，巩固和扩大市场占有率

企业进入市场占领市场，当然首先要有符合消费者需要的优质产品。现实的情况是，企业仅仅在产品上下工夫，已难以取得市场竞争优势。因为，随着科学技术的发展，信息传播速度的加快以及市场响应度的提高，产品同质化的特点日益明显。在竞争激烈的市场上，即使非常畅销但是如果由于缺货而无法满足客户的需求，其后果是造成客户在市场上找不到企业的产品，只好选择购买竞争企业的商品。

建立现代化的物流系统，充分利用先进高效的物流设施，提供适时、适量的物流后勤支持服务，使产品以最快的速度，通过营销渠道网络进入市场，及时地满足消费者对产品的需求，巩固和扩大市场占有率。

2. 提高对物流企业客户的服务品质

面对市场和消费者，供应商希望尽可能销售畅销的商品，且商品的库存量不会太多又不会缺货。这就要求多品种小批量的订货以及多频度的配送，同时以快速的反应来处理订货及出货。因此，各类业者想尽办法提高服务品质以争取客户。物流中心提高服务品质的内容包括：缩短交货时间，提高交货频度，降低缺货率、误配率，紧急配送、假日配送，陈列上架，流通加工，司机的服务态度等。

3. 降低物流成本

科学的物流体系，高效的物流活动，使商品库存降低、配送费用降低，同时通过扩大经营规模来提高作业效率。

（二）现代物流的作用

1. 物流对增加产品价值的作用

西方经济管理学者认为：在市场上，有价值的产品和服务可以为消费者提供四种效用：形态效用、空间效用、时间效用以及占有效用。物流可以对消费者提供这四种效用，并增加产品和服务的价值。

（1）形态效用（Form Utility）是在生产过程中通过对低价值的原材料进行生产、加工、创造出具有形态的高价值产成品来实现的。其中为完成生产任务而进行的原材料采购、原材料、半成品的运输、储存、调拨，都是物流活动的重要内容。在某些企业中配送中心所进行的转换包装、简

单再加工等增值服务改变了产品的形态，产生了产品的形态效用，也构成了企业物流活动的一部分。

(2) 空间效用（Place Utility)。物流的作用之一就是将产品从供给地输送到需求点，物流使市场区域界限有了延伸，这种对产品和服务的增值作用就是空间效用。空间效用主要通过运输来产生。例如，农产品从生产区域通过运输工具送到消费区域，这就创造了空间效用。

(3) 时间效用（Time Utility)。产品和服务不仅要在客户需要的地点得到，而且还必须在他们需要的时间得到。时间效用，即对产品或服务的增值作用，通过在特定时间、在需求地点得到产品或服务来实现的。时间效用通过物流的库存管理、选址策略和服务活动来产生。例如，客户在合同规定的时间内得到所需的原材料，或者消费者在厂商承诺的时间买到所需的商品，这都产生了时间效用。在某种意义上，交通运输通过将商品更快地运到需求地点也产生时间效用。

(4) 占有效用（Possession Utility)。这种形式的效用主要是通过市场营销活动来创造的。所谓市场营销，就是通过市场促进交换，以满足人类需要和欲望的活动。它通过设计、定价、促销和分销的规划与实施过程，提高客户占有商品或享受服务的欲望，最终达到实现交换的目的。在商品经济中，物流依赖占有效用而存在，因为只有当客户对产品或服务有需求时，提供时间和空间效用才有意义。

2. 现代物流对企业的作用

物流是为满足消费者需求而进行的对原材料、中间库存、最终产品及相关信息从起始地点到消费地点的有效流动与储存的计划、实施和控制的整个过程。它构成了企业价值链的基础活动，是企业取得竞争优势的关键。许多生产企业在加强技术开发和推进全面质量管理的同时，已经把寻求成本优势和价值优势的目光转向生产前后的物流领域。

(1) 现代物流是生产流通企业的第三利润源泉

20 世纪六七十年代，发达国家的企业大多把追求利润的竞争焦点放在生产领域，千方百计降低物资资源消耗，以获取“企业的第一利润源泉”；千方百计提高劳动生产率，以获取“企业的第二利润源泉”。然而，生产领域的这两个“利润源泉”，都要受到科学技术发展水平的制约，在生产机械化、自动化程度不断提高和生产工艺日趋程序化、规范化的新情况下，技术趋同性的增强使这两个“利润源泉”基本无“泉”可挖。

进入 20 世纪 80 年代，面对全球激烈的市场竞争挑战，人们开始把探寻利润的目光从生产领域转向非生产领域，惊奇地发现创造物流价值的成本相当高昂，企业生产经营过程中的浪费仍然十分突出。再加上微电子技术、信息技术以及制度创新等因素，自80年代以后，作为企业的“第三利润源泉”的物流，就自然成为市场竞争的一个新焦点，受到理论界和实务界的高度重视。

物流因其贯穿了生产和流通的全过程，所以合理、高效的物流能够通过对企业的整个生产和流通结构的协调与完善带来巨大的利润。

①对第三个利润源理论的最初认识基于两个前提条件：

第一，物流是可以完全从流通过程中分化出来的。物流自成一个独立运行的体系，有本身的目标和管理，因而能对其进行独立的总体核算。

第二，物流和其他独立的经营活动一样，它不是总体的成本构成因素，而是单独的盈利因素，物流可以成为“利润中心”型的独立系统。

②物流成为第三个利润源要基于两个自身能力：

第一，物流在整个企业战略中，对企业营销活动的成本发生重要影响，物流是企业成本的重要产生点。因而，通过物流合理化、现代化等一系列活动降低成本，支持保障营销和采购等活动。所以，物流既是指主要成本的产生点，又是指降低成本的关注点，物流是“降低成本的宝库”等说法正是这种认识的形象表述。成本和利润是相关的，物流作为主体可以为企业提供大量直接和间接的利润，是形成企业经营利润的主要活动。

第二，物流活动最大的作用，并不仅仅在于为企业减少了消耗，降低了成本或增加了利润，更重要的是在于提高企业对用户的服务水平，进而提高了企业的竞争能力。通过物流的服务保障，企业以其整体能力来压缩成本、增加利润。

物流作为第三利润源，已成为众多企业尤其是跨国公司的商战利器。

(2) 现代物流是企业获取竞争优势的重要源泉

近年来，企业的经营理念在从“生产导向”过渡到“客户导向”之后，迅速转化为“为客户创造价值”。在“为客户创造价值”的时代，价值不仅意味着是有形的金钱，还意味着是无形的、可以感知的利益，这是当前企业参与市场竞争的新规则。

管理大师迈克尔·波特在《竞争优势》一书中指出，企业竞争的成功只能通过成本优势或价值优势来取得。一个既无成本优势又无价值优势的企业只能属于前途渺茫的企业，必将走向衰亡。但是，企业只做到最低成本，还只是一个成本领先者，就不得不与对手在价格上展开单一的竞争，这种价格上的低级竞争会强化客户对该产品只是一种普通商品的认识。而一个基于价值优势的竞争战略比单纯的价格竞争战略要优越得多，因为物质上的价值固然重要，而使客户对所要得到产品的整体价值的认同，感到物有所值甚至物超所值更为重要，即使价格稍高一些，客户也会接受。

当前既能提供成本优势，又能提供价值优势的管理领域是极少的，而物流管理则是这些并不多见的管理领域中的一个。高效、合理的物流管理，既能够降低企业经营成本，又能为客户提供优质的服务；既能使企业获得成本优势，又能使企业获得价值优势。因此，物流管理日益受到企业的重视，被纳入企业战略管理的范围，甚至成为企业发展战略的基石。

一个拥有卓越物流能力的企业，可以通过向客户提供优质服务获得竞争优势；一个物流管理技术娴熟的企业，如果在存货的可得性、递送的及时性和交付的一贯性等方面领先于同行业的平均水平，就能成为有吸引力的供应商和理想的业务伙伴。放眼世界500强企业，它们都拥有世界一流的物流管理能力，通过向客户提供优质服务获得竞争优势。可以说，物流管理已成为当今工商企业最具挑战性的领域之一。发展物流，强化物流管理不仅能使企业获取“第三利润源泉”，而且是企业获取竞争优势的重要源泉。例如，我国的海尔集团把物流能力定位为形成企业竞争优势的核心能力，重组成立了专业从事物流改革的推进本部，使原料采购、生产支持、物资配送从战略上实现了一体化。该企业希望通过物流重组，实现“以最低的物流总成本向客户提供最大附加值的服务”的管理目标。为了应对加入WTO的严峻挑战，中国企业必须将物流管理作为降低经营总成本和提高客户服务水平的主要手段，把物流能力作为企业的核心竞争力。

3. 物流对宏观经济产生的影响

企业物流对宏观经济的影响主要表现在以下几个方面：

(1) 促进经济发展

在19世纪到20世纪初的一段时间，对生产效率的重视导致了专业化经济的发展。生产专业化的发展趋势是经济发展的一个重要表现。专业化生产能大幅度降低成本、降低价格，但是为什么当时并没有得到迅速发展？为什么不发达国家不进行专业化生产以促进其经济发展？著名经济学家亚当·斯密对此进行了解释，他认为产品需求总量或市场的范围限制了专业化或劳动分工。也就是说，如果一个组织不能将增加的产品卖给消费者，那么专业化是无法实现的。只有把产品从生产过剩地区运送到有需求的地区，这种产品才有经济价值。因此，企业物流对经济发展的贡献在于通过将产品和服务有效地运输到市场，使得厂商能够以比较成本优势进行专业化生产。

(2) 有利于交换功能的发挥

任何一个国家的社会经济都是由许多部门和企业组成，它们分布在不同地区，企业向社会提供其产品，同时从社会其他企业获取生产所需的原材料和生产资料。企业之间错综复杂的相互依赖、相互竞争关系，也是靠有效的物流活动来维持的。

另外，商品的产地和销售地往往不相吻合，生产活动与市场是分不开的。物流提供两者之间联系的桥梁：在空间上，运输架设空间的桥梁；在时间上，仓储、库存、服务等构筑时间的隧道。

(3) 降低社会商品的价格水平

一方面，物流在降低成本、增加企业盈利方面具有极大的潜力，因此，降低物流成本，便可大幅度地降低商品的成本与价格，成为“第三利润的源泉”；另一方面，由于企业物流活动可以创造时间和空间效用，也有利于降低价格。物流活动在时间和空间上拓展了商品市场的范围。由于大规模生产以及物流领域更多的成本权衡的机会，外地产品的价格有可能低于本地产品的价格，而且会促进产品的价格竞争，进而降低社会商品的价格水平。因此，企业物流技术和管理水平的提高，有利于为社会提供丰富多样的产品，有利于社会商品价格水平的降低。

三、现代物流企业的特征和发展趋势

(一) 现代物流的特征

1. 科学化

经历了从 Physical Distribution 到 Logistics 再到 3PL（第三方物流）和 4PL（第四方物流）的历程，物流已经成为具有科学化的产业。

物流的科学化体现在以下几个方面：

(1) 具有较强的理论体系，成为独立的学科

在物流科学的发展过程中，融会了市场营销、运输管理、物资管理、系统科学、信息技术、运作管理、供应链管理等学科，已经形成了比较成熟的理论体系，成为一个相对独立的学科。目前在许多国家都拥有专门的物流科学研究机构和院校，配备从事物流科学研究和教育的专业人员，并已经建立了完整的、系统的、多层次的物流科学的研究、教育和培训体系。

(2) 统一的标准和完整的系统

从物流产业管理层面上看，在产业的发展过程中，从企业物流管理到社会物流管理统一的标准是不可缺少的。以成立全国物流标准化技术委员会和全国物流信息管理标准化技术委员会为标志，我国物流标准化工作已

经进入了快速发展阶段，一批社会急需的物流标准相继出台，如《物流术语》、《商品条码》、《数码仓库应用系统规范》、《物流企业分类与评估指标》等。物流的标准化建设，规范了我国当前物流业发展中的基本概念，规范物流市场竞争秩序，推动物流业加快发展。

在系统科学的指导下，物流产业已经形成了完备的系统和体系，由若干相互依赖、相互制约的部分紧密结合而形成的具有特定功能的有机整体，成为社会大系统的一个组成部分。

(3) 准时和精益的生产方式

现代物流体现了准时化（Just In Time）的生产方式，即上游产品在规定的时间内准确及时地满足下游产品生产的需求，除了数量和质量外，更强调的是时间，既不能超前/提前，也不能滞后/落后。无论是在上游生产还是下游生产之前都不应存在超出规定的或者不合理的库存。

精益化的生产方式涉及准时化生产、全面质量管理、并行工程、团队作业等工作方式，体现在物流管理中的客户至上（市场链）、降低成本、创造价值（价值链）、作业过程无缝连接供应链。

2. 电子信息技术的广泛应用

现代信息技术已经广泛地运用在物流管理中，因而，实现了物流的电子化。许多物流技术都是建立在电子技术基础之上的，物流自动化、物流智能化、物流实时化和物流可视化都包含着电子技术。

从计算机静态管理，到点对点信息交换的动态管理，形成网络信息交换，网络化是电子化目前较高层次。而实时化和可视化都是在网络化基础上进一步发展的。

随着现代物流技术特别是电子信息技术和光电技术的发展和应用，无论是用户还是服务商，不再为看不到货物移动而担心或烦恼，用户可以在办公室（随着移动商务的应用，可以随时随地）看见货物存储和运输的状态，以文字、数字、图形、图片、图像等信息形式，看见反映货物的物流、商流、资金流和信息流的各种信息，物流管理不再是经济的“黑暗地带”，供应链管理也不再是“看不见的手”。

3. 专业化、规模化与产业化

物流专业化包括两个方面的内容：一方面，在企业中，物流管理作为企业一个专业部门独立地存在并承担专门的职能。随着企业的发展和企业内部物流需求的增加，企业内部的物流部门可能从企业中游离出去成为社会化的专业化的物流企业；另一个方面，在社会经济领域中，出现了专业化的物流企业，提供着各种不同的物流服务，并进一步演变成为服务专业化的物流企业。

服务专业化包括两个方面的内容：一方面是服务功能或内容的专业化，提供简单的、功能专一的或单一的物流服务；另一方面是服务对象或行业的专业化，也就是说物流企业面向某个行业或者某种类型的企业开展物流服务。

随着物流社会化和专业化的发展，市场需求的增加，企业开始规模化经营，出现具有规模化的大型物流企业，资产扩大、员工增加、营业额扩大、市场占有率提高，少数规模化的企业占据市场的大部分或者绝大部分份额。

物流企业规模化的发展产生了一些在市场中处于主导地位的领先企业，物流的全面发展产生了与之相适应的研究开发、指标评价体系，使得物流业成为影响到国民生产总值的一种产业。发达国家已经形成了物流产业。

4. 国际化与全球化

顺应世界经济全球化，现代物流的国际化呈现两个特点：其一，以跨国公司为代表的国际型企业有国际物流的需求；其二，物流产业本身开展了国际化领域的业务。物流的国际化表现为以下几个方面：

（1）国际物流贸易：国际物流通常需要国际间的不同国别的两个或两个以上的物流企业之间的合作来完成。

（2）国际物流合作：不同国别的企业共同完成重大的国际经济技术项目的国际物流。

（3）国际物流投资：不同国别的物流企业共同投资组建国际物流企业。

（4）国际物流交流：在物流科学、技术、教育、培训和管理方面的国际交流。

全球化是国际化推动的结果，全球化物流的出现又加强了物流国际化，是国际化的更高层次。国际化主要是立足本国的国际物流业务，而全球化是跨国经营，包括与目的国企业的国际合作和国际投资，在目的国设立分支机构，开展物流业务。伴随着全球化与之相适应的就是本地化。在国际化阶段，国际化物流业务是间接的或者说通过与其他的企业合作完成的；而在全球化阶段，由于物流跨国企业的出现，国际化物流业务是可以直接实现的。跨国物流企业可以利用公司的全球网络独立完成国内和国际物流业务，实现综合化物流业务。同时，与物流国际化相比，物流全球化是在更大范围内开展国际物流业务。

5. 规范化与法制化

物流规范化是指在全社会范围内建立各种物流规范，包括非物流企业内部的各种物流规范、物流企业内部的各种规范、物流行业的企业行为规范以及物流从业人员的行为规范等。现代物流强调功能、作业流程、作业、动作的标准化与程式化，使复杂的作业变成简单的易于推广与考核的动作。

法制化是指在法律体系中，建立针对物流企业和物流产业的各种法律法规，建立完整物流法律体系以及在相关的法律中对物流作出相应的规定。

6. 分销与配送的网络化与社会化

物流网络是建立在工商企业网络和交通运输网络基础之上的，并在此基础上形成全国性的、区域性乃至全球性的分销和物流配送网络。

为了保证对产品促销提供快速、全方位的物流支持，现代物流需要有完善、健全的物流网络体系，网络上点与点之间的物流活动保持系统性、一致性，这样可以保证整个物流网络有最优的库存总水平及库存分布，运输与配送快速、机动，既能铺开又能收拢。分散的物流单体只有形成网络才能满足现代化生产与流通的需要。

社会化是指社会中的任何组织机构对物流的需求不再单纯地由自己内部完成而是由社会上其他专门的物流组织机构完成（主要是物流企业），物流从自给自足的生产方式转变成为在一定社会分工条件下的专业化和社会化的生产方式。社会化进一步分化和发展的结果，不但社会非物流组织机构的物流需求实现了社会化，而且物流组织机构的物流需求也实现了社会化（第三方物流），从而实现了更加广泛意义上的物流社会化。

（二）现代物流产业发展趋势

目前，现代物流业主要由交通运输业、仓储业、货代业、配送业、物流咨询业等组成。

物流产业是新产业，仅有 20 多年的历史。20 世纪 80 年代以来，随着经济全球化的持续发展、科学技术水平不断提高以及专业化分工的进一步深化，在美国、欧洲一些发达国家开始了一场对物流各种功能、要素进行整合的“物流革命”，物流活动由此开始走向系统化、专业化，并由独立的经济组织承担的新型经济活动，出现了专门从事物流服务活动的“第三方物流”企业。进入 90 年代，各种专业化的物流服务企业在欧美发达国家大量涌现并呈现出快速的发展趋势，由此而形成了物流产业，并成为发达国家服务业中的一个重要组成部分。

随着世界经济的快速发展和现代科学技术的进步，物流产业作为国民经济中一个重要的服务部门，正在全球范围内迅速发展。物流产业逐渐呈现出六大发展趋势：电子商务物流、绿色物流、物流规模经济、第三方物流、物流国际化及物流标准化。

1. 电子商务物流

20 世纪以来，以电子为基础的信息技术的发明与应用，使得人们的生活、工作与行为方式不断发生着深刻变化，电报和电话的使用是人们感受信息技术的最早方式，而计算机与网络技术的广泛应用，则预示着一个新的时代——互联网时代的到来。一种基于互联网、以交易双方为主体、以银行电子支持和结算为手段、以客户数据为依托的全新商务模式——电子商务（Eleetronic Commerce，EC）便应运而生。

电子商务的发展使得现代物流业发生了显著的变化：以电子商务技术为基础的物流管理，将生产、流通和消费需求有机地联系在一起，不仅可以在库存数量、存货、订货计划、配送运输等方面实现最优化选择，而且能够在恰当的时间、地点，以合适的价格和便捷的方式，将商品送到消费者手中。

综合来说，电子商务物流的发展趋势将体现以下特点：

（1）虚拟性

在传统的运作方式下，物流企业大多是具有一定实体形态的经济组织，比如进行物流作业的工具、对象都是具有一定物质形态的。在现代的经营环境中，随着电子商务的发展和应用，物流业具有了虚拟化的特征，如虚拟的管理、虚拟仓库、虚拟物流作业等。物流企业所输送的产品也可能成为无形的信息或可信息化的产品，以数字化的形式进行传输。

（2）实时性

在电子商务的条件下，物流企业可以通过网络系统来有效地、实时地掌握和了解自身内部、外部的各种物流信息和物流作业的动态，并依据环境的变化通过虚拟现实的方法和手段，实时地对企业自身物流活动进行调整和协调。实时性的特点，使物流中心的物流活动更具效率和活力，更能有效地为用户提供优质的服务和实现物流资源的合理配置。

（3）高效性

电子商务物流可以不经由中间阶段，直接把商品从生产厂配送到二次批发商或零售商，电子商务中的网上销售还可以直接配送到最终用户，从而大大减少了商品流通的中间环节，缩短了销售路径，提高了商品流动速度。这样，商品代理制、分销商、层层叠叠的批发，以及展览会、展销会等大量商品流通中间行为都可能随着电子商务的出现而变得不再那么重要。

（4）透明性

透明性是互联网络的一大特点。对于电子商务物流来说，其网络系统也应该具备透明性的特点，用户可通过此网络查询相关的物流信息，掌握物流中心所提供的物流服务项目及自身委托物流服务项目的实施等情况；物流企业也可通过此网络掌握和了解用户所需要的物流服务，传输物流信息，与用户进行沟通，对物流活动进行协调。这种通畅、快捷的信息传输可以保证各种信息之间互相核对，从而防止伪造信息的流通。

（5）灵活性

20世纪90年代，国际生产领域纷纷推出弹性制造系统（FMS）、计算机集成制造系统（CIMS）、制造资源系统（MRP）、企业资源计划（ERP）以及供应链管理技术，从而发展起一种适应消费需求的“多品种、小批量、多批次、短周期”特色的灵活组织和弹性物流。企业通过更为广泛的网络联系，能够通过销售终端得到更多的销售资料，能够更为广泛地选择供应商，使供应链能够灵活地适应需求的变化。

2. 绿色物流

物流主要由储存、运输、装卸、包装、配送等环节构成，在进行物流的过程中各环节不可避免地对环境造成危害，形成所谓的环境污染成本。其主要表现在：

（1）在原材料的取得和产品的分销过程中，运输对环境的污染

物流活动离不开运输，交通网的新建和交通工具的大量使用无疑大大增强了企业的物流能力，提高了全社会的物流速度，但作为物流的载体之一，这些交通工具本身也产生了较为严重的环境污染：噪声污染、大气污染和废弃物污染等。

（2）储运的物品所产生的污染

有毒有害物质，如酸液、有毒类药品、油类、放射性物品等对环境构成威胁的物质，在物流过程中如果因储存和运输不当而发生泄漏，将对环境造成严重的破坏。尽管国际组织和各国政府为此制定了严格的规章制度，并准备了完善的预防措施，但泄漏的事故总还是经常出现，且泄露后即使有最完善的补救措施，对环境的影响仍将无法挽回。

（3）废旧物品物流污染

废旧物质排放到环境中会对环境造成全方位的污染。有些经营者过分关注废旧物质回收的成本，往往将环境污染产生的成本外化为社会成本，转嫁到公共利益上，引起区域环境质量恶化。

可见，现代物流活动对环境的影响已经威胁到人们的日常生活。21

世纪，人类面临人口膨胀、环境恶化、资源短缺的三大危机，作为大量耗用能源、燃料和以噪音、废气严重破坏环境的物流业，在发展上应有超前意识，倡导绿色物流。

绿色物流是指为了实现客户满意，连接绿色供给主体和绿色需求主体，克服空间和时间阻碍的有效、快速的绿色商品和服务流动的绿色经济管理活动过程。绿色物流从环境的角度对物流体系进行改进，形成了环境共生型的物流管理系统。这种物流管理系统建立在维护地球环境和可持续发展的基础上，改变原来经济发展与物流、消费生活与物流的单向作用关系，在抑制传统直线型的物流对环境造成危害的同时，采取与环境和谐相处的态度和全新理念，去设计和建立一个环型的循环的物流系统，使传统物流末段的废旧物质能回流到正常的物流过程中来。一般称这种废旧物质的回流为逆向物流（Reveme Logistics）。现代绿色物流强调了全局和长远的利益，强调了全方位对环境的关注，体现了企业的绿色形象，是一种全新的物流形态。

3. 第三方物流方兴未艾

“第三方物流”（Third Party Logistics，TPL）是 20 世纪八九十年代在西方各国发展起来的一个新兴产业形态，近年来在我国也得到了长足发展。第三方物流作为现代物流发展的重要方向之一，具有技术的先进性与经济上的节约性。第三方物流的优质服务既满足了客户复杂多变的物流服务要求，同时又促进了第三方物流的蓬勃发展，从而推进经济和社会的协调发展。TPL 成为 21 世纪世界物流发展的主流。作为物流企业的一个类型，将在本章第三节作一介绍。

4. 物流业的国际化

经济全球化进程的加快对整个世界的经济结构和产业结构都构成了重大影响。全球贸易的发展，对外直接投资的增加，跨国公司的国际渗透，再加上 20 世纪 60 年代以来的金融创新和 80 年代以来的全球经济自由化浪潮等因素的协力作用最终形成了经济全球化格局。其最大的特点就是越来越多的生产经营活动和资源配置过程是在整个世界范围内进行的，这就构成了物流国际化的重要基础。世界各大跨国集团公司为了维护企业自身的市场份额和经济利益，在世界范围内开展了经济结构和产业结构的重大调整，呈现了当今国际贸易和货物运输的新特征，导致了物流业的国际化趋势。特别是在电子商务的推广下，物流活动更加呈现出跨国性的特点。

目前，物流已经逐渐成为世界各国经济建设普遍关注的问题之一，也成为当今经济竞争中的一个焦点，因此只有广泛开展国际物流合作，才能促进物流业的繁荣。

5. 物流标准化

标准化是工业生产的基础，更是现代物流合理化的基础。标准化是以物流作为一个大系统，制定系统内部设施、机械设备专用工具等各个分系统的技术标准；制定系统内各个分领域如包装、装卸、运输等方面的工作标准；以系统为出发点，研究各分系统与分领域中技术标准与工作标准的配合性，统一整个物流系统的标准；研究物流系统与相关其他系统的配合性，进一步谋求物流大系统的标准统一。

由于物流标准化的重要性，国际物流业界一直都在不断探索标准化技术，并不断出台标准化措施，可以说，物流标准化是今后物流业发展的重要趋势之一。

第二节 物流企业的类型

物流企业（Logistics Enterprise）是专门提供物流服务、实行独立核算、独立承担民事责任的经济组织。物流企业的类型多种多样，可以从不同的角度去划分和认识。

一、从企业活动主体的角度分类

（一）物流自理企业

物流自理企业是指企业本身自行承担和完成各项物流业务的经济组织。企业自备仓库、车队等，拥有一个自我服务的体系。其中又包含两种方式：一是企业内部各职能部门独立地完成各自的物流作业；二是企业内部专设企业物流部或物流公司来统一管理本企业的物流运作。

我国的工商企业目前基本上还采用第一种方式。

（二）物流代理企业

物流代理企业是指根据委托人的委托，执行各项物流业务。后面所说的第三方物流企业就是此类物流企业。物流代理企业是专业性的物流企业，也是通常所指的物流企业。

1. 物流代理企业所提供的业务和服务

物流代理企业从与货主建立业务关系开始，其间应能提供采购原料、提供商品生产或加工地点、原料或产成品的储存保管、装卸、包装、租船、订舱、配载、制单、报价、报关、集港、疏港、运输、结汇、跟踪物流位置，直至货物到达指定目的地的最终用户手中等一系列服务（如图1-1所示）。

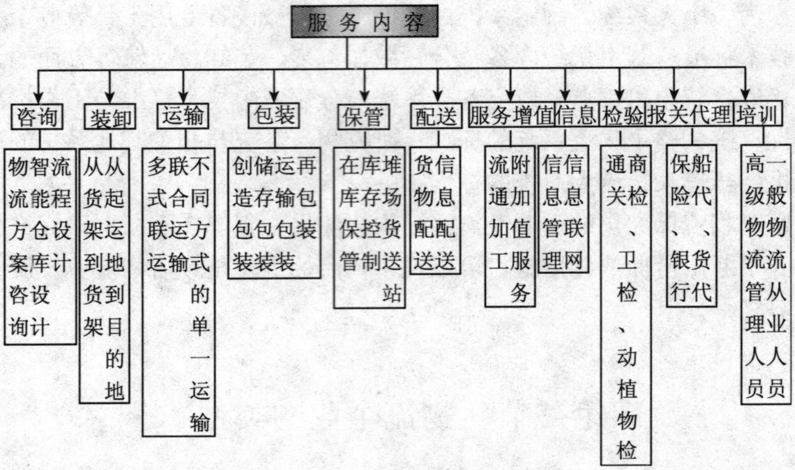

图1-1 物流企业服务内容

2. 物流代理企业的类型

物流代理企业由于业务经营范围和功能的不同，可分为功能性物流代理企业和综合性物流代理企业。

功能性物流代理企业是指仅提供单项和少数几项物流业务的企业。如交通运输企业、仓储企业、流通加工企业、货运代理企业、船舶代理企业等。

综合性物流代理企业是指能提供多项和全部物流业务的企业。为有效地开展物流服务，作为现代综合性物流代理企业来说，必须具备规模化、网络化、信息化和专业化的条件。

二、按物流企业所有制形式分类

（一）国际物流企业

如丹麦有利物流公司（Merchandise Logistics Co.）等。这些国际物流公司一方面为其原有的客户——跨国公司进入中国市场提供延伸物流服务，如丹麦有利为马士基船运公司及其货主企业提供物流服务；另一方面，针对中国市场正在生成和发展的专业化物流服务需求提供服务，如UPS、TNT等国际大型物流企业在纷纷进入中国的快递市场。

（二）传统的运输、储运及批发贸易企业转变形成的物流企业

它们依托原有的物流业务基础和在客户、设施、经营网络等方面的优

势，通过不断拓展和延伸其物流服务，逐步向现代物流企业转化。例如，中外运所属天津空运公司，在与摩托罗拉（中国）公司的合作中，根据客户市场的发展和物流需求的变化，不断规范、调整和创新企业的物流服务内容，提高服务质量，使物流服务内容从简单空运发展为全程物流服务，服务区域从天津市场扩展至全国，服务规模从最初的几笔货物发展到每月数百吨，成为摩托罗拉（中国）公司最主要的物流服务供应商。

（三）新兴的专业化物流企业

如广州的宝供物流公司、北京华运通物流公司、中海物流等。

另外，国内优势企业集团在市场扩张的过程中，对企业物流实施流程再造，出现了“海尔物流”、“青啤物流”和“宝钢物流”等具备一定规模和效益的企业物流，并且逐步从企业生产中分离出来，成长为专业化的物流部门。

三、按企业物流系统运动方式分类

（一）流通业物流企业

一种物品运动方式。它主要通过运输、保管、包装、流通加工、配送等物流运作手段，以最低的成本，把特定的产品和服务在特定的时间提交给特定的客户。流通业物流的运作对象一般是产成品，除了少量的流通加工对物品具有一定的生产性作用以外，流通业物流中，物品自身形态不发生变化，而只发生空间上的转移和时间上的延迟。

（二）制造业物流

制造业物流是为了将各种物料、零件、配件等物品从原始形态转变成特定的产品形态而产生的一种物品运动方式。制造业物流中，物品形态随着生产加工的进行而不断变化，直至最后成为特定形态的产成品。制造业物流中，物品形态的发展变化过程按其在制造业中所发挥的职能可分为：

1. 采购物流

采购物流指采购物品的活动，具体包括产品制造商购进原材料、销售商购进产成品、客户购进商品而引起的物流活动。

2. 生产物流

生产物流指从原材料购入、进入车间，制成半成品、经加工变为产成品，然后运送至成品库的物流活动。

3. 销售物流

销售物流与采购物流相反，指售卖物品的活动，具体包括原材料供应商售卖原材料，制造商售卖产成品，销售商售卖商品而引起的物流活动。一家企业的销售物流对于另一家企业则是采购物流。

4. 回收物流

回收物流是指物品经生产消费或生活消费后产生了废弃物品，对其中可以回收复用的部分物品，可以通过回收、分类、加工、复用的物流活动将其回收复用。

5. 废弃物物流

废弃物物流是指物品经生产消费或生活消费后产生了废弃物品，对其中不可以回收复用的部分物品，可以通过收集、分类、处理、消纳的物流活动将其废弃。

四、按物流企业业务地域范围分类

（一）区域物流

区域可以有不同的划分标准：可以按行政区域划分，如分为华东地区、华北地区、华中地区等；可以按经济圈划分，如可以分为苏锡常地区、延边地区、黑龙江边境贸易区等；也可以按地理区域位置划分，如可分为长江三角洲地区、珠江三角洲地区、京津塘地区等。划分标准还有很多。区域物流是指按以上各种区域展开的物流活动。

（二）国内物流

国家所制定的各项法律、方针、政策、规划在该国所辖的范围内普遍适用，并且无两意性。国内物流的运作应遵守该国物流管理部门所制定的行业标准。

（三）国际物流

伴随着贸易全球化和世界经济一体化，国际间经济交往、贸易活动和其他国际交流所发生的物流活动，便形成国际物流。国际物流的研究已成为物流研究的一个重要分支。

五、按中国《物流企业分类与评估》推荐性国家标准分类

国家质量监督检验检疫总局、国家标准化管理委员会在 2005 年 4 月 27 日向社会公布了《物流企业分类与评估》推荐性国家标准。此项标准于 2005 年 5 月 1 日起实施。《物流企业分类与评估》明确了物流企业的基本范围和类型，提出了不同类型和档次的物流企业需要达到的规模和水平，制定了评估各类物流企业综合能力的指标。

根据以物流服务某项功能为主要特征，同时向物流服务其他功能延伸的不同状况，规定了我国物流企业的三种类型，即运输型、仓储型以及综合服务型。三种类型的物流企业评价表分别见表 1－1、表 1－2、表 1－3。

表 1-1　　运输型物流企业评价指标

评价指标 \ 级别		AAAAA 级	AAAA 级	AAA 级	AA 级	A 级
经营状况	年总营业收入(元)*	10 亿以上	2 亿以上	4000 万以上	800 万以上	300 万以上
	年货运业务收入(元)*	6 亿以上	1.2 亿以上	2400 万以上	480 万以上	180 万以上
	企业营业时间*	3 年以上	2 年以上		1 年以上	
资产	企业资产总额(元)*	10 亿以上	2 亿以上	4000 万以上	800 万以上	300 万以上
	资产负债率*	不高于 60%				
设施设备	自有运输车辆(辆)*	500 以上	300 以上	100 以上	50 以上	20 以上
	运营网点(个)	50 以上	30 以上	15 以上	10 以上	5 以上
管理及服务	管理制度	有健全的经营、财务、统计、安全、技术等机构和相应的管理制度				
	质量管理*	通过 ISO 9001—2000 质量管理体系认证				
	业务辐射面*	全球范围	全国范围	跨省区	省内范围	
	客户投诉率	小于 0.05%	小于 0.1%		小于 0.5%	
人员素质	中高层管理人员*	80%以上具有本科或相当于本科以上学历	60%以上具有本科或相当于本科以上学历		40%以上具有本科或相当于本科以上学历	
	业务人员	60%以上具有相关专业知识和专业资格	50%以上具有相关专业知识和专业资格		30%以上具有相关专业知识和专业资格	
信息化水平	网站功能	实现电子商务交易	实现电子商务交易	实现电子交互、信息发布	实现电子交互、信息发布	静态页面
	电子单证管理	90%以上	70%以上		50%以上	
	货物跟踪*	90%以上	70%以上		50%以上	
	客户查询	联网图形实时数据自动语音	联网图形实时数据自动语音	联网数据实时数据半自动语音	录入数据手工语音	手工语音查询

表 1－2　　仓储型物流企业评价指标

<table>
<tr><th colspan="2">级别
评价指标</th><th>AAAAA 级</th><th>AAAA 级</th><th>AAA 级</th><th>AA 级</th><th>A 级</th></tr>
<tr><td rowspan="3">经营状况</td><td>年总营业收入（元）*</td><td>8 亿以上</td><td>1.6 亿以上</td><td>3200 万以上</td><td>600 万以上</td><td>200 万以上</td></tr>
<tr><td>年仓储配送业务收入（元）*</td><td>4.8 亿以上</td><td>9600 万以上</td><td>1920 万以上</td><td>360 万以上</td><td>120 万以上</td></tr>
<tr><td>企业营业时间*</td><td>3 年以上</td><td colspan="2">2 年以上</td><td colspan="2">1 年以上</td></tr>
<tr><td rowspan="2">资产</td><td>企业资产总额（元）*</td><td>10 亿以上</td><td>2 亿以上</td><td>4000 万以上</td><td>800 万以上</td><td>200 万以上</td></tr>
<tr><td>资产负债率*</td><td colspan="5">不高于 60%</td></tr>
<tr><td rowspan="3">设施设备</td><td>自有仓储面积（m^2）*</td><td>10 万以上</td><td>5 万以上</td><td>1 万以上</td><td>3000 以上</td><td>1000 以上</td></tr>
<tr><td>可控运输车辆（辆）</td><td>200 以上</td><td>100 以上</td><td>50 以上</td><td>30 以上</td><td>10 以上</td></tr>
<tr><td>配送供应点（个）</td><td>400 以上</td><td>300 以上</td><td>200 以上</td><td>100 以上</td><td>50 以上</td></tr>
<tr><td rowspan="3">管理及服务</td><td>管理制度</td><td colspan="5">有健全的经营、财务、统计、安全、技术等机构和相应的管理制度</td></tr>
<tr><td>质量管理*</td><td colspan="5">通过 ISO 9001－2000 质量管理体系认证</td></tr>
<tr><td>客户投诉率</td><td>小于 0.05%</td><td colspan="2">小于 0.1%</td><td colspan="2">小于 0.5%</td></tr>
<tr><td rowspan="2">人员素质</td><td>中高层管理人员*</td><td>80%以上具有本科或相当于本科以上学历</td><td colspan="2">60%以上具有本科或相当于本科以上学历</td><td colspan="2">40%以上具有本科或相当于本科以上学历</td></tr>
<tr><td>业务人员</td><td>60%以上具有相关专业知识和专业资格</td><td colspan="2">50%以上具有相关专业知识和专业资格</td><td colspan="2">30%以上具有相关专业知识和专业资格</td></tr>
<tr><td rowspan="4">信息化水平</td><td>网站功能</td><td>实现电子商务交易</td><td>实现电子商务交易</td><td>实现电子交互、信息发布</td><td>实现电子交互、信息发布</td><td>静态页面</td></tr>
<tr><td>电子单证管理*</td><td>90%以上</td><td colspan="2">70%以上</td><td colspan="2">50%以上</td></tr>
<tr><td>货物跟踪</td><td>90%以上</td><td colspan="2">70%以上</td><td colspan="2">50%以上</td></tr>
<tr><td>客户查询*</td><td>联网图形
实时数据
自动语音</td><td>联网图形
实时数据
自动语音</td><td>联网数据
实时数据
半自动语音</td><td>录入数据
手工语音</td><td>手工语音
查询</td></tr>
</table>

表 1-3　　综合服务型物流企业评价指标

<table>
<tr><th colspan="2">级别
评价指标</th><th>AAAAA 级</th><th>AAAA 级</th><th>AAA 级</th><th>AA 级</th><th>A 级</th></tr>
<tr><td rowspan="3">经营状况</td><td>年总营业收入（元）*</td><td>10 亿以上</td><td>2 亿以上</td><td>4000 万以上</td><td>800 万以上</td><td>300 万以上</td></tr>
<tr><td>年一体化物流业务收入（元）*</td><td>2 亿以上</td><td>6000 万以上</td><td>1600 万以上</td><td>400 万以上</td><td>150 万以上</td></tr>
<tr><td>企业营业时间 *</td><td>3 年以上</td><td colspan="2">2 年以上</td><td colspan="2">1 年以上</td></tr>
<tr><td rowspan="2">资产</td><td>企业资产总额（元）*</td><td>5 亿以上</td><td>1 亿以上</td><td>2000 万以上</td><td>600 万以上</td><td>200 万以上</td></tr>
<tr><td>资产负债率 *</td><td colspan="5">不高于 75%</td></tr>
<tr><td rowspan="3">设施设备</td><td>可控仓储面积（m^2）</td><td>10 万以上</td><td>5 万以上</td><td>1 万以上</td><td>3000 以上</td><td>1000 以上</td></tr>
<tr><td>可控运输车辆（辆）</td><td>500 以上</td><td>400 以上</td><td>300 以上</td><td>200 以上</td><td>100 以上</td></tr>
<tr><td>运营网点（个）*</td><td>100 以上</td><td>50 以上</td><td>30 以上</td><td>10 以上</td><td>5 以上</td></tr>
<tr><td rowspan="5">管理及服务</td><td>管理制度</td><td colspan="5">有健全的经营、财务、统计、安全、技术等机构和相应的管理制度</td></tr>
<tr><td>质量管理 *</td><td colspan="5">通过 ISO 9001—2000 质量管理体系认证</td></tr>
<tr><td>业务辐射面 *</td><td>全球范围</td><td>全国范围</td><td>跨省区</td><td colspan="2">省内范围</td></tr>
<tr><td>咨询服务 *</td><td colspan="3">提供物流规划、资源整合、方案设计、业务流程重组、供应链优化、物流信息化等方面的服务</td><td colspan="2">提供整合物流资源、方案设计等方面的咨询服务</td></tr>
<tr><td>客户投诉率</td><td>小于 0.05%</td><td colspan="2">小于 0.1%</td><td colspan="2">小于 0.5%</td></tr>
<tr><td rowspan="2">人员素质</td><td>中高层管理人员 *</td><td>80%以上具有本科或相当于本科以上学历</td><td colspan="2">70%以上具有本科或相当于本科以上学历</td><td colspan="2">60%以上具有本科或相当于本科以上学历</td></tr>
<tr><td>业务人员</td><td>60%以上具有相关专业知识和专业资格</td><td colspan="2">50%以上具有相关专业知识和专业资格</td><td colspan="2">40%以上具有相关专业知识和专业资格</td></tr>
</table>

续 表

评价指标		AAAAA级	AAAA级	AAA级	AA级	A级
信息化水平	网站功能	实现电子商务交易	实现电子商务交易	实现电子交互、信息发布	实现电子交互、信息发布	静态页面
	电子单证管理 *	100%以上	80%以上		60%以上	
	货物跟踪 *	90%以上	70%以上		50%以上	
	客户查询 *	联网图形实时数据自动语音	联网图形实时数据自动语音	联网数据实时数据半自动语音	录入数据手工语音	手工语音查询

注1：表1-1、表1-2、表1-3中标注 * 的指标为企业达到评价等级的必备指标项目，其他为参考指标项目。

注2：表1-1、表1-3中运营网点是指在经营覆盖范围内，由本企业自行设立可以承接并完成企业基本业务的分支机构。

注3：表1-1中对业务辐射范围指标的表述，全球范围是指可以开展全球性、国际性业务，全国范围是指可以在我国境内大部分地区开展业务，跨省区是指可以跨越国内部分省、区、直辖市开展业务，省内范围是指可以在省、区、直辖市内开展业务。

注4：表1-1、表1-2、表1-3中客户投诉率是指在年度周期内客户对不满意业务的投诉总量与企业业务总量的比率。

注5：表1-2中配送供应点是指企业向客户提供配送服务过程中所有客户的网点。

注6：表1-2、表1-3中可控运输车辆是指企业自有、租用以及通过契约合同等方式可进行调配、掌控的运输专用车辆的总辆数。

注7：表1-3中可控仓储面积是指企业自有、租用以及通过契约合同等方式可进行调配、掌控的仓储总面积。

注8：表1-3中对运行网点覆盖范围指标的表述，全国范围是指运营网点覆盖全国大部分地区，跨省区是指运营网点覆盖部分省区，省内范围是指运营网点覆盖省、区、直辖市区域范围内。

注9：资料来源为国家质量监督检验检疫总局、国家标准化管理委员会在2005年4月27日向社会公布的GB/T 19680—2005《物流企业分类与评估》推荐性国家标准。

（一）运输型物流企业

运输型物流企业是以从事货物运输服务为主，包括小件包裹快递服务或代理运输服务，并包含其他物流服务活动，具备一定规模的实体企业。具体要求如下：

1. 主营业务活动

主营业务活动包括两个方面：

（1）企业的主要业务活动应以为客户提供门到门运输、门到站运输、站到门运输、站到站运输等一体化运输服务，以实现货物运输为主；

（2）根据客户需求，运输型物流企业可以提供物流功能一体化服务。

2. 设施设备要求

（1）企业应具备一定的办公场所，以及业务经营活动的场所；

（2）按照业务要求，企业应具备必要的运输设备；

（3）按照业务要求，企业应具备或租用必要的仓储设施、设备；

（4）企业应具备一定的网络信息传递设备，保证信息系统的正常运行。

3. 管理要求

（1）企业已建立一整套健全管理机构和与之相适应的管理制度，并有效实施；

（2）企业应具备合理的人力资源管理与绩效考核制度并有效实施；

（3）培训制度健全，能够对员工在技术及职业道德等方面进行系统培训及考核。

4. 服务要求

（1）企业应配置专门的机构和人员，建立完备的客户服务体系，能及时、有效地提供客户服务；

（2）具备网络化信息服务功能，对所运货物可通过信息系统进行状态查询、监控。

（二）仓储型物流企业

以从事区域性仓储服务为主，包含其他物流服务活动，具备一定规模的实体企业，具体要求如下：

1. 主营业务活动

（1）企业应以为客户提供货物储存、保管、中转等仓储服务，以及为客户提供配送服务为主；

（2）企业应可以为客户提供其他仓储增值服务，如商品经销、流通加工等。

2. 设施设备要求

（1）企业应具备一定的办公场所，以及业务经营活动的场所；

（2）企业应具备一定规模的仓储设施、设备；

（3）按照业务要求，企业应具备或租用必要的货运车辆；

（4）企业应具备一定的网络信息传递设备，保证信息系统的正常运行。

3. 管理要求

（1）企业已建立一整套健全管理机构和与之相适应的管理制度，并有效实施；

（2）企业应具备合理的人力资源管理与绩效考核制度并有效实施；

（3）培训制度健全，能够对员工在技术及职业道德等方面进行系统培训及考核。

4. 服务要求

（1）企业应配置专门的机构和人员，建立完备的客户服务体系，能及时、有效地提供客户服务；

（2）具备网络化信息管理功能，应用信息系统可对货物信息进行状态查询、监控等各项信息处理。

（三）综合服务型物流企业

以从事多种物流服务活动，并可以根据客户的需求，提供物流一体化服务，具备一定规模的实体企业，具体要求如下：

1. 主营业务活动

（1）业务经营范围广泛，可以为客户提供运输、货运代理、仓储、配送等多种物流服务项目，并能够为客户提供契约性一体化物流服务；

（2）为客户制定整合物流资源的解决方案，提供物流咨询服务。

2. 设施设备要求

（1）企业应具备一定的办公场所，以及业务经营活动的场所；

（2）按照业务要求，企业应具备或租用必要的运输设备以及仓储设施及设备；

（3）企业应具备一定的网络信息传递设备，保证信息系统的正常运行；

（4）企业应具有跨区域性货物分拨网络。

3. 管理要求

（1）企业已建立一整套健全管理机构和与之相适应的管理制度，并有效实施；

（2）企业应具备合理的人力资源管理与绩效考核制度并有效实施；

（3）培训制度健全，能够对员工在技术及职业道德等方面进行系统培训及考核。

4. 服务要求

（1）企业应配置专门的机构和人员，建立完备的客户服务体系，能及时、有效地提供客户服务；

（2）具备网络化信息服务功能，应用信息系统对物流服务整个过程的信息进行状态查询和有效监控等。

第三节　第三方物流企业

一、第三方物流企业的含义和特点

第三方物流，英文表达为 Third Party Logistics，简称 3PL，也简称 TPL，在国外也称“契约物流（Contract Logistics）”、“外包物流（Outsourcing Logistics）”、“代理物流”。这一术语传到我国，只是近几年的事。

第三方物流中的第三方是相对“第一方”（发货人）和“第二方”（收货人）而言的，它既不属于第一方，也不属于第二方，它不拥有商品，不参与商品的买卖，而是为客户提供以合同为约束、以结盟为基础的系列化、个性化、信息化的物流代理服务的组织。也就是说，第三方就是指提供物流企业交易双方的部分或全部物流功能的外部服务提供者。

第三方物流企业一般可分为两类：资产基础供应商和非资产基础供应商。对于资产基础供应商而言，它们有自己的运输工具和仓库，通常实实在在地进行物流操作；而非资产基础供应商则是管理公司，不拥有资产或租赁资产，它们提供人力资源和先进的物流管理系统，专业管理客户的物流功能。

从字面上看，第三方物流是指与货物有关的发货人和收货人之外的专业企业，即由第三方来承担企业物流活动的一种物流形态。在某种意义上，可以说它是物流专业化的一种形式。这种物流服务形式是建立在现代信息技术基础上的、企业之间的联盟关系。

第三方物流企业是指受各个供方企业和需方企业委托，专业承包它们各项物流业务活动的物流企业。

第三方物流企业一般具有如下特点：

（一）第三方物流企业是客户的战略同盟者

第三方物流企业在物流领域扮演的是客户的战略同盟者的角色。在服务内容上，它为客户提供的不仅仅是一次性的运输或配送，而且是一种具有长期契约性质的综合物流服务，其最终职能是保证客户物流体系的高效运作和不断优化供应链管理。从这个角度来看，第三方物流企业与其说是一个专业物流公司，不如说是客户专职物流部门，只是这个“物流部门”

更具有专业优势和管理经验。与传统运输企业相比，第三方物流的服务范围不仅仅限于运输、仓储业务，它更加注重客户物流体系的整体运作效率与效益。供应链的管理与不断优化是它的核心服务内容。它的业务深深地触及到客户企业销售计划、库存管理、订货计划、生产计划等整个生产经营过程，远远超越了与客户一般意义上的买卖关系，而是紧密地结合成一体，形成了一种战略合作伙伴关系。从长远看，第三方物流的服务领域还将进一步扩展，甚至会成为客户销售体系的一部分。它的生存与发展必将与客户企业的命运紧密地联系在一起。西方的物流理论中非常强调“相互依赖”关系，也就是说一个企业的迅速发展光靠自身的资源、力量是远远不够的，必须寻找战略合作伙伴，通过同盟的力量获得竞争优势。而第三方物流企业扮演的就是这种同盟者的职能，与客户形成的是相互依赖的市场共生关系。

（二）第三方物流企业是客户的战略投资人，也是风险承担者

第三方物流企业追求的不是短期的经济效益，更确切地说它是以一种投资人的身份为客户服务的，这是它身为战略同盟者的一个典型特点。比如，为了适应客户的需要，第三方物流企业往往自行投资或合资为客户建造现代化的专用仓库、个性化的信息系统，以及特种运输设备等。这种投资少则几百万元，多则上亿元，直接为客户节省了大量的建设费用，而这种投资的风险必然也由其自身承担。所以，第三方物流服务本身就是一种长期投资。这种投资的收益很大程度上取决于客户业务量的增长，这就形成了双方利益一体化的基础。同时，随着我国资本市场的发展，法人企业作为战略投资人已经成为一类重要的资本市场投资主体，在业务关系上的紧密性为第三方物流企业与客户在资本市场上的合作创造了难得的条件。可以预见，双方在股权、资本上的融合将更加紧密，第三方物流战略投资人的性质将更加明显。

（三）利益一体化是第三方物流企业的利润基础

第三方物流企业的利润从哪里来？从本质上讲来源于现代管理科学的推广所产生的新价值物流，也就是人们经常提到的第三利润。以美国为例，1980 年全美企业存货成本总和占 GNP 的 29%，由于物流管理中零库存控制的实施，到 1992 年这一比例下降到 19%，下降了近 10 个百分点。可以说这种库存成本的节约就是物流科学创造的新价值。这种新价值是第三方物流企业与客户共同分享的。这就是利益一体化，这就是人们所强调的“双赢”。所以，与传统的运输服务相比，第三方物流企业的利润来源与客户的利益是一致的，而不是矛盾的，并不是一方多赚一分钱，另一方

就少赚一分钱的传统交易方式。所以，与运输企业相比，第三方物流企业的利润来源不是来自运费、仓储费用等直接收入，不是以客户的成本性支出为代价的，而是来源于与客户一起在物流领域创造的新价值。为客户节约的物流成本越多，利润率就越高，这与传统的经营方式有本质不同。虽然，我国现有的物流企业在交易方式上还没有摆脱传统以运费、仓储费用为计量的结算方式，但以“降低客户经营成本为根本的经营目标”已经被许多物流企业明确地提出，这代表了我国物流业发展的方向，也是实现与客户的双赢、利益一体化的真实反映。这也是解除企业后顾之忧，真正实现战略合作的经济基础。

（四）契约代理多个企业的物流业务

第三方物流企业之所以要与第一方或第二方订立“契约”或合同，是为了建立稳定、明确的合作关系，双方承担相应的责任、义务和权利，保障双方正常业务的开展。

（五）专业化

第三方物流业务应有一定规模或有一定市场，这就保证了企业能够生存发展的必要重要条件。

（六）效益来源多样化

第三方物流的效益包括规模效益、系统协调效益、专业化效益和群体共赢效益。

第三方物流企业最基本的特征是集多家企业的物流业务于一身，物流业务的规模扩大了，可以让企业的物流设施、人力、物力、财力等资源充分利用，发挥效益。

第三方物流企业可以在自己所占有的供应商群体及其各自的客户群中进行协调活动，比如统一运输、统一组织配送、系统内部调剂供需、统一批量化作业等。这样可以充分利用企业的资源，提高工作效率，节约企业物流运作费用和成本，最终提高企业的效益水平。

第三方物流企业在物流服务中的作业专业化、设备专业化、经管管理专业化是获取利润的保证。

第三方物流企业能够使自己和客户群都增强各自的核心竞争力，使整个企业群体共赢共荣，获取很好的群体效益。

二、第三方物流企业的管理

第三方物流企业自身管理的主要内容有：合同管理、能力管理、设备管理、安全管理、信息管理、服务管理。

（一）合同管理

无论第三方物流企业承接的是运输项目，还是保管项目，或者是配送项目，首先必须要签订项目合同。因为这些项目均属于经济业务，所以购买物流资源与出售物流资源的双方应该签订经济合同。

如何做好物流合同的管理工作呢？一般可以根据合同生命周期的不同阶段来进行管理。

1. 建立合同

在企业与第三方物流供应商经过协商后，签订一份购买物流服务与销售物流服务的合同，在双方认可的情况下，此合同作为正式文件。合同中应包含的内容有：购买物流服务方和销售物流服务方的公司名称，物流服务内容，物流服务时间（合同起止时间），涉及物品数量，服务收费，付款方法及时间，服务要求（质量要求、包装要求、验收方法等），服务方法（工具、交货方式），违约经济责任及处理方法。合同必须具有以上基本内容，而且内容应详细而具体。

2. 合同修改与中止

合同签订之后，在执行期间，由于各种因素的影响，合同有可能需要修改或者中止，签约双方可以根据实际需要及理由通过协商进行修改或中止。

3. 合同执行及跟踪

在合同执行过程中，必须注意对合同执行情况进行跟踪，以便随时掌握合同执行是否顺利，遇到哪些困难，已执行的有哪些，尚未执行的又有多少，在时间进度上是否符合要求，付款情况如何，等等。做到发现问题，及时解决，更好地为客户服务。

如果用计算机来处理合同信息，那将会对合同管理有很大的帮助。当你将一份合同信息录入计算机之后，计算机内就建立了一份合同档案，一旦需要修改或中止合同时，只需将合同档案调出，录入修改或中止的内容来替代原有合同的内容即可，也可以按照需要保留被修改和中止内容的合同版本，以供今后查询。计算机处理合同执行及跟踪业务更是得心应手，它可以按合同号或客户的各种信息来查找合同，了解合同执行步骤及进度。

（二）能力管理

第三方物流必须对自身物流资源进行全面的规划和衡量，以便能了解自身有多大的能力，可以承接多大的项目，完成多少订单。这个能力包括运输能力、保管能力、配送能力、装卸能力及设备能力等。例如，保管能力是指第三方物流企业的全部仓容中还可能接受的保管物品的数量；汽车运输能力是指第三方物流企业的运输工具及运输工作人员所能承担的运力的吨、公里数等。对于第三方物流企业来说，这些都必须做到心中有数，才能最大限度地发挥物流管理的能力，平衡物流的负荷，达到最好的物流资源的销售水平，以便取得最佳的经济效益。

下面就以保管能力管理为例来说明如何合理地使用物流企业的能力。

保管能力与保管的仓容有关。保管的仓容是仓库的容量，它由仓库的面积、高度、载重量三个要素组成。仓容会受到物品保管淡旺季节的变化及货物吞吐过程中时间间隙的影响，造成仓容未被使用，产生保管能力的浪费现象。如果能够通过测算，找出仓容能力，然后，再为仓容建立合理的能力，并且进一步对仓容情况进行能力检查和分析，就可以不断地修改仓容能力，绘制出仓库平面图形，以便进一步加强能力管理，有效地进行负荷分配，提高存储量。

（三）设备管理

第三方物流管理的另一项内容是物流设备管理。第三方物流企业所具有的物流设备齐全，而且更新快，物流技术新颖。

物流设备的种类很多，从用途上来看，可以分为装卸搬运设备、运输工具、保管设备、计量设备和安全设备。为了保证物流业务的正常开展，物流设备管理是必不可少的。因为物流设备是物流活动赖以运行的另一种能力，即设备能力。物流设备管理的内容包括以下几个方面：

1. 购进

购进物流设备时要掌握这样一些原则：技术先进、安全可靠、经济合算、操作简便。

2. 使用

对于不同用途的设备应有不同的使用方法，也就是做到合理使用，只有合理使用，才能真正发挥每台设备的作用，提高设备的使用效率，同时也能避免设备过早地损坏和报废。例如：对于装卸搬运设备，应该做到专人操作，防止过载，做到经常保养；对于保管设备则要注意防止损坏，轻搬平放；对于计量设备，必须做好定期校验，保证度量准确，并做好及时修理；对于安全设备，则要根据需要配置存放，并有专人保管。

3. 维修与保养

为了延长设备的寿命，还必须做好设备的保养工作。在保养工作中，首先要设立专门的保养部门，安排专门的保养人员，建立专门的保养制度，随时建立设备保养档案，才能做好日常保养工作。

除了日常保养工作之外，根据设备损坏的程度，可以分别进行大修理、中修理及小修理等修复工作。

4. 处理

当设备调拨、报废处理，或者出售时，均需要做好专门的记录。

（四）安全管理

第三方物流企业在进行物流管理活动中，也不能忽视安全管理。因为当货主将货物托付给物流企业时，最起码的要求是：希望物流企业能保证其货物的安全。相对于这一点来说，别的要求则是次要的。因此，第三方物流企业会承担一定的风险，需要采取必要的安全管理措施。

在安全管理方面可以做的工作首先是防止货物被盗，因为在物流企业中货物较为集中，吞吐量大，运输和保管部门必须要做好防盗工作，避免由于发生盗窃而造成货物的损失；同时，要根据运输工具的保管场所和物品特点，气候条件，建立消防组织，防止发生意外火灾等事故，以避免货物的损失。

（五）信息管理

第三方物流企业的物流管理活动也包括了对物流信息的管理。在合同、能力、设备、安全以及其他物流管理中，都涉及信息管理。每个物流企业都可以建立一个物流信息系统，这个信息系统可以利用新的信息技术来建立，它所建立的将是一个集成的信息系统。

下面以物品信息管理为例说明物流信息系统是如何进行信息处理的。

在签订合同之后，物品经过运输到达物流企业，并进仓加以保管。这时，可以根据进仓单在计算机上建立物品进仓记录，记录的内容有：物品编码、物品名称、单位、数量、重量、货主、装卸次数、运输方式、运输编号、进仓单号、进仓日期、保管时间、仓位等。在物品经配送、包装、流通加工出仓时，根据出仓单，通过计算机建立物品出库记录，并在原来的物品档案上，追加出仓单号、出库日期、数量、包装材料、装卸次数，然后可以计算出保管的物品余额。

物品数据库可供查询，查询的内容主要是物品的有关情况，同时也可以进行货物的跟踪，以及检查物流的管理状态。通过物品数据库中数据的汇总处理，还可以得到保管、合同、运输等各种汇总统计数据。

（六）服务管理

服务管理是第三方物流企业对物流业务全过程进行的计划、组织、协调和控制等职能的管理活动。在以客户服务为经营战略的物流企业，服务的管理包括服务制度的制定、服务组织的构建、服务措施的安排以及服务质量的评估等方面。

阅读资料

物流企业的催生

虽然成都市现代物流业发展领导小组办公室金大中处长表示“外资物流进来后的冲击并不是想像中的那么‘恐怖’”，但他还是承认，中国入世时承诺的“不迟于2004年12月11日允许外方独资设立公路货物运输公司”会给物流市场增加一些有“分量”的竞争对手。因此，“政府方面还得引导和鼓励内资物流企业尽快做大做强。”

成绩有长进

成都物流业攻读WTO“课程”已经三年了，其成绩如何？有何长进？记者在采访中获悉了这样一些事实：2003年成都公路货运量达2.37亿吨，比入世当年增长22.6%；2003年成都铁路货运量达4975万吨，比入世当年增长了10.6%；航空方面最为显眼，2003年成都双流机场货运吞吐量为20万吨，居全国第6位，在西部十大机场中居第一位，比入世当年增了加27.2%……

2003年，成都至北海的出海通道打通，使川货出口在境内的在途时间大为缩短。都江堰市种植猕猴桃的张老板对此深有感触地说：“过去要十多天才能将猕猴桃运出境，现在只需一个星期就可以。”2004年春，五定班列的开通，更加强了成都与广州、深圳等珠三角地区的商品交流，川货、广货频繁地在五定班列中流动。

据悉，目前，已有美国UPS公司、联邦快递、德国汉莎航空公司、英国金鹰物流、新加坡总统物流（APL）公司等洋物流企业在川设立了分支机构。据业内人士介绍，这些洋物流企业掐着中国入世承诺的时间表，希望在第一时间抢占中国的物流市场。

功课还得继续补

金大中告诉记者，一些物流公司老总一提起外资物流企业就仅仅认为老外只是钱多。“其实，老外除了钱多，还有丰富的物流策划经验和物流企业管理技巧，同时还有获得客户认同的经营策略等。”

在物流投资的规模上，内资物流企业难得有几家称得上“重量级”的。来自四川省物流业协会的初步统计，目前全省物流企业不下千家，但大多是几辆汽车起家，难有规模和品牌优势，只好以低价格“揽活”。

“物流策划更是一片空白。”西南交大交通运输学院副院长、物流专家张锦这样认为。在西方发达国家，大企业、大集团选择第三方物流企业时，不仅要考虑其服务成本，还要考察其物流策划水平。因为科学、合理、高效的物流策划，不仅可以使产品安全、及时地到达客户手中，从而加快资金周转，而且还可以将物流业务完全交由第三方物流企业来担当，自己则全身心投入生产及产品研发。

“种瓜得瓜，种豆得豆。”在此情形下，自然出现了如下结果：一是第三方物流生存空间狭小。按照理论推算，成都市目前的物流产值应为每年200亿元人民币。但2003年第三方物流产值实际只有80亿元，那么，余下的120亿元流向何处？当然是生产及流通企业；二是社会资源的浪费。正由于上述原因，很多大企业都自己组建车队和仓库，其结果是成本降不下来。

顺势而为与借势而流

物流业的开放速度相对于其他行业来要快一些，除前述的“不迟于2004年12月11日允许外方独资公路货物运输公司”外，还有“不迟于2005年12月11日允许外方独资国际集装箱多式联运”等，因此，内资物流业的应对之策是该派上用场的时候了。

金大中告诉记者说，成都市将成立一家物流投资发展有限公司，吸收部分国有资本和民营资本组建，以此作为投资主体与外资物流企业合资。“加大物流企业购并重组力度，培育壮大现代物流龙头企业，并支持符合条件的物流企业到境内外资本市场融资。”

增添现代物流硬件设施，也将成为WTO后过渡时代四川物流业的重大举措。据悉，到2010年时，全省将新添14条公路出川大道；同时建设以成都为中心，通达16个二级城市的高速公路主骨架；实现乡乡通公路；主攻5条铁路运输线；适当建设新的支线机场；完善集装箱码头运输……

一切的努力都将促使四川物流在质上得到腾飞。

第二章　物流企业服务战略

本章提要

1. 企业经营战略的含义
2. 物流服务战略的含义
3. 物流服务战略的内容
4. 客户服务战略的制定步骤
5. 客户服务含义
6. 物流客户服务内容
7. 客户服务过程三要素
8. 物流客户服务的特征
9. 客户服务作用
10. 物流客户服务管理的目的
11. 客户服务管理的准则

无论做什么事，都要首先看准方向，才能充分发挥自己的有利条件；如果方向错了，那么有利条件只会起到相反的作用。

管理大师彼得·德鲁克（PETER F DRUCKER）说，做正确的事比正确地做事更重要。“做正确的事”意味着在从事任何的活动时，首先要找到正确的方向，否则，就将是中国寓言中的“南辕北辙”。在物流企业的经营活动中，什么是正确的事呢？就是需要有一个能使企业真正得到经营成果，达到发展要求的战略。实践证明，在当今的物流市场上，制定客户服务战略则是企业提高竞争能力并能保持持续发展的正确选择。

第一节 物流服务战略的制定

一、物流企业经营战略与服务战略

（一）企业经营战略的含义与特点

“战略”一词本是军事术语，原意是指对于任何一个组织的全局性或决定性的谋略规划。战略问题是研究全局行动的方向、目标和实现目标的最好的途径。把“战略”的概念应用到企业经营活动中，就成为企业为顺应经营环境的变化而制定的一种具有方向性和指导性的经营规划。可以说，战略是适应环境的一种产物。

在经营环境变化特别激烈、显著的时候，经营战略比任何时候都重要。从企业经营活动的轨迹来看，企业的经营行为具有一定的规则性和惯性，在新的经营战略没有制定出来的情况下，企业很难应对市场环境的突变，及时修正经营目标和经营活动的方式。所以，根据经营环境的状况，制定正确的经营战略是企业决策管理中的头等大事，它直接关系到企业活动的绩效以及市场发展的潜力。企业经营战略具有下列一些特点：

1. 长远性

企业经营战略是关于企业长远发展的纲领，是为企业适应未来环境变化的有长远目标的对策，它不是为了维持企业的现状，而是为了创造企业的未来。

2. 全局性

企业经营战略是带有全局性的策略，确定企业战略要从整个生存和发展来加以考虑，包括企业对自身发展的总体规划和整体策略，它是企业在市场经营中作出的事关企业全局和把握企业未来的关键。

3. 对抗性

没有战争就没有战略，没有激烈的市场竞争也就不需要去谋划，企业的经营战略总是针对特定的环境和对手制定的。战略的对抗性也表现出比战术问题更需要发挥人的智慧和创造性。通过正确的战略的“神机妙算”，一个实力相对较弱的一方，甚至能够战胜实力强大的对手。

4. 应变性

企业所处的各种环境是发展变化的，成功的战略就是要适应环境的变化，使企业的各种资源和经营目标与环境的变化相一致。

（二）服务战略的含义与内容

同样，作为物流企业或企业物流总部在进行物流综合管理的过程中，也必须充分关注经营环境的变迁，根据企业的资源和目标，制定出正确的经营发展战略。

一个企业制定什么样的经营战略，取决于企业的经营目标、所处的内外环境以及自身的实力。对物流企业来说，在市场竞争激烈、业务同质化、客户需求多样化的市场上，制定客户服务的经营战略，不失为企业提高市场竞争力的正确选择。

物流企业服务战略是指在企业的经营发展的总体规划中，把客户服务作为企业经营战略的重要组成部分。具体地说就是企业在分析外部环境和内部条件的基础上，为求得生存和发展而在客户服务方面作出的总体的长远谋划，以及实现这样的规划所应采取的方案。

客户服务战略是把客户服务视作最关键的业务内容，视同企业的盈利而非成本来源，以客户满意为服务目标，提高客户的满意度和忠诚度，提供快速和周到的物流优质服务去吸收和保持更多的客户，巩固和扩大物流市场占有率，实现企业的经营目标。

服务战略的内容包括：①服务目标；②企业服务的目标市场；③服务竞争策略；④服务内容；⑤服务制度；⑥水平和标准的定位；⑦客户服务管理；⑧服务体系的构建。

物流服务的目标是客户满意。然而客户的服务要求是千差万别的，一个物流企业不可能同时满足所有客户的所有要求，因此要确定明确的客户和适宜的服务标准。

比如，做鲜活商品的客户最关心的就是速度和运输条件；做零售的客户最关心的就是存货控制和补货条件；做高价值货品的客户最关心的就是货物的安全性；工业客户最关心的是交货期、订货周期和订单完成率以及缺货替代条件；最终用户最关心的就是订货的方便性、付款的灵活性和退货条件等。

一旦确定了客户服务的战略重点，服务资源的配置就应当向这些重点集中。有针对性地进行客户信息的收集与管理、服务制度的制定与落实、服务项目的组织、执行与管理等。

客户服务作为企业的战略，就意味着在物流企业的战略金字塔中客户服务处于尖端位置（见图 2－1）。

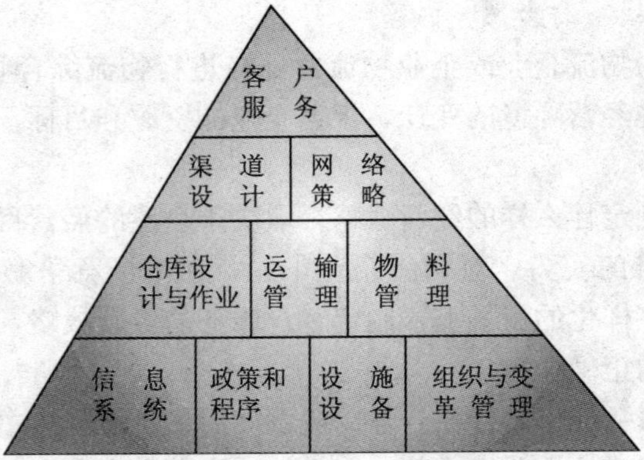

图 2-1 物流战略金字塔

物流企业经营战略通常包括 10 个关键部分，分别被组织在四个层次上，构成了企业战略的金字塔。从图 2-1 可见，客户服务作为金字塔的最顶端，决定了物流企业从最底层开始，就要明确对企业有利可图或对企业有战略意义的客户的服务需求以及物流活动的目标与方向。

物流信息系统是满足客户服务的手段，一个整合的、高效的组织是实现企业服务目标的保证。运输、仓储和物料管理关系物流服务作业系统的优化和顺畅，市场、供应模式和客户服务需求随时变化，物流的运作必须加以调整来适应新的需求。渠道的设计包括确定为达到期望的服务水平而需执行的活动与职能以及渠道中的哪些成员将执行它们，在与客户的沟通中，这部分的决策是至关重要的；网络策略必须与渠道策略以一种给客户价值最大化的方式进行整合，才能使客户服务成本更低、更快捷、更有竞争性。

在参与市场竞争中，确定客户服务战略也意味着服务策略成为企业竞争战略的重要内容。迈克尔·波特教授在他的名著《竞争战略》一书中曾归纳出三种基本的企业竞争战略类型：成本领先战略、别具一格战略和集中一点战略。这对物流企业同样具有现实的指导意义。

如果企业选择的是成本领先战略，那么，它的物流服务战略的基本定位应当是向客户提供标准化的服务，包括物流服务品种的相对稳定、服务水平的客户认同、服务程序的简洁规范等。

如果企业选择的是差异化战略，那就意味着企业选择了创新服务作为企业的发展动力，所以它的物流服务战略的基本定位应当是对不同的客户实行差别化服务。

如果企业选择的是集中化战略，就意味着企业选择了专业化服务。这时，它的物流服务战略的基本定位应当是为特定的客户提供专门的服务或为特定的货种提供一般的服务。

二、客户服务战略的制定

物流服务作为企业经营管理的一个重要方面，能否制定出行之有效的物流服务战略，往往影响到具体的物流服务绩效以及由此而带来的客户满意度，所以，科学、合理地进行物流服务战略的分析和策划是物流管理活动中一项十分重要的职能。具体看，物流服务的决策主要有以下几个步骤。

（一）物流服务要素的确定

要开展物流服务，首先必须明确物流服务究竟包括哪些要素以及相应的具体指标，即哪些物流活动构成了服务的主要内容。

一般来讲，备货、接受订货的截止时间、进货期、订货单位、信息等要素的明确化是物流战略策划的第一步，只有清晰地把握这些要素，才能使以后的决策顺利进行，并加以操作和控制。

（二）向客户搜集有关物流服务的信息

物流服务既然是客户服务的一个重要组成部分，就应当了解客户对物流活动的要求和认识。这种信息资源的搜集可以通过问卷调查、座谈、访问以及委托作为第三方的专业调查公司来进行。调查的信息主要包括物流服务的重要性、满意度以及与竞争企业的物流服务相比是否具有优势等问题。物流服务信息搜集、分析的具体方法主要有三种形式，即：

1. 客户服务流程分析

这种分析方法的基本思路是，为了正确测定企业与客户接触时的满意度，就必须明确企业与客户之间究竟有哪些节点，这些节点以时间序列为基轴在图中加以标示（见图 2-2）。

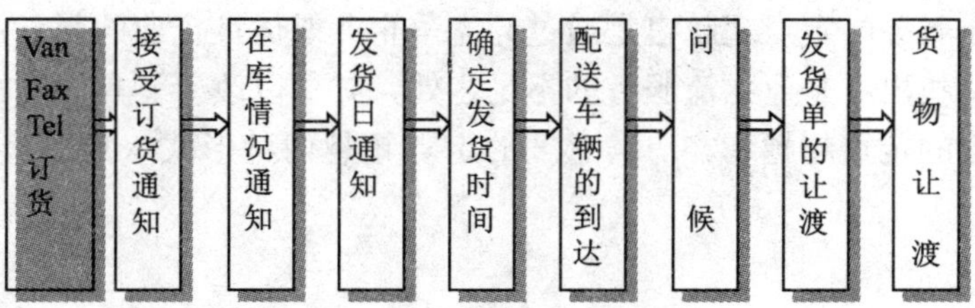

图 2-2　客户服务流程分析实例

2. 客户需求分析

这种方法主要着眼于探明客户需求与本企业所实施的物流服务水平之间有什么差距（见图 2－3）。据此，明确本企业需要改善或提高的物流服务。这种方法的关键是所提出的问题要尽可能具体、全面，否则无法真正全面掌握客户的真实需求和对企业物流服务的愿望。此外，还应当注意的是，客户需求肯定会有先后顺序，一般处于优先位置的是企业物流服务的核心要素；而且不同细分市场，服务要素的先后顺序也不尽一致。

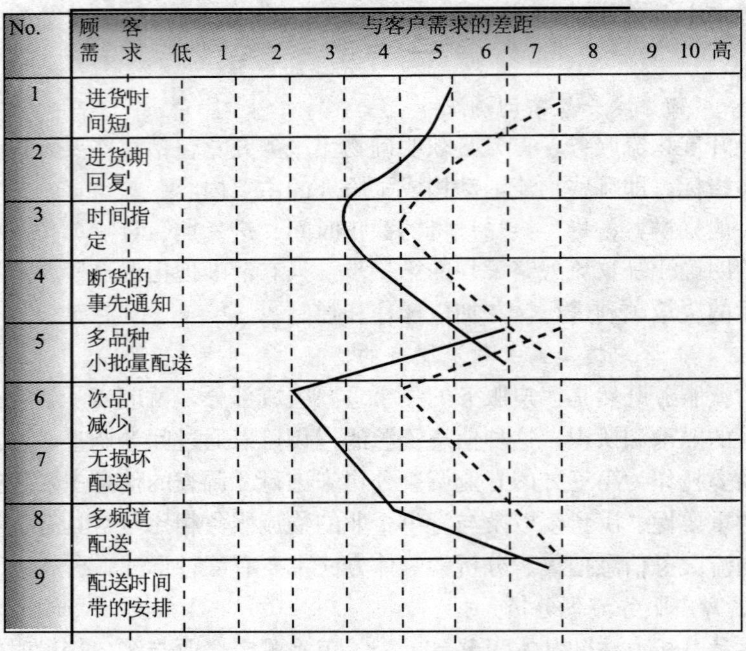

图 2－3　客户需求分析实例

3. 定点超越分析

物流服务的定点超越也是通过与竞争企业或优良企业的服务水准相比较分析，找出本企业物流服务的不足之处，并加以改善。具体方法主要有服务流程的定点超越和客户满意度的定点超越两种形式（见图 2－4 和图 2－5）。

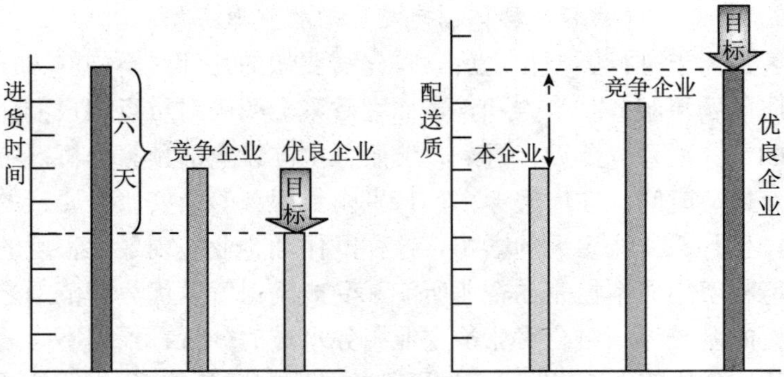

图 2-4 服务流程的定点超越实例

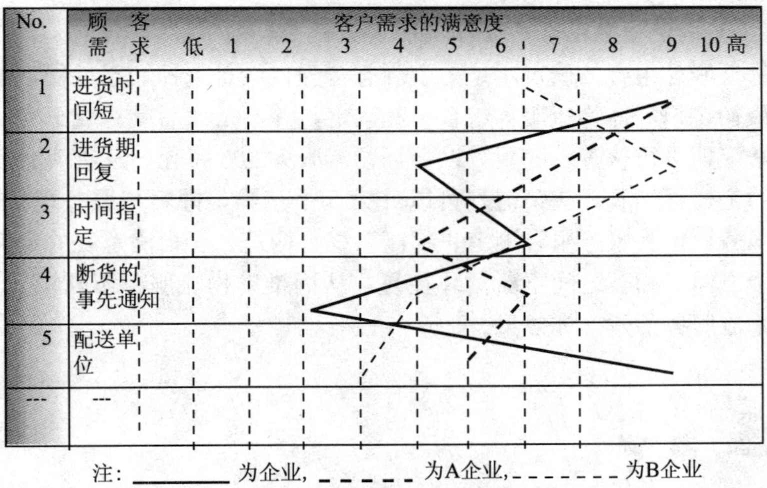

图 2-5 客户满意度的定点超越实例

（三）客户需求的类型化

如前所述，由于不同的细分市场客户服务的要求不一致，所以，物流服务水准的设定必须从市场特性的分析开始入手。此外，客户思维方式以及行动模式的差异也会呈现出多样化的客户需求，在这种状况下，以什么样的特性为基轴来区分客户群成为制定物流服务战略、影响核心服务要素的重要问题。另外，在进行客户需求类型化的过程中，应当充分考虑不同客户群体对本企业的贡献度以及客户的潜在能力，也就是说，针对本企业重要的客户群体，应在资源配置、服务等方面予以优先考虑。

（四）根据不同的客户群体制定相应的物流服务组合

对客户需求进行类型化之后，首先需要做的是针对不同的客户群体制定出相应的物流服务基本方针，从而在政策上明确对重点客户群体实现经营资源的优先配置。此后，进入物流服务水准设定的预算分析，特别是商品单位、进货时间、在库服务率、特别附加服务等重要服务要素的变更会对成本产生什么样或多大的影响，这样既保证企业实现最大程度的物流服务，又能将费用成本控制在企业所能承受或确保竞争优势的范围之内。在预算分析的基础上，结合对竞争企业服务水准的分析，根据不同的客户群体制定相应的物流服务组合。这里应当重视在物流服务水准变更的状况下，企业应事先预测这种变更会给客户带来什么样的利益，从而确保核心服务要素水准不会下降。

（五）物流服务组合的管理与决策流程

物流服务组合的确定不是一个静态行为，而是一种动态过程，也就是说，最初客户群体物流服务组合一经确定，并不是以后就一成不变，而是要经常定期进行核查、变更，以保证物流服务的效率化。从物流服务管理决策的全过程来看，决策流程可以分为5个步骤，即客户服务现状把握、客户服务评价、服务组合测定、物流系统再构筑、客户满意度的定期评价等几个方面，相互之间不断循环往复，从而推动物流服务不断深入发展，提高物流服务的效率和效果。

案例

专家型代理，人性化服务

从2002年8月1日起，中国外轮代理总公司推出“专家型代理，人、人性化服务”的新服务品牌。

“专家型代理”是指在进一步细分市场的基础上，为船东提供更加专业的代理服务；“人性化服务”是指从客户的角度考虑问题，同委托方融为一体，在市场、操作、信息等方面更好地维护委托方利益，使客户真正享受物有所值、物超所值的高质量服务。“专家型代理，人性化服务”的服务品牌将更加强调对服务过程的全面控制，统一服务标准，规范服务流程，为委托方提供更好、更快的全过程船务代理服务。

中国外轮代理总公司通过设立首席计划调度、提供船舶在港期间整体服务方案、提供差异化专业代理服务等新举措，全面提升船代服务水平。

为确保“专家型代理，人性化服务”服务品牌的实施，中国外轮代理总公司制定了“专家型代理，人性化服务”服务品牌的详细标准和实施保障措施，它们成立了专门工作组，对全系统的落实情况进行监督、检查。

这是中国外轮代理总公司在继承50年的优良传统和服务风格的基础上，推行客户满意战略，全面提高和改进服务的重大举措。新品牌的推出将更好地发挥外代系统的整体优势，强化核心营销，提升外代的核心竞争力，确保服务领先、市场领先。

通过实施“专家型代理，人性化服务”的服务品牌，外代做到两个方面的统一：一是形式方面的统一，比如单证的格式；另一方面也是最重要的，是以外代系统最高代理水平作为外代系统的标准服务水平，提升外代整个系统的竞争力，从而进一步确立外代在船舶代理方面的服务和市场领先地位。“专家型”代表外代的服务水平，“人性化”代表外代的服务态度，二者有机结合，使客户真正享受物有所值，甚至物超所值的服务。

第二节　物流企业客户服务的内容和特征

一、物流企业客户服务的含义

客户服务（Customer Service）是指企业为促进其产品销售或服务的利用，发生在客户与企业之间的相互活动。这一定义对于不同类型的企业来说都具有普遍性。

我们可以从以下三个方面去理解客户服务的含义：

（一）客户服务是一项工作

客户服务是为了满足客户需求所进行的一项特殊工作。订单处理、技术培训、零配件供应、处理退货及投诉、产品咨询等都是典型的客户服务活动。

（二）客户服务是一整套业绩评价

客户服务包括一系列业绩评价。如产品可得性评价，包括存货的百分比、准确满足订货的百分比、送达产品达到销售状态（无货损）的百分比等；订货周期和可靠性评价，包括从客户订货到送货的时间、转运时间（从仓库到客户的时间）、订货准备时间（仓库收到订单到发货的时间间隔）、在规定时间内发货的百分比、仓库在×天内将订货送达客户的百分比等；服务系统的灵活性评价，包括最低订货数量、特快发货或延迟发货的可能性、订货的方便和灵活性等。

（三）客户服务是一种观念

客户服务是企业对客户的一种承诺，是企业战略的一个主要组成部分，它与当今企业高度重视的质量管理是完全一致的，也需要引起高层管理人员的重视。企业不能将客户服务狭义地理解为仅仅是一种活动或是一套业绩评价，而应将客户服务思想渗透到整个企业，使它的各项活动制度化。

物流客户服务是指物流企业在物流活动中向客户提供及时而准确的产品递送服务，并为企业组织的成功作出贡献的行为。

☞ 链接

物流服务 Logistics service

物流供应方通过对至少包括运输、储存、配送和信息处理等四项基本功能的实施与管理，来满足其客户物流需求的行为。

运输 Transportation

用设备和工具，将物品从一地点向另一地点运送的物流活动。其中包括集货、分配、搬运、中转、装入、卸下、分散等一系列操作。［GB/T 18354－2001］

配送 Distribution

在经济合理区域范围内，根据客户要求，对物品进行拣选、加工、包装、分割、组配等作业，并按时送达指定地点的物流活动［GB/T 18354－2001］。

仓储 Warehousing

对物品进行储存、保管、出入库管理的所有仓库内物流作业活动。其中包括接运、检验、装卸、搬运、理货、堆码、保管、中转、包装、分拣等一系列操作。

物流信息管理 Logistics information management

以提高物流企业管理、服务水平和物流效率为目的，应用现代信息技术和手段，通过整合物流资源和共享物流信息，实现物流信息电子化、数字化，从而高效率完成物流过程中的信息采集、处理、存储、传输和交换。

摘自：国家质量监督检验检疫总局和国家标准化管理委员会《物流企业分类与评估指标》

二、物流服务的内容

物流服务的内容是满足货主需求、保障供给，而且无论是在服务量上还是质上都要使货主满意。在量上满足货主的需求主要表现在适量性、多批次、广泛性（场所分散）；在质上满足货主的需求主要表现在安全、准确、迅速、经济等。

具体来说，为满足货主的需求，物流服务的内容包括基本服务和增值服务。

（一）基本服务

基本服务是厂商建立其最基本业务关系的客户服务方案，所有的客户在特定的层次予以同等对待，以全面保持其忠诚。对物流企业来说，它的基本服务一般包括运输与配送、保管、装卸搬运、包装、流通加工等以及与其相联系的物流信息。

1. 运输与配送

在社会分工和商品生产条件下，企业生产的商品销售给其他企业使用，但商品生产者与其消费者在空间距离上常是相互分离的。运输就在于完成商品在空间的实体转移，克服商品生产者（或供给者）与消费者（或需求者）之间的空间距离，创造商品的空间效用。运输是物流服务的核心环节，不论是企业的输入物流或输出物流，都依靠运输来实现商品的空间转移。可以这样说：没有运输，就没有物流，也就没有物流服务。为了适应物流服务的需要，要求具有一个四通八达、畅通无阻的运输线路网系统作为支持。

在商品由其生产地通过地区流通仓库或配送中心发送给用户的过程，由生产地至配送中心之间的商品空间转移，称为“运输”；而从配送中心到用户之间的商品空间转移，则称为“配送”。配送是将货物送交收货人的一种活动，目的是要做到收发货经济，运输过程更为完善，保持合理库存，为客户提供方便，可以降低缺货的危险，减少订、发货费用。

专业的物流公司一般自己拥有或掌握有一定规模的运输工具，具有竞争优势的第三方物流经营者的物流设施不仅仅只在一个点上，而是一个覆盖全国或一个大的区域的网络。因此，第三方物流服务公司首先要为客户设计最合适的物流系统，选择满足客户需要的运输方式，然后具体组织网络内部的运输作业，在规定的时间内将客户的商品运抵目的地。除了在指定交货点的交货需要客户配合外，整个运输过程，包括最后的市内配送都可由第三方物流经营者完成。

2. 保管

这是物流服务的第二大职能，它实现了物流的时间价值。

产品的生产完成时间与其消费时间之间总有一段时间间隔，特别是季节性生产和季节性消费的产品，尤为显著。此外，为了保证再生产过程的顺利进行，也需要在供、产、销各个环节中保持一定的储备，保管就是将商品的使用价值和价值保存起来，克服商品生产与消费在时间上的差异，创造商品的时间效用。保管是物流服务的一项重要内容。

对于企业来说，保管服务是通过一定的库存来实现的。库存商品需要建立相应的仓库设施。与运输一样，企业既可以构建自己的仓库，或租用仓库来对产品进行管理，也可以交给第三方物流来完成这项功能。决策必须是在综合考虑了各方面因素的情况下作出的，最主要的目的是效益最大化。在由运输路线和仓库组成的物流网络中，库存处于结点的位置。

在产品销售集中地区所设置的，作为商品集聚和分散基地并进行短期保管的流通仓库就是配送中心。

3. 装卸搬运

这是为了加快商品的流通速度而所进行的服务。

装卸搬运是伴随运输和保管而附带产生的物流服务活动，如装车（船）、卸车（船）、入库堆码、拣选出库以及连接以上各项活动的短距离搬运。在企业生产过程中，材料、零部件、产成品等在各仓库、车间、工序之间的传递转移也包括在物料搬运的范畴。为了提高装卸搬运作业的效率，减轻体力劳动强度，应配备一定的装卸搬运设备。

第三方物流公司提供更加专业化的装载、卸载、提升、运送、码垛等装卸搬运机械，以提高装卸搬运作业效率，降低订货周期，减少作业对商品造成的破损。

4. 包装

商品包装是为了便利销售和运输保管，并保护商品在流通过程中不受毁损，保持完好。为便利运输和保管将商品分装为一定的包装单位以及保护商品免受损毁而进行包装，这都是物流服务的内容。

物流的包装作业目的不是要改变商品的销售包装，而在于通过对销售包装进行组合、拼配、加固，形成适于物流和配送的组合包装单元。

5. 流通加工

这是在流通过程中为适应用户需要进行必要的加工，如切割、平整、套裁、配套，等等。

流通加工的主要目的是方便生产或销售，专业化的物流中心常常与固定的制造商或分销商进行长期合作，为制造商或分销商完成一定的加工作业，比如贴标签、制作并粘贴条形码等。

6. 物流信息处理

在物流服务过程中，伴随着物流服务的进行，产生大量的、反映物流服务过程的关于输入、输出物流的结构、流向与流量、库存储存量、物流费用、市场动态等数据，并不断传输和反馈，形成信息流。利用电子计算机进行物流服务数据的搜集、传送、储存、处理和分析，提供迅速、正确和完备的物流服务信息，有利于及时了解和掌握物流服务进程，与客户进行沟通，以正确决策和协调各业务环节，有效地计划和组织物资的实物流通。

以上六项内容，运输、配送与保管是物流服务的中心内容，其中运输与配送是物流服务体系中所有动态内容的核心；而保管则是惟一的静态内容。物流服务的装卸搬运、包装、流通加工与物流信息则是物流的一般内容。它们的有机结合构成了一个完整的物流服务系统。

（二）增值服务

增值服务是为了满足首选客户的要求，向这些客户提供完美订货的承诺，表现在为了完成完美订货而提供的各种可选方案。其特征是，在提供基本服务的基础上，满足更多的客户期望，为客户提供更多的利益和不同于其他企业的优质服务，它是企业差异化服务竞争策略的具体体现。例如丰田汽车公司提出一个星期的交货期，在基本服务的基础上为客户提供了其他公司无法做到的增值服务；摩托罗拉公司可以根据客户的要求生产出定做的产品，这也为客户提供了增值服务。

增值服务可以分别在以下四个领域中进行：

1. 以客户为中心的增值服务

在基本服务的基础上，对特定的客户进行一对一的独特服务，以客户为中心进行物流业务。从定义上说，以客户为中心的增值服务是指由第三方物流提供的、以满足买卖双方对于配送产品的要求为目的的各种可供选择的方式。例如，美国 UPS 公司开发的独特服务系统，专门替批发商配送纳贝斯克食品公司的 Planters-Lief Savers 快餐食品，这种配送方式不同于传统的糖、烟配送服务。这些增值活动的内容包括：处理客户向制造商的订货，直接送货到商店或客户家，以及按照零售商的需要及时地持续补充送货。这类专门化的增值服务可以被有效地用来支持新产品的引入，以及基于当地市场的季节性配送。

2. 以促销为中心的增值服务

以促销为中心的增值服务是指为刺激客户的产品销售而独特配置的销售点展销台及其他各种促销措施的服务活动。销售点展销包含来自不同供应商的多种产品，组合成一个多结点的展销单元，以便适合特定的零售商品。在许多情况下，以促销为核心的增值服务还包括对储备产品提供特别介绍、直接邮寄促销、销售点广告宣传和促销材料的物流支持等。

3. 以制造为中心的增值服务

以制造为中心的增值服务是通过独特的产品分类和配送来支持制造活动的物流服务。每一个客户进行生产的实际设施和制造装备都是独特的，在理想状态下，配送和内向物流的材料和部件应进行客户定制化。例如，有的厂商将外科手术的成套器具按需要进行装配，以满足特定医师的独特要求；此外，有些仓储公司切割和安装各种长度和尺寸的软管以适合个别客户所使用的不同规格的水泵。这些活动在物流系统中都是由专业人员承担的。这些专业人员能够在客户的订单发生时对产品进行最后定型，利用的是物流的时间延迟。

4. 以时间为中心的增值服务

以时间为中心的增值服务涉及使用专业人员在配送以前对存货进行分类、组合和排序。以时间为中心的增值服务的一种流行形式就是准时化JIT (Just In Time)。在准时化概念下，供应商先把商品送进工厂附近的仓库，当需求产生时，仓库就会对由多家供应商提供的产品重新进行分类、排序，然后送到配送线上。以时间为基础的服务，其主要的一个特征就是排除不必要的仓库设施和重复劳动，以便能最大限度地提高服务速度。基于时间的物流战略是竞争优势的一种主要表现形式。

三、客户服务过程三要素

客户服务过程包括交易前、交易中、交易后三个阶段，而每个阶段体现不同的客户服务要素，一般可分为交易前要素、交易要素和交易后要素。

（一）交易前要素

它是指在产品销售前为客户提供各种服务的各项要素，如制定和宣传客户服务政策，完善客户服务组织功能，使之能够按客户的要求提供各种形式的帮助。另外，还包括销售商提供增加价值的管理服务，如库存管理、订货政策等方面的培训服务。

（二）交易要素

它是指在将产品从供应方向客户实际运送过程中各种服务的要素，这些服务与客户有着直接的关系，并且是制定客户服务目标的基础。因此，这些服务对客户满意程度具有重要影响。其中包括存货水平、订货信息、订货周期、加速装运、运输、系统准确性、订货方便性以及产品替代性，等等。

（三）交易后要素

它是指产品销售和运送后，根据客户要求所提供的各种服务的各项要素。如设备安装、产品质量保证、售后维修及维护、零配件供应、产品跟踪、处理客户投诉及退货等服务活动。

四、物流企业客户服务的特征

物流企业客户服务的特征是可得性、完成性、可靠性，这也是衡量物流企业基本服务水平的标准。

（一）可得性

可得性是指当客户需要存货时所拥有的库存能力。可得性可以通过各种方式实现，最普通的做法就是按预期的客户订货进行存货储备。于是，仓库的数目、地点和储存政策等便成了物流系统设计的基本问题之一。

强生（J&J）公司一般喜欢局限于在三四个仓储设施建立起来的网络为美国服务。而纳贝斯克食品公司（Nabisco Foods）则使用了十多个仓储设施支持上述同一地理区域的客户物流需求。一般说来，一个系统中的仓储设施数目越大，那么支持给定层次的存货可得性所需的平均库存也就越大。

可得性的一个重要方面就是厂商的安全储备政策。安全储备的存在是为了调整预测误差，并在安全储备的补给期间对递送延迟进行缓冲。一般说来，防止缺货的期望越大，安全储备的需要也越大；安全储备的负荷越大，平均存货的数量也越大。在市场需求高度变化的情况下，安全储备的构成有可能占到厂商平均存货的一半以上。

许多厂商开发了各种物流安排方案，以增补其满足客户存货需求的能力。一家厂商可以经营两个仓库，其中一个指定为主要服务地点，而另一个作为次要的或后援的供给来源。例如，假定该主要仓库是位于北京的一个大型的自动化配送中心，而次要的物流设施则是位于石家庄的一个效率较低的小型作业仓库。主要仓库是厂商用于输出其绝大多数产品的地点。以便利用自动化设施、效率及其所处地点的优势。一旦主要仓库发生缺货并且情况继续恶化时，就可以利用次要仓库或后援仓库。但是，使用次要仓库或后援仓库的厂商，应尽可能在最大程度上向其提供服务的客户公开，这是因为主要地点有时候只有客户订货的一部分产品，而次要地点却能够满足其剩余的需求。在这种情况下，除非这两部分的订货在递送前能够组合在一起，否则，因分开递送会使客户感到不便。需要指出的是，由于厂商已尽了额外的努力保持存货可得性，而不是延交部分订货。这一事实本身会转变成一种积极的形象，说明厂商为满足客户需求尽心尽力。

应该清楚的是，要高水准地实现存货可得的一致性需要进行大量的精心策划，而不是在销售量预测的基础上给各个仓库分配存货。事实上，其关键是要对首选客户或核心客户实现高水准的存货可得性。同时使整个存货储备和仓库设施维持在最低限度。显然，如此严格的物流表现需要所有的物流资源都实现一体化，并明确对特定客户所承诺的可得性目标。

可得性以下述的三个物流绩效指标进行衡量：缺货频率、供应比率和订货完成率。这三个衡量指标可以确定一个厂商满足特定客户对存货需求的能力。

1. 缺货频率

缺货频率（Stock Out Frquency）是指缺货发生的概率。换句话说，该衡量方法用于表示一种产品可否按需要装运交付给客户。当需求超过产品可得性时就会发生缺货。缺货频率就是用于衡量一种特定的产品需求超过其可得性的次数。将全部产品所有发生缺货的次数汇总起来，就可以反映一个厂商实现其基本服务承诺的状况。尽管缺货频率指标并未涉及有些产品在可得性方面也许比其他产品更重要这一实际情况，缺货频率仍是衡量存货可得性的起点。

2. 供应比率

供应比率（Fill Rate）衡量缺货的程度或影响大小。这是因为一种产品缺货并不必然意味着其客户的需求将得不到满足。在判断缺货是否影响服务绩效以前，首先要弄清楚客户的真实需求。因此，对厂商来说，十分重要的是要确认该产品是否确实未能获得以及客户究竟想要多少单位。供应比率绩效通常是按客户服务目标予以区分的，于是，对缺货程度的衡量就可以构成厂商在满足客户需求方面的跟踪记录。例如，一位客户订货50个单位，只有47个单位可得，那么订货供应比率为94%。面对众多客户，通过对特定时间内对企业拥有的客户的订货完成情况进行衡量。因此，供货比率绩效可以用于计算和确定某个特定的客户或任何客户组合或所需业务部门的组合。

供应比率还可用来区别按特定产品提供的服务水准。在前述的例子中，如果所有50个单位都是至关重要的，那么94%的供应比率就有可能导致递送作业中的缺货，并使客户产生不满。然而，如果这 50 个产品是转移速度相对比较缓慢的货物，那么 94%的供应比率有可能使客户满意。客户也许会接受延交订货，甚至愿意对短缺的产品重新订货。显然，厂商应该对至关重要的产品加以识别，并应在客户需求的基础上提高供应比率。

3. 订货完成率

订货完成率是衡量厂商拥有一个客户所预订的全部存货时间的指标。这是一种最严格的衡量，因为它把存货的充分可得性看做是一种可接受的完成标准。假定其他各方面的完成为零缺陷，则订货完成率就为客户享受完美订货的服务提供了潜在时间。

（二）作业完成性

作业衡量可以通过速度、一致性、灵活性、故障与恢复等方面来具体说明所期望的完成周期。显然，作业完成涉及物流活动对所期望的完成时间和可接受的变化所承担的义务。

1. 速度

完成周期的速度是指从开始订货时起至货物装运实际抵达时止的这段时间。但你必须以客户的身份来考察厂商在这方面所承担的义务，因为根据物流系统的设计完成周期所需的时间会有很大的不同。即使在今天高水平的通信和运输技术条件下订货周期也可以短至几个小时，或长达几个星期。

供应商对存货可得性和作业速度这两方面的最高承诺是客户存货委托。在委托安排中，产品是按照客户预期的业务需要进行存货的。虽然从客户的角度来看委托存货的是一种理想的方式，但对供应商来说却是一种花费昂贵的做生意方式。因此供应商的存货委托安排一般仅限于一些至关重要的产品，即如果在他们确实需要时得不到配送将会导致失效或低效，诸如机器零件和急救医疗供应品等。客户存货委托情况一般都出现在企业与企业之间的营销和健康卫生行业中。一个供应商之所以愿意接受客户的存货委托往往是出于其在该业务关系中的力量对比。

对供应商的递送委托更具代表性的业务安排，是建立在客户各种期望基础上的完成周期的速度。在紧急情况下，供应商会通过当地仓库进行特别递送，或者通过通宵运行的高度可靠的运输企业在几小时内完成所要求的递送服务。这种业务关系通常是按照客户的具体要求，围绕着能促进物流作业效率所期望的完成周期形成的。换句话说，并不是所有的客户都需要或希望最大限度地加速，如果这种加速会导致提高价格或实际的物流成本的话；如何确定完成周期的时间往往与存货需求有着直接关系。一般说来，计划的完成速度越快，客户所需的存货投资水平就越低。完成周期时间与客户存货投资之间的这种关系居于以时间为基础的物流安排之首。

2. 一致性

虽然服务速度至关重要，但大多数物流经理更强调一致性。一致性系指厂商在众多的完成周期中按时递送的能力。不要把一致性直接解释为客户额外需要的安全储备，以防有可能发生的递送延迟。一般说来，可得性与一旦需要就可以进行产品装运的存货能力有关；而完成周期的速度则与持续地按时递送特定订货所必需的作业能力有关。而所谓一致性，却是指必须随时按照递送承诺加以履行的处理能力。由此看来，一致性的问题是物流作业最基本的问题。

3. 灵活性

作业灵活性是指处理异常的客户服务需求的能力。厂商的物流能力直接关系到在始料不及的环境下如何妥善处理的问题。

需要厂商灵活作业的典型事件有：①修改基本服务安排，例如一次性改变装运交付的地点；②支持独特的销售和营销方案；③新产品引入；④产品逐步停产；⑤供给中断；⑥产品回收；⑦特殊市场的定制或客户的服务层次；⑧在物流系统中履行产品的修订或定制，诸如定价、组合或包装等在许多情况下，物流优势的精华就存在于灵活能力之中。一般说来，厂商的整体物流能力取决于在适当满足关键客户的需求时所拥有的“随机应变”的能力。

4. 故障与恢复

不管厂商的物流作业有多么完美，故障总是会发生的，而在已发生故障的作业条件下继续实现业务需求往往是十分困难的。因此，厂商应制订一些有关预防或调整特殊情况的方案，以防止故障发生。如厂商应通过合理的论证来承担这种应付异常情况的义务，而其制订的基本服务方案应保证高水平的服务，实现无故障和无障碍计划。为此，厂商要有能力预测服务过程中可能会发生的故障或服务中断，并有适当的应急计划来完成恢复任务。当实际的服务故障发生时，客户服务方案中的应急计划还应包括对客户期望恢复的确认以及衡量服务一致性的方法。

（三）可靠性

物流质量与物流服务的可靠性密切相关。物流活动最基本的质量问题就是如何实现已计划的存货可得性及作业完成能力。除了服务标准外，质量上的一致性涉及能否并且乐意迅速提供有关物流作业和客户订货状况的精确信息。研究表明，厂商有无提供精确信息的能力是衡量其客户服务能力最重要的一个方面。客户们通常讨厌意外事件，如果他们能够事前收到信息的话，就能够对缺货或延迟递送等意外情况作出调整。因此，有越来越多的客户表示，有关订货内容和时间的事前信息与完美订货的履行相比更加重要。

除了服务可靠性外，服务质量的一个重要组成部分是持续改善。类似于厂商内部的其他经理人员一样，物流经理人员也关心如何尽可能少发生故障以完成作业目标，而完成作业目标的一个重要方法就是从故障中吸取教训，改善作业系统，以防再次发生故障。

理想的物流服务水平要求达到 6R，即：①适当的质量（Right quality）；②适当的数量（Right quantity）；③适当的时间（Right time）；④适当的地点（Right place）；⑤好的印象（Right impression）；⑥适当的价格（Right price）。

五、客户服务的作用

随着物流概念的成熟，人们越来越认识到客户服务已经成为企业物流系统，甚至整个企业成功运作的关键，是增强企业产品的差异性、提高产品及服务竞争优势的重要因素。企业物流中的客户服务的重要性主要表现在以下三个方面。

（一）提高销售收入

客户服务通常是企业物流的重要要素，它直接关系到企业的市场营销。通过物流活动提供时间与空间效用来满足客户需求，是企业物流功能的产出或最终产品。无论是面向生产的物流，还是面向市场的物流，其最终产品都是提供某种满足客户需求的服务，世界上竞争模仿日益增加，服务是产生差异性的主要手段。

目前，存在这样一种不断发展的趋势，即期望通过服务使产品差异化，通过为客户提供增值服务从而有效地使自己与竞争对手有所区别。在许多情况下，客户对企业所提供的服务水平的变化与对产品价格的变化一样敏感。尤其是与其竞争产品的质量、价格相似或本质相同时，物流服务活动可以“区别”在客户印象里没有区别的产品。一般来说，提高客户服务水平可以增加企业的销售收入，提高市场占有率。

（二）提高客户满意程度

客户服务是由企业向购买其产品或服务的人提供的一系列活动。从现代市场营销观念的角度看一切产品，对满足消费者需求来说。应具有以下三个层次的含义，即：核心含义；形式含义；延伸含义。①产品的核心含义是指产品提供给客户的基本效用或利益，这是客户要求的中心内容；②产品的形式含义即产品本体，是指产品向市场提供的实体和劳务的外观，是扩大化了的核心产品，也是一种实质性的东西，它由五个标志所构成：产品的质量、款式、特点、商标及包装；③产品的延伸含义（也称增值产品），是指客户购买产品时得到的其他利益的总和，这是企业另外附加上去的东西，它能给客户带来更多的利益和更大的满足。其所带来的效用是对有形产品的一个必要补充，如维修服务、咨询服务、交货安排等能够吸引客户的东西。从这个意义上说，物流客户服务是一种增值产品，增加购买者所获得的效用。客户关心的是所购买的全部产品，即不仅仅是产品的实物特点，还有产品的附加价值。物流的客户服务就是提供这些附加价值的重要活动，对于客户反应和满意程度产生重要影响，这与价格和其他实物特点产生的作用是相似的。从本质上说，物流功能是买卖交易的最后阶段，客户服务的水平在交易进行时自动产生。良好的客户服务会提高产品价值、提高客户的满意程度。因此，许多企业都将客户服务作为企业物流的一项重要功能。

（三）留住客户

过去，许多企业把重点过于放在赢得新客户而很少放在留住现有客户上，但是，最近研究表明留住客户的战略越来越重要。贝恩咨询公司的研究显示，保留客户和公司利润率之间有着非常高的相关性，这是因为保留住客户可以保留业务；摊销在客户中销售、广告和开办成本较低；为老客户的服务成本较少；满意的客户会提供中介；满意的客户会愿意支付溢价。企业需要记住的最重要的问题是：一个对服务提供者感到不满的客户将被竞争对手获得。因此贝恩公司发现服务质量、保留客户和利润率之间存在联系也就不足为奇。留住客户已成为企业的战略问题，物流领域的高水平的客户服务能够吸引客户并留住客户。因为对于客户来说，频繁地改变供应来源会增加其物流成本及风险性。

综上所述，提高物流的客户服务水平是提高企业竞争优势的重要途径，客户服务与产品质量、质量管理具有同等重要性，需要引起企业管理者的高度重视。

第三节　物流服务管理

毫无疑问，良好的客户服务可以增加客户的自身利益，但同时必须清醒地认识到：提高物流企业的服务水平，必然以企业的投入作保证。在制定和实施物流企业客户服务战略中，需要考虑客户需要、服务水平与企业经营成本、经营目标的均衡点。为此，必须全面衡量客户需求、服务水平和服务成本，既不能为提供过高的物流服务水平而导致成本急剧增加但并未带来更大利润；同时，也绝不能为降低成本而牺牲服务，而是需要在客户服务水平、总物流成本及厂商的总利润之间进行权衡。这涉及企业对物流服务的管理问题。

一、物流服务管理的目的

物流服务管理的目的是以适当的成本实现高质量的客户服务。一般来讲，服务质量与成本是一种此消彼长的关系，物流服务质量提高，物流成本就会上升，可以说两者间的关系适用于收益递减法则（如图 2－6 所示）。在服务水平较低阶段，如果追加 X 单位的服务成本，服务质量将提高 Y；而在服务水平较高阶段，同样追加 X 单位的成本，提高的服务质量只有 Y’（Y’＜Y）。所以，无限度提高服务水平，会因为成本上升的速度加快，反而使服务效率没有多大变化，甚至下降。具体来看，物流服务与成本的关系有四种类型：

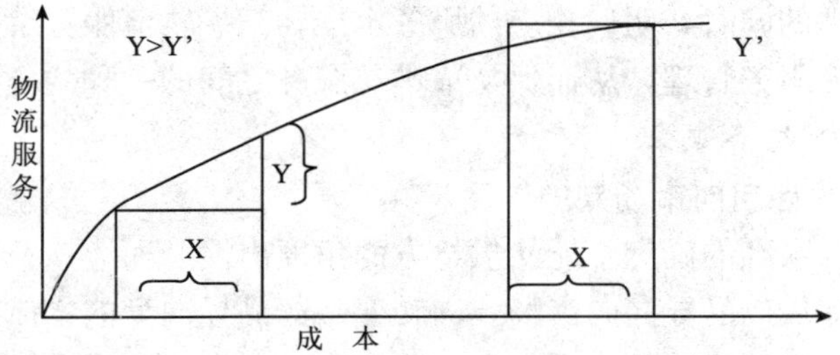

图 2－6　物流服务与成本的关系

1. 在物流服务水准一定的情况下，降低物流成本。亦即在实现既定服务水准的条件下，通过不断降低成本来追求物流系统的改善（见图 2－7a）。

2. 要提高物流服务水准，不得不牺牲低水平的成本，听任其上升。这是大多数企业所认为的服务与成本的关系（见图 2－7b）。

3. 在物流成本一定的情况下，实现物流服务水准的提高。这种状况是灵活、有效利用物流成本，追求成本绩效的一种做法（见图 2－7c）。

4. 在降低物流成本的同时，实现较高的物流服务（见图 2－7d）。

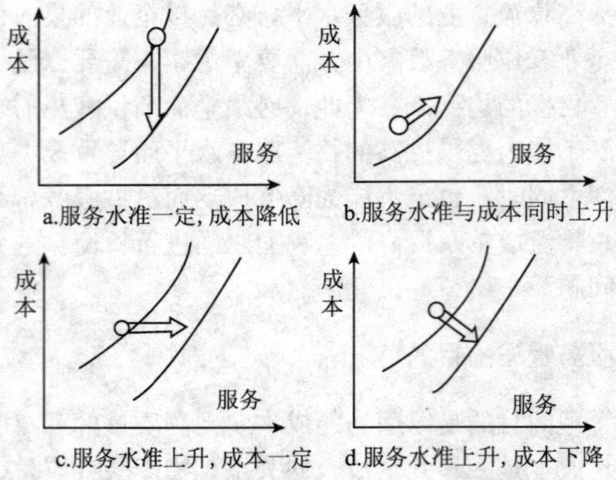

图 2-7　物流服务与成本关系的几种类型

以上述物流服务与成本的四种类型讲，物流服务管理的目的具体表现在改变（b）中所反映的状况，经（a）和（c），最终向（d）发展。

二、物流服务管理的准则

要实现降低成本的同时实现较高的物流服务水准的理想状态，必须在加强成本管理的同时，明确相应的服务水准，把握物流服务管理的基本准则，强化物流服务管理，从而保持成本与服务之间的一种均衡关系。

（一）转变服务观念

1. 从产品导向向市场导向转变

物流服务水准的确定不能从供给方的角度出发，而应该充分考虑需求方的要求，即从产品导向向市场导向转变。产品导向型的物流服务由于是根据供给方自身所决定的，一方面难以真正对应客户的需求，容易出现服务水准设定失误，另一方面，也无法根据市场环境的变化和竞争格局及时加以调整，而市场导向型的物流服务正好相反，它是根据经营部门的信息和竞争企业的服务水准相应制定。因此，既避免了过剩服务的出现，又能及时进行控制。在市场导向型物流服务中与客户面谈、客户需求调查、第三方调查等寻求客户最强烈的需求愿望是决定物流服务水准的基本方法。

2. 转向一般消费者群

在决策物流服务要素和服务水准的过程中，需要注意服务的对象应该向一般消费者群转化。例如，厂商的物流服务如果只安排面向批发商的输送、在库管理系统显然是不充分的。在流通渠道逐渐多样化，零售力量逐渐增大的过程中，还应该确立面向零售业，特别是大型零售业、连锁店等的服务系统和服务设施，制定多物流服务组合。

随着客户需求和业态多样化的发展，客户的需求不可能千篇一律，因此，制定多物流服务组合十分必要。如今，对客户提供统一物流服务的企业很多，这不利于物流服务的效率化。物流服务对于企业来讲也要考虑有限经营资源的合理配置，也就是说，在决定物流服务时，应根据客户的不同类型采取相应的物流服务（见表 2－1）。一般来讲，根据客户经营规模、类型和对本企业贡献度来划分，可以采用支援型、维持型、受动型的物流服务战略。对本企业贡献度大的客户，由于具有直接的利益相关性，应当采取支援型策略；而对本企业贡献度小的客户，要根据其规模、类型再加以区分。经营规模小或专业型的客户，由于存在进一步发展的潜力，可以采取维持型战略，以维系现有的交易关系，为将来可能开展的战略调整打下基础。相反，经营规模小且属综合型的客户，将来进一步发展的可能性较小，所以在服务上可以采取被动型策略，即在客户要求服务的条件下才开展服务活动。

表 2－1　　按客户类型所开展的物流服务

<table>
<tr><th colspan="2">对本企业贡献度
客户类型</th><th>本企业产品销售额大</th><th>本企业产品销售额小</th></tr>
<tr><td rowspan="2">全国型企业</td><td>专业店</td><td rowspan="2">积极支援型策略</td><td rowspan="2">现状维持型策略</td></tr>
<tr><td>综合店</td></tr>
<tr><td rowspan="2">地域型企业</td><td>专业店</td><td rowspan="2">准积极支援型策略</td><td rowspan="2">受动型策略</td></tr>
<tr><td>综合店</td></tr>
</table>

物流服务的确定除了考虑客户类型外，还与所经营的商品类型相关，亦即一般商品与战略商品的物流服务应当有差异，这可以根据市场营销中产品组合矩阵来确定物流服务的形式（见表 2－2）。产品发展前景较好的明星产品，应积极采用较高的物流服务推动产品销售；现金牛类产品可以通过保持现有服务水准来延长收益；问题型产品则要根据产品分析的结果采取选择性服务，亦即收缩性的物流服务；而瘦狗型产品由于产品已处于销售的衰退期或淘汰期，可以停止物流服务，撤出相应的市场。

表 2-2　　按产品类型开展物流服务

产品销售增长率 高　低	问题类 （选择型物流服务）	明星类 （强化型物流服务）
	瘦狗类 （撤退型物流服务）	现金牛类 （维持型物流服务）
	低　　市场份额	高

（二）开发对比性物流服务

企业在制定物流服务要素和服务水准的同时，应当保证服务的差别化，即与其他企业物流服务相比有鲜明的特色。这是保证高服务质量的基础，也是物流服务战略的重要特征。要实现这一点，就必须具有对比性的物流服务观念，即重视了解和收集竞争对手的物流服务信息。

（三）注重物流服务的发展性

客户服务的变化往往会产生新的物流服务需求，所以在物流服务管理中，就应当充分重视研究物流服务的发展方向和趋势。例如，虽然以前就已经开始实施在库、再订货、商品到达时间、断货信息、在途信息、货物追踪等管理活动。但是，随着交易对象，如零售业业务的简单化、效率化革新，EDI 的导入、账单格式统一、商品订货统计表制定等信息提供服务就成为物流服务的重要要素。

（四）重视物流服务与社会系统的吻合

物流服务不完全是一种企业独自的经营行为，它必须与整个社会系统相吻合。物流服务除了要考虑调达物流、企业内物流、销售物流外，还要认真研究旨在保护环境、节省能源、资源的废弃物回收物流。所以，物流服务的内容十分广泛，这是企业社会市场营销发展的必然结果，即企业行为的各个方面都必须符合伦理和环境的要求，否则，经济发展的持续性难以实现。除此之外，为了缓和交通混乱、道路建设不足等问题，如何实施有效的物流服务也是物流在与社会系统相结合的过程中必须考虑的重要问题。

（五）建立合适的服务管理体制

这种体制要求建立能把握市场环境变化的物流服务管理体制。物流服务水准是根据市场形势、竞争企业的状况、商品特性以及季节的变化而变化。所以，在物流部门建立能把握市场环境变化的物流服务管理体制十分必要。在欧美，由于客户服务中包含了物流服务，因此相应的管理责任也是由客户服务部门承担。对于我国来讲，在企业中确立能收集物流服务的相关信息，提供客户满意的物流服务并不断发展提高的管理组织与责任体制等方面显得尤为迫切。当然，根据发达国家实践的经验，物流服务的管理仅由物流部门单独进行，往往失败的可能性较大，有效的体制应该是包括生产、销售、物流的综合管理体制。

（六）建设与完善物流中心

物流中心作为物流服务的基础设施，其建立和完善对于保障高质量的物流服务是必不可少的。主要原因在于物流中心的功能表现为通过集中管理订货频度较高的商品使进货时期正确化，提高在库服务率；同时由于缩短商品在库期间，提高了在库周转率，商品出入库增多。除此之外，物流中心在拥有对应多品种、小单位商品储存功能的同时，还具有备货、包装等流通加工机能，从而能够实施适当的流通，包括在库管理和有效的配送等物流活动，这些都是高质量物流服务的具体表现。

（七）构筑信息系统

要实现高效的物流服务，还必须建立完善的信息系统。这种信息系统的机能除了接受订货，迅速、完好地向客户传递商品外，更重要的是通过送货期回复、商品物流周转期缩短、备货保证、信息处理时间缩短、货物追踪等各种机能确保不亚于竞争对手的物流服务。

（八）不断对物流服务的绩效进行评价

服务的实施情况应该每隔一段时期定时进行核查，特别需要关注的是，销售部门或客户是否存在对物流现状的抱怨，有没有错误配送，事故破损是否严重。另外，是否向客户做过调查，所设定的服务水准是否得以实现，在物流成本上应保持多大的合理性等问题。总之，对物流服务绩效进行评价的目的在于不断适应客户需求的变化，及时制定出最佳的客户服务组合，所以定期了解客户满意度，改善物流系统是物流服务中的关键要素。

案例

新加坡航空公司：保持优质服务

新加坡航空公司（SIA）是一家获得国际认可的，世界一流的航空公司之一。本文详细地记载了对新加坡航空公司（新航）高级管理层的一系列深入的访谈。我们访谈的主题是：如何才能保持新加坡航空公司的优质服务？怎样才能保持新加坡航空公司在行业内的领先地位？我们将采访记录大致分成四个部分。它们分别是："新加坡航空公司关于优质服务和关键挑战的理解"，"了解客户并预测他们的需求"，"培训并激励一线员工"，"以细致的眼光、以利润为导向来开展管理"。通过采访我们了解到，新加坡航空公司的高级经理们是如何理解他们优质服务的关键驱动因素。这些关键的驱动因素也和服务营销/管理研究文献中的关键框架和模型有联系。最后，我们也为今天的优质服务企业得出了一些启示。

简　介

优质的服务既是彬彬有礼的又是令人难以衡量的。当我们在享受到这种优质服务的时候，我们会有明显的感觉；同时，当我们享受不到时，我们也会有明显的感觉。服务，不管是优质的还是恶劣的，对我们的客户都会带来情感上的冲击，会使客户对我们的服务机构、员工和所提供的服务都有强烈的感觉，同时也会影响到客户对这种服务的忠诚度。很多公司发现，优质的服务令人难以琢磨，很难学习，而且提供这种优质服务也是很难的。但是作为一个个体，我们却本能地能知道什么是优质的服务，而且知道提供这种服务有多简单。

新加坡航空公司（SIA）是一家获国际认可的，世界一流的航空公司之一。业界都一致认为新加坡航空公司是世界上盈利最高的航空公司之一。它经常被选为"最优秀的航空公司"，"最优秀的商务舱"，"最优秀的机舱服务"，"最优秀的机上便餐"，"最守时和最安全的航空公司"，"商业旅行最佳选择"，"最优秀的航空货运公司"，甚至"亚洲最受尊重的企业"。本文详细地介绍了对新加坡航空公司高级管理层的一系列深入的访谈。我们访谈的主题是：如何才能保持新加坡航空公司优质的服务？怎样才能保持新加坡航空公司在行业中的领先地位？以下我们详细地列出接受采访的高层主管人员（按字母先后顺序）：

Choo Poh Leong 先生，负责机组成员绩效的高级经理；

Goh Ban Eng 博士，负责机组成员培训的高级经理；

Lam Seet Mui 女士，负责人力资源的高级经理；

Lim Suu Kuan 小姐，商务培训经理；

Sim Kay Wee，机组成员高级副总裁；

Betty Wong 小姐，负责机舱服务创新的高级经理；

Yap Kim Wah，负责产品和服务的高级副总裁。

我们将采访的记录大致分成以下四个部分：

(1) 新加坡航空公司对于优质服务和关键挑战的看法；

(2) 了解客户并预测他们的需求；

(3) 培训并激励一线员工；

(4) 以细致的眼光和利润为导向来开展管理。

在每一部分，我们都将介绍新加坡航空公司高级管理层所关注的和所想的，而且将他们的观点和服务业学说中关键的框架和模型联系起来。本文的目的是向大家介绍那些服务行业的领袖是如何调整服务研究文献中经典的模型和框架并将其进行贯彻实施的。

新航关于优质服务和关键挑战的理解

我们很惊讶地发现，这些受访者对于卓越服务的三个方面所给予的特别强调。他们强调的这些多多少少都与内部定位、基准参照和服务整合这几方面有相互的关联。很明显，新加坡航空公司知道客户对他们的高要求，而且公司内部以一种“任何事都要做到最好”的姿态来应付这种挑战。这样就给一线员工带来了巨大的压力。高要求和高期望意味着我们需要不断地评价和改进新加坡航空公司的服务。这个主题在我们的采访中反复出现，而且它和 Berry（1999）提出的“战略重点”联系很紧密。另外一个新加坡航空公司关注的关键挑战是，在提供标准化服务（也就是自始至终都要实现对品牌的承诺）和提供个性化的服务之间的不断平衡。这个挑战在 Bowen 和 Lawler（1992）中的论文也有讨论过，论文中提到在向员工授权以及对服务进行标准化的工业化做法之间进行取舍的问题。然而，新加坡航空公司却想同时达到这两个目的。假如他们想提供更高水平的优质服务，他们就不得不同时满足这两方面的要求。最后，新航面临的一个关键的挑战是名目众多的服务以及相关的支持性活动。新航努力使其所完成的每一项工作及其组成部分都能有持续性的改进并且有阶段性的、重大的重新设计。对这方面的强调同过去的服务业研究成果所强调的对服务过程进行重新设计以及最新的研究成果中所强调的 6 西格玛（例如：Harry and Schroeder，2000；Romano et al. 2002）正好吻合。

全方位的方法

这个全方位的方法是新加坡航空成功的基础。公司认识到，客户需要的服务是一个整体，而这个整体中所有的部分都应该是最优秀的。

Yap 先生说：

“新航女郎是我们的标志，我们为她们而感到骄傲，我们将一直在提高她们的技能。我们希望提高她品尝酒和奶酪的能力。这种提高必须是连续的。然而，我们不只是集中在新航女郎上。航班的服务可以分为很多很多个不同的部分。我们必须使任何一个部分都达到优质的标准，这样会使我们竞争对手的日子不好过。等他们来模仿我们的服务时，我们已经升级了，走到前面去了。这也要求我们在任何一件事上都要持续地创新，持续地开发。我们不仅仅只是在商务舱提供最好座椅给乘客使用。我们希望提供最好的客舱服务，最好的食物，最好的地面服务，这些就和提供最好的座椅一样。

"这就是'全面性'所要求的。这还要求我们的价格不能太高。举个例子来说，在往返新加坡和曼谷之间的短途航班上，我们要提供最好的食物，你可能会想到提供龙虾，这样的话，你可能会破产。最关键的是，在新加坡至曼谷的航线上，我们所提供的每一项服务都比我们的竞争对手所提供的要好，这就足够了。只要在每一项服务上好一点点就够了。这样就使我们能从这个航班上多赢得一点利润，也使我们有能力去创新，也不会使我们的定价比别的竞争对手高很多。我们希望提供优质的服务，而且是物美价廉。这样使我们的竞争对手很难赶超。因此，在新加坡航空公司，我们时时刻刻都在推出新的东西。我们希望，在任何时候，在任何方面，我们都比竞争对手好一点点。"

了解客户并预测他们的需求

新加坡航空公司希望创造一种出其不意的效果，定期地给乘客一些惊喜，这样可以使其成为行业内的服务领袖。在现在的服务研究文献中，这种对出其不意的效果的持续的关注，以及通过提供超出客户预期的服务来给客户惊喜，是一个普遍的主题［也就是 Berry（1995）所说的"服务惊喜"］。新加坡航空公司认真地倾听客户的意见，经常不失时机地制造一些出其不意的效果。我们将分三个部分来阐述这个问题："倾听客户和一线员工的意见"，"了解客户的生活方式"和"称赞和抱怨"。这三个部分将告诉我们一个成功的服务公司如何实施在服务研究文献中被称为"服务质量信息系统"(Berry and Parasuraman，1997) 或"综合的客户反馈系统"(Wirtz 和 Tomlin，2000)。新加坡航空非常恰当地运用了研究文献中所提及的标准化方法，但是和现存文献中的建议比起来，他们相对多的重点放在观察客户的生活方式和倾听一线员工的意见。同样，新加坡航空也得益于其市场导向（比如新加坡航空重点关注出其不意的效果，关注客户并热情地倾听客户意见）和注重学习（比如，我们前面说到的新加坡航空从不间断的努力，其对持续改进方面的重视，还有定期进行的工作流程重新设计）之间的互动。这种互动关系曾被有关的学术理论预测过（Baker and Sinkula，1999）。

新航的目标：创造出其不意的效果

新加坡航空公司利用员工的反馈，其他航空公司的信息，客户表扬/投诉分析和对旅行者所作的大规模调查来帮助他们产生新的想法。Yap 先生补充道：

"只有新生事物才能创造出出其不意的效果。我们要为客户提供他们所意想不到的服务。有许许多多的东西，客户并不知道这些就是他们所需要的。我们试图去研究这种趋势。我们有产品创新部，他们会不断地关注这种趋势：为什么人们以某种方式去做事，为什么人们去做某种事。然后我们把眼光放在 3 年到 5 年内。我们设法跟踪短期和长期的趋势。"

Sim 先生也补充道：

"我经常喜欢给大家讲 Akio Morita 发明随身听的故事。他这个创意并不是从调查中得来的。消费者无法去想像出一个随身听来。Akio Morita 只是意识到人们的移动将越来越频繁，而且这些人会喜欢好的音乐。于是他就将移动性和音乐结合起来，就得到了随身听这个产品。我们就要去做类似的事情。有些时候，乘客也不能告诉你他们需要什么服务，他们也没有办法预测。那么，我们就要为乘客做这件事，去预测他们并没有意识到他们想要的需求。比如，我们注意到，乘客的口味正在发生变化。他们对饮食变得越来越有健康意识，所以我们就把食物做得口味淡而且营养高。我们通过研究数据和观察乘客来更好地了解他们，这样我们就能预测出他们的需求。"

Yap 先生还补充了一个例子：

"我们开发出了移动电话服务，这在很大程度是因为我们相信客户会有这方面的需求。一些人对此表示怀疑。我们是第一家引进'预警服务'的。我们会给客户发一条短信息（SMS）告诉客户航班的到港和延迟的信息。当我们推出在客舱电子邮件服务时，遭到了一些怀疑。一些人认为飞机是人们惟一的休息场所，使他们能远离工作和老板。他们根本不需要这种服务。然而，我们通过研究乘客的反馈，发现我们的客户实际上很喜欢这种服务。所以我们就提供了这种设施。假如你不想使用这些设施，你就可以不用。但我认为，商务人士假如处理完了他们的电子邮件，他们会更好地享受他们的空中旅行。商务人士在离开办公室的最后几个钟头里，通常会感到很紧张。而我们可以告诉他们：'放轻松点，没有必要这样紧张。您可以在飞机上处理最后的工作。我们研究各种趋势，然后主动设法帮助你们解决问题。"

新加坡航空的理念是提供给客户一种真正令人愉快的体验。Yap 先生说：

"这不仅仅是从 A 点飞到 B 点。我们能使乘客享受他们的旅行，放松一下，来一杯酒，看看电影，偶尔还查看一下电子邮件。我们现在正在寻找建设连接地面和空中的宽带网的可能性。同样，人们可能会认为没有这个必要，我就不同意。比如，这样会让我们的乘客在飞机上能够观察汇率的波动，购买股票或转账。乘客还可以订宾馆，甚至还可以在到达伦敦之前看看伦敦的公寓。"

倾听客户和一线员工的意见

新加坡航空有非常详细的反馈机制，它不仅能帮助员工倾听客户的意见，还能帮助员工更好地了解客户。我们的信息来源有很多。这包括对新加坡航空 10%航班的乘客进行随机抽样；由 IATA 操作的基准参照调查，主要是把新加坡航空的绩效和其他航空公司做比较；派"神秘的客户"去竞争对手的航班上；还有听取一线员工的意见。Yap 先生说：

"我们的机组人员是我们的关键人物，因为他们和乘客的接触最紧密。所以对每一个航班而言，我们都很真诚地倾听机组人员的意见。假如他们给了我们反馈，而我们没有针对这些反馈做任何事，这样会使他们失去积极性。"

公司会跟踪和分析收到的所有反馈

"我们甚至会很认真地处理那些口头的意见。只有当一个人很高兴，或是很愤怒时，他/她才会坐下来写意见。但经常有很多细小的，不是很极端的事情，人们并不愿意把它写下来。比如，假如一个乘客认为食物稍微有点咸，他会告诉一名乘务人员，这名乘务人员会把这个意见转达给他们的经理。经理就会和负责饮食的经理联系，饮食经理会把意见告诉厨师，他会立刻调整食物中盐的含量。所以，假如你不重视机组人员的意见，你就放弃了一次机会，这是很可怕的。"

Lim Suu Kuan 小姐，新加坡航空公司负责商业培训的经理，她说：

"我们经常让经理下去巡视，所以员工们有很多机会反馈他们的意见。经理们也要积极地给予诚恳的反应。假如某个人有个想法，他会拉一些人到一边来讨论这个想法。我们要给员工灌输的是一种主人翁精神，而且让每个人都看到一个美好的蓝图。”

了解客户的生活方式

“我认为人们的繁忙程度将越来越高。因此，了解他们潜在的需求，然后提供给他们一些服务，他们可能会告诉你，我现在还不需要这些。这样促使我们继续努力。我们来看看 Coffee Bean and Tea Leaf 公司。他们一杯咖啡的价格在 5 元以上，但他们隔壁普通的咖啡店才卖 80 分一杯。他们为什么这样做？这是因为他们关注了客户的生活方式。他们甚至可以去掉一些咖啡，然后加一些冰块，搅拌一下，称其为‘混合咖啡’。我女儿还要拖我去那买 5.70 元一杯的混合咖啡。但他们的确适应了人们的生活方式。那杯咖啡已不仅仅是一杯咖啡了，它提供给你一个社交环境，让你在那儿坐一个小时，和朋友见见面，联系联系。所以，假如你提供的服务只是在一些基本功能上满足了客户的需求，那你就错了。同样的，对于航空公司来说，它不仅仅是提供从 A 地到 B 地的一趟安全的航班。这种服务当然是要有的。但是它还可以与基于人们生活方式所产生的那些需求联系起来。”

“很明显，迎接这些挑战的花费都很大，但是新加坡航空好的一面是：我们对要做的事都全力以赴。我们公司整体关注的是一个词——客户。当我们在前总裁（Joseph Pillay 先生）的领导下，开始创业的时候，他就不停地告诫我们：不管你是一名修理助理，或是一名发放工资的职员，或者是一个会计，我们能有这份工作，那是因为客户愿意为我们付费。这就是我们的‘秘密’，也是我们的企业文化。我们一直关注我们的客户。同时，我们也有一些非常聪明和非常优秀的人。我们有良好的业界关系，好的人力资源管理，我们非常关照我们的员工。因为我们对员工关照得好，员工对待我们的客户也非常好。这些说起来是很简单，但是非常有效。有时候，这些是很难实施的，而且我不会说我们已经非常完美了，但我们却是这样认为的。当我们谈到授权和领导时并不是囿于夸夸其谈。你知道，有很多人说他们想创办一个企业，但是真正付诸行动的有几个人呢？”

以细致和利润的眼光来管理

我们采访的后两个重要部分，在现存的服务研究文献中，受重视的程度相对较小。首先，新加坡航空努力确保其管理层在业务上能保持开阔的和整体的视角，而且要关注全局。与此同时，新加坡航空还要确保管理层能够挽起袖子，深入到工作的细节中去；其次，新加坡航空已经形成了一种文化：在关注优质服务的同时，也确保盈利。这些都非常重要，但在服务研究文献中却被忽视了，一般的文献只是关注服务质量，并没有明显地提到盈利能力。从管理层的角度来看，新加坡航空的双重关注已经取得了很大的成功。我们今后的研究应该关注一下这个方面。

既有高质量，又能盈利

尽管新加坡航空把全部的精力放在客户身上，持续地给客户提供不断改进的服务，但是另一方面，经理也要关注盈利状况。Yap 先生给我们解释了他们如何同时达到这两个可能产生冲突的目标：

“首先，是我们称为‘主人翁意识’起作用。我们是有成本意识的。从我们加入新加坡航空的那一天开始，这种思想就渗透到我们脑袋里：假如我们挣不到钱，新加坡航空就要关门。新加坡不需要一家国有的航空公司；其次，我们有一条很有远见的声明：我们不想成为最大的航空公司，我们想成为最盈利的航空公司。这句话掷地有声；再次，我们有一个激励系统，它会根据公司的盈利状况来给员工发奖金。这个对我们也一样，公司从上到下，奖金都是由同一个公式计算出来的。这样的话，公司的每一个人都有一些非正式的压力。每一个人非常坦率，而且他们都要向一些决定和行为挑战。他们可能会说：‘嘿，你为什么想做那件事？我们损失了300 万美元？’在食堂里，他们可能会讨论某个部门的头，因为浪费了公司的钱而使所有人的奖金泡汤。”

总结和结论

新加坡航空公司遵循了很多成熟的，而且已经在服务研究文献上发表的标准化模型。其中包括其以客户为战略重点（Berry，1999）。新加坡航空的高级管理层完全知道，他们不能有一丝的满足。他们不放过任何一个机会来发展员工和系统；通过预测客户潜在的需求，不断地创造新的服务。他们能这样做，完全得益于其重视员工和客户的方式。新加坡航空非常重视从各个方面倾听客户的反馈，而且会采取相应补救措施。公司坚信培训能促进他们持续地改进，这也促使新加坡航空在培训和训练员工方面投下了巨额资金，使员工能给客户不断地提供优质服务。新加坡航空的所有员工都是根据公司的盈利状况论功行赏。我们从新加坡航空学到的是：优质服务需要一个全面的方法。也就是说，优质的客户服务是公司内各个部分相互配合的结果，这些部分包括战略重点、服务文化、清晰地了解客户、良好的培训、优秀的员工、良好的系统和程序。这些也和服务研究文献的内容是一致的。实际上，新加坡航空公司所遵循的标准化模型都广泛地刊登在一些服务研究文献上，包括持续地改进和定期地升级服务过程。新加坡航空公司不断地和相关行业中最优秀的公司参照对比（Harry 和 Schroeder，2000），坚持不懈地“超越客户的期望”或“提供惊喜的服务”（Berry，1995），还有将客户反馈系统制度化（Berry 和 Parasuraman，1997；Wirtz 和 Tomlin，2000）。最后，还有一个重要因素是：新加坡航空在关注优质服务的同时，也确保盈利的企业文化和服务利润链（Heskett 等，1997）、成功的组合因素（Schlesinger 和 Heskett，1991）是一致的。

然而，有远见的服务领袖和公司的目标是：维持其服务业的领先优势，同时关注学术研究领域新的思想和理念。我们从采访中发现，新加坡航空重视的一些经验在现存的服务研究文献中，没有被提及或者没有受到重视。这些让我们有点惊讶的结果包括：

新加坡航空公司整体的视角：新加坡航空让员工任何时候都从整个服务过程出发，去寻找可以改进的地方，这个在公司内已经成为一个清晰的文化和政策。新加坡航空只是希望，任何时候，在每一个方面都改进一点点。我们没有碰到别的服务型公司能把这样一种文化实施得如此成功。对于那些希望给员工灌输以客户为导向和持续学习的公司，对于学术研究者们来说，这都是一个值得关注的题目。了解为什么这样一种文化能在新加坡航空成功地实施，它的内在驱动因素是什么，是非常重要的。

新加坡航空努力在优质服务方面保持一致性，与此同时，他们还能满足每一个客户的特殊需求。这种在标准化（或产业化）服务和个人定制服务之间努力的行为应该引起我们的重视。目前，大部分的服务研究文献都认为只能在两者之间取其一。然而，新加坡航空的经验似乎告诉我们，为了达到更高水平的优质服务，我们必须设法同时满足这两个要求。

最后，新加坡航空公司同时关注优质服务和成本/利润，这个在服务文献中也很少被提及。一般文献认为，公司会不停地在服务满意程度和利润之间做取舍。通常来说，这种取舍是管理的决策。新加坡航空成功地将这个取舍让一线员工来做，同时也取得了很大的成功。新加坡航空是服务行业的领袖。它是一家拥有高生产力、卓越的成本管理和高利润的公司。其他的公司和学术研究者，应该好好了解一下，新加坡航空是如何灌输一种既关注优质服务又重视成本/效益的文化，也就是在关注优质服务的同时，也确保盈利。

最后，本文通过采访新加坡航空公司的高层经理，给大家介绍了新加坡航空是如何成功的，还介绍了在服务营销领域应用得比较广泛的模型和框架。同时我们还列举了一些新的思想和理念，供那些有抱负的服务领袖和学术研究者们使用。

资料来源：中国服务营销网 2005 年 3 月 30 日，作者：陈慧敏

第三章　物流企业服务体系

本章提要

1. 物流服务体系的构成
2. 物流企业组织的类型
3. 物流服务基础设施
4. 物流服务作业体系
5. 物流企业服务组织结构
6. 物流服务中心的概念
7. 物流服务中心的功能和类型
8. 物流服务中心的设置

以客户为中心，为客户提供高质量的基本服务和增值服务，需要健全和完善的服务体系作保证。因此，构建良好的物流服务体系，是物流企业客户服务的必要条件。

第一节　物流服务体系的构成

物流企业的客户服务是处在物流企业整个运作过程之中，经过交易前、中、后三个阶段，由相应的服务要素紧密结合而形成的具有特定功能的有机整体，使物流企业服务活动在物流市场上形成一个体系，它是物流系统的重要组成部分。

物流服务体系是由物流企业服务组织、物流服务基础设施及物流服务作业体系构成的。

一、物流企业组织

物流企业组织是客户服务的主体。在物流客户服务体系中，如果缺少物流服务的承担者和管理者，客户物流需求的满足就无从谈起。物流企业承担着物流客户服务过程的计划、组织、实施和控制的各个方面，它的组织类型、组织形式、组织定位与定向以及运作能力，关系到物流服务质量和经营绩效，是物流服务体系中的不可或缺的部分。在物流服务体系中，各种类型的物流企业以不同的组织形式将在本章第二节作专门的介绍。

二、物流服务基础设施

（一）有形的设施

有形的设施包括服务场所、设备、分支机构。

1. 房屋建筑

（1）办公场所；

（2）仓库；

（3）站、场、码头建筑物及建筑附属物。

2. 机械设备

（1）包装机械。包括扭结式包装机、端折式包装机、枕式包装机、信封式包装机、拉伸包装机、直接充填包装机、制袋充填包装机、常压灌装机、真空灌装机、加压灌装机、玻璃加盖机械、布袋口缝纫机械、纸袋封口机械、带状捆扎机、线状或绳状捆扎机、泡罩包装机、贴体包装机、真空包装机、充气包装机等。

（2）装卸搬运设备。包括桥式、门式、臂式、梁式起重机；集装箱起重机；悬挂、辊子、带式、板式输送机；板式、斗式提升机；集装箱叉车等。

（3）运输机械包装。包括列车、汽车、轻型车辆、人力车、畜力车、轮船、拖船、人力船、飞机、管道、托盘、集装箱等。

（4）储存保管设备。包括阁楼型、可进车传送带式密集型货架；高层货架和立体仓库、储罐、液槽等。

（5）流通加工设备。包括机械加工设备、冷冻设备、加热设备、搅拌设备等。

另外，还有通信设备、电子计算机设备等。

（二）无形的设施

主要是指物流信息系统和网络。它可以进行对物流服务过程的各种活动下达命令、实时控制和反馈协调等信息活动。一般有各种信息技术应用软件、网络系统、GPS（全球卫星定位系统）、GIS（地理信息系统）、RF（射频技术）等。在物流客户服务体系中，客户物流需求的各种活动是相互牵制、相互制约的，物流服务过程中任何一个环节处理不好，都将影响客户服务的质量。只有通过物流信息系统，从整体上对各种活动作统筹安排，实时控制，并根据反馈信息作出迅速调整，才能保证物流服务的高效、畅通和快捷。

三、物流服务作业体系

物流服务作业体系的确定，就是该企业从事物流的流程，其内容是物流目标市场的选择和定位。即干什么——物流方向；怎么干——物流服务程序；为谁干——物流客户群体选择，这样就构成了一个企业的物流服务作业体系。

（一）物流服务的方向

企业物流服务方向的确定，是决定该企业相应服务设施、人员配置、工作流程、服务规范、客户群体的主要因素。因此，企业在进行自身定位时，要综合考虑以下 6 个主客观要素，选择一个、几个或全部细分服务市场作为自己的物流服务的方向。

1. 企业自身实力

只有企业在人力、物力、财力及经营管理水平上能经营市场，才可以被选择为物流服务的方向。

2. 服务内容差异

企业的服务内容和同行业其他企业有什么差别。如仓储保管的服务内容大致相同。但进行这项服务时，即有差异服务内容，选择了有差异服务内容，就确定了你的服务内容具有特色，主张靠特色服务竞争。当然，能否成功，就要看你的服务内容与客户的需要是否一致。

3. 市场需求特点

市场上是否存在未满足的需求，即潜在的需求。你想经营物流运输业，但同一服务区域的运输市场已过剩，供大大超过求，应该怎么办，是放弃，还是坚持？运输市场超饱和状态对你经营运输可能不利。这时，就要寻找细分市场目标，如果细分市场都不容纳你，那就放弃这项计划。

4. 服务项目生命周期

如果开展的这项服务项目在市场上可以保持一定时间领先，就可以获得足够利润。没有哪个服务项目可以长期领先，所以要经常更新和改造服务项目，开发下一轮生命周期。只有不间断地开发新的服务项目，这个企业才具有活力和竞争力。

5. 市场竞争状况

竞争者未完全控制市场，或者企业有优势去竞争市场。要分析竞争对手，弄清楚潜在客户是如何感受并评价竞争对手的，确定针对对手而言的企业自身的市场位置，按照客户的态度评价自己的服务，制定一种定位战略，不断检查定位效果。

6. 营销宏观环境

市场上有一定购买力，经济社会条件许可，即大环境许可。

企业必须通过对市场的分析、企业内部各种条件分析和竞争对手的分析，来确定本企业的服务方向。需要员工、政策和形象都能反映相似的内容，传递期望中的市场定位。

（二）物流服务程序

客户直接接触的员工和事物都参与服务操作过程。在服务操作体系设计中，管理人员应绘制服务流程图，标明企业和客户的直接接触点，以便发现服务工作中的薄弱环节，采取必要的改进措施，防止出现服务质量问题。服务流程图就在物流作业图上产生，是为了使物流作业整个过程使客户满意（见图 3－1）。所以，服务流程图是该物流企业对客户服务的步骤，然而这些步骤能否使客户满意，取决于该流程图的设计思路和科学性，取决于参与执行该流程图的人——管理者和服务人员。

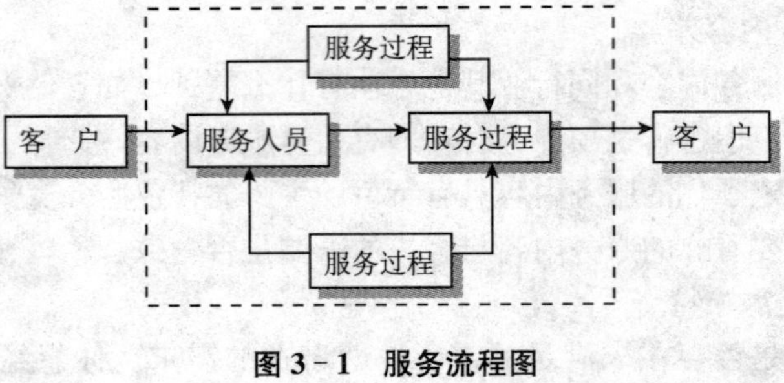

图 3－1　服务流程图

从图 3－1 中可以看到，在服务流程中，是服务人员决定服务过程。组织管理通过对服务人员管理，使服务过程规范化、全面化，从而使客户满意。服务人员是服务过程的执行者，组织利用服务制度控制服务过程。

物流企业对客户的服务可以通过机械来提供，但更主要的是依靠员工与客户面对面的交流来实现，企业服务质量的好坏直接取决于员工在服务过程中的表现。物流企业是以服务客户为导向的企业，在为客户提供服务的过程中，服务人员的行为至关重要。因此，物流企业组织应该比其他组织更注重服务人员的选择、培训与管理。

服务制度是服务体系良性运转的保证。企业通过服务制度可以规范客户服务。服务制度应包括以下几个方面：

一是服务人员管理制度。即有关服务员工的选拔、培训、奖励及晋升方面的制度。

二是服务内容规范。规范服务内容，以保证服务员工知道做什么，同时让客户感到他们享受的各种优质服务绝非偶然。

三是服务质量制度。在制度上保证客户服务的质量，保证客户满意。

（三）物流客户群体选择

利用物流能力获得竞争优势，这种战略是基于以客户为中心所作出的广泛承诺。其基本的思想是，物流企业要快于整个行业的发展速度来扩大其市场份额。那么从长期来看，这要取决于其能否吸引和拥有行业中最成功的客户。所以，物流企业要通过差异化服务而使企业价值最大化。

任何人都可能成为你的客户，但是，他们不一定是你的合适客户。因为企业资源限制了把所有的人都当作你的客户。这就要求你去寻找自己合适的客户。只有合适客户才能有效提高企业绩效和有效降低服务成本，只有合适客户才是企业利润之源，只有合适客户才是企业的动力。

怎样确定自己的合适客户群体？其实，企业不要去刻意划分谁是合适客户，因为合适客户是靠吸引和价格杠杆作用来确定的。既担心合适客户不够，又要剔除不合适客户，这正是企业管理的难题。正常的做法是利用价格杠杆来筛选合适客户，因为企业对服务准确定价，让不合适客户有一定的距离感。但这种杠杆作用在企业客户资源不满足时，其支点就应该有所调整，把价格下调到一定点，再次从一般客户中选择合适客户；当企业客户资源过剩时，价格上调，把不稳定的合适客户筛选出去。所以说一般客户群也有不确定性。但是，无论何种情况，企业一定要剔除不良客户。

第二节　物流企业服务组织结构

一、区域直线制组织结构

区域直线制组织结构，是物流企业经营集中在一个区域的物流企业的运营模式。公司总经理对企业所有物流活动具有管理权和指挥权，各层结构是直线型的隶属关系（如图 3－2 所示）。

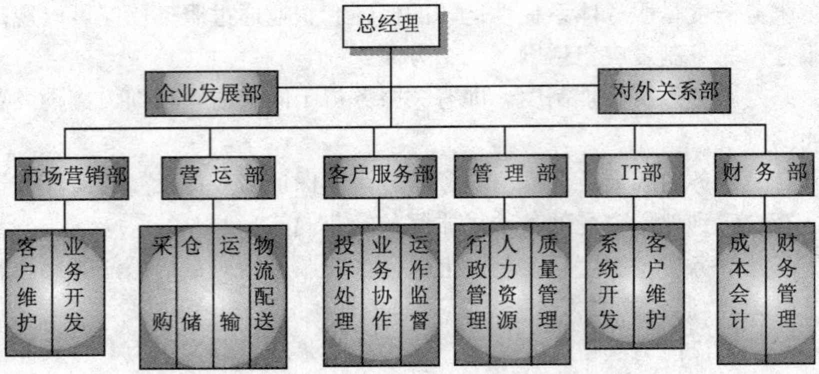

图 3－2　区域的直线组织结构

二、网式的直线组织结构

（一）集权型网式直线组织结构

集权型的网络经营，是指物流企业的总部掌握物流管理和运作的大部分权利，各个分公司或子公司构成网络节点，只是负责业务运作的管理和运作模式。在这种组织方式下，子公司或分公司一般采用成本中心模式，实行收支两条线，客户直接同总部结算，总部根据各个点的运作情况，下发运作经费。其组织结构如图 3－3 所示。

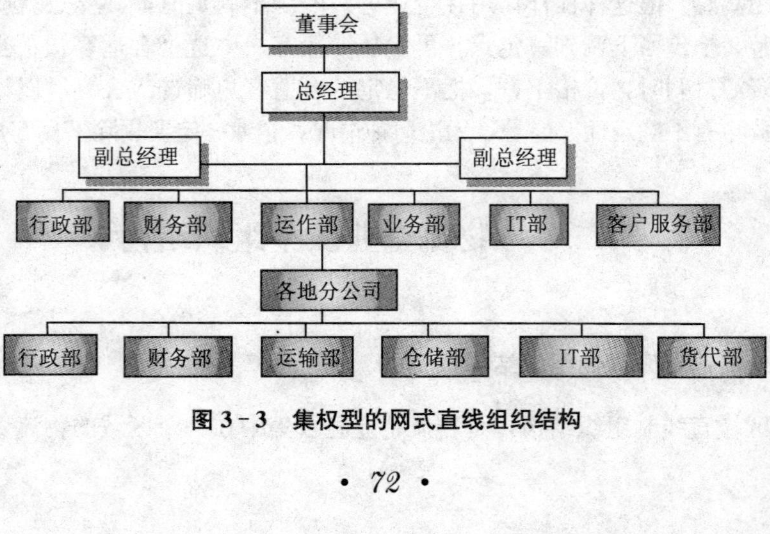

图 3－3　集权型的网式直线组织结构

（二）分权型的网式直线组织结构

在分权型的网式直线组织结构中，分公司是独立的经营实体，每个分公司的组织机构都相当于一个点式经营的直线组织机构。总公司尽管不从事具体的市场开拓和客户服务等工作，但在整个网络的发展规划、市场开发指导、技术支持等方面，发挥着首要作用。分权型的网式直线组织结构如图 3－4 所示。

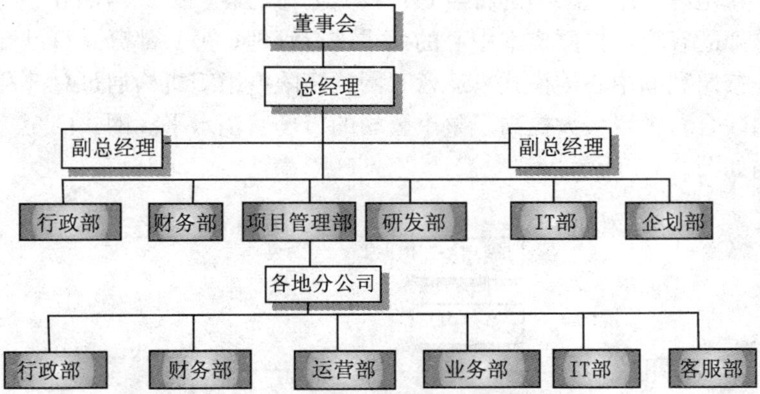

图 3－4 分权型的网式直线组织结构

三、点式的矩阵型组织结构

点式的矩阵型组织结构是将项目管理的思想引入点式组织结构中去，针对客户物流需求的个性化特点。其组织结构如图 3－5 所示。

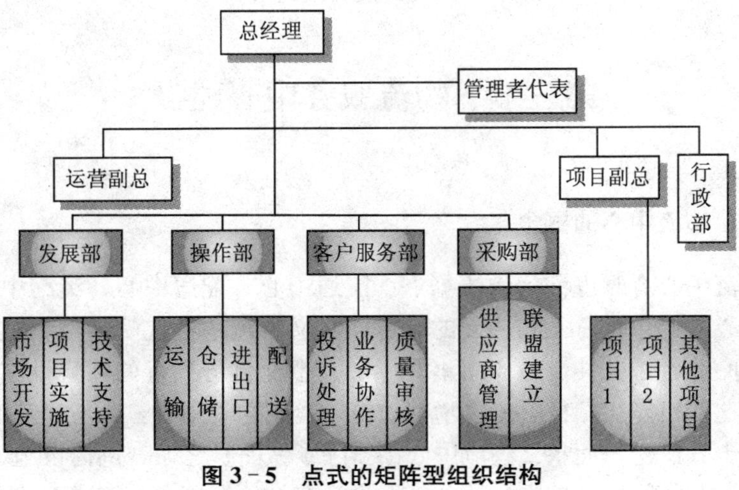

图 3－5 点式的矩阵型组织结构

四、网式的矩阵型组织结构

网式矩阵型组织结构是综合了集权型和分权型网式组织结构的优点，在组织结构设计时，同时具备集权和分权的功能。具体做法是在集权网式结构的基础上健全各分公司的职能，使各分公司具备独立的运作和管理体系，具有开发客户的能力。

网式矩阵型组织结构的特点是：各分公司的客户分成两部分，一部分来自总部的客户，按照成本中心的模式进行管理；另一部分是自己开发的客户，按照利润中心的模式来运营。网式矩阵型组织机构通过总部和各分公司的联合营销，大大提高了整个公司的市场营销水平。网式的矩阵型组织结构如图 3-6 所示。

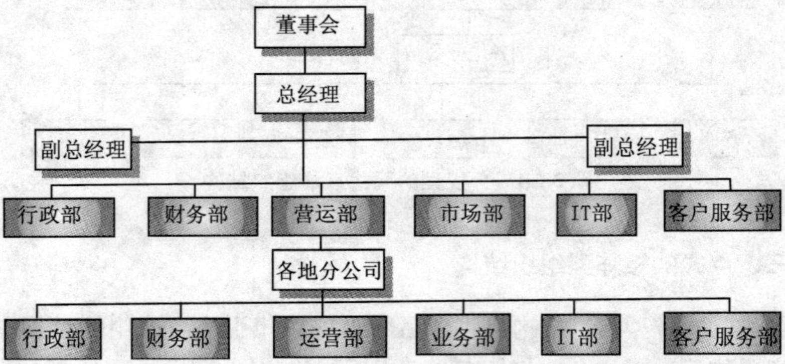

图 3-6 网式的矩阵型组织结构

第三节 物流服务中心建设

一、物流中心的概念

物流中心有时也称为物流据点、流通中心、配送中心、集配中心等。物流中心的概念有广义和狭义的区分，广义物流中心包括港湾、货运站、运输仓库业者、公共流通商品集散中心、企业自身拥有的物流设施等等。显然，这些机能大相径庭的事物都被统一看成物流中心，其所涵盖的内容和范围十分广泛；而狭义物流中心则排除了铁路货运站、港湾设施、机场设施和道路等物流基础设施部分，专指为有效地保证商品流通而建立的物流综合管理、控制、调配的机构。显然，狭义物流中心的概念侧重的是物流的管理效能和行为。

我们认为狭义的物流中心概念更能够反映和把握物流中心的机能和本质，亦即在谈论物流中心时应当将其与物流基础设施相区分。这样有利于从产业或企业层次来分析物流中心在现代物流系统中的作用，以及它对现代物流行为的影响。进一步来看，狭义物流中心的外延又可以划分为集团型物流中心和个体型物流中心（如表3-1所示）。前者指的是诸如公共商品中转地这样的多数物流设施机构的集合；而后者是指由运输、仓库业者、厂商、零售商、批发商等经济主体自行设立的物流设施和机构，两者都可统称为物流中心。本章所提到的物流中心主要是指个体型物流中心。

表3-1　　物流中心的划分

物流基础设施	物流中心	
	集团型物流中心	个体型物流中心
铁路货运站	批发中心市场	运输、仓库业者的物流管理机构
港湾设施	公共产品集散地	厂商的物流机构
机场	仓库集散地	批发商的物流机构
道路	批发商集散地等	零售商的物流机构
		供应中心
		配送中心

二、物流中心的实质和功能

物流服务中心的实质是一种物流基地，是为寻求物流服务的合理化将配送服务、仓储服务、运输服务等各种物流服务设施在特定的场所综合地、有计划地汇集在一起的物流服务据点。其功能表现在以下几个方面：①变载功能。即具有变换输送组织间载荷的功能；②混载功能。即具有小批量货物的分载、共载功能；③流通保管功能。流通过程中的临时保管、储藏功能；④流通加工功能。商品的包装、贴标签、开箱、搭配、装配等，在流通阶段适合需求形态的加工功能；⑤情报中心功能。预约保管场地、运行到达情报、库存管理情报等的情报服务功能。

一般而言，在现代物流服务体系中，物流网络由物流连接点、连接线和连接工具所组成。连接点主要是指工厂、店铺、住宅等物流发生、集中地；而媒介发生地与集中地之间的事物便是连接线，亦即道路、水路、铁路、航线等；连接工具主要是指汽车、火车、船舶、飞机等。在物流网络中，物流服务中心所起的作用是作为商品周转、分拣、保管、在库管理和流通加工的据点，促进商品能够按照客户的要求，完成附加值，克服在其运动过程中所产生的时间和空间障碍。

三、物流服务中心的类型

物流服务中心根据不同的标准可以划分为不同的类型：

（一）根据机能划分

作为物流服务中心，其主要的机能有周转、分拣、保管、在库管理和流通加工等，根据其侧重点不同，可以分为不同类型的物流中心。具体讲，主要有 TC、DC、SC、PC 四种类型，每种类型的特点是：

TC（Transfer Center）——即不具有商品保管、在库管理等机能，而是单纯从事商品周转、分拣作用的物流服务中心。

DC（Distribution Center）——拥有商品保管、在库管理等管理型机能，同时又进行商品周转、分拣作用的物流服务中心。

SC（Stock Center）——单一从事商品保管机能的物流中心。

PC（Process Center）——从事流通加工机能的物流服务中心。

以上各种类型的区别反映在物质流动上，则体现为物流中心内的作业内容和服务范围的差异（见图 3－7）。从现代物流发展的趋势看，为了加速商品的运动，使物流系统更好地顺应用户需求的特点，物流中心逐渐从 TC 转向 DC。目前在发达国家，DC 的比例一般要占到所有物流中心的 70％以上，另外，PC 的发展也非常迅速。

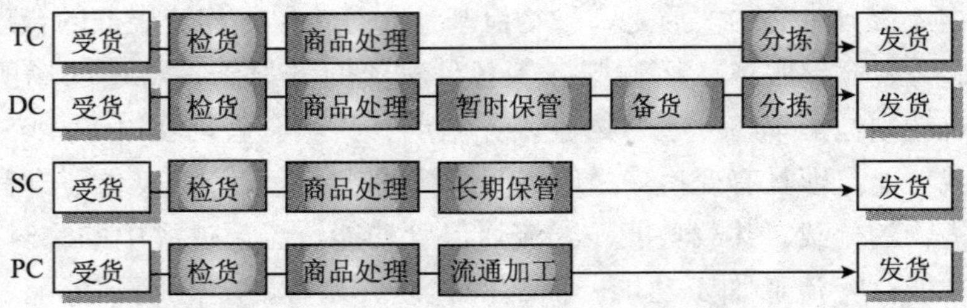

图 3－7　不同类型物流服务中心的物质流动

（二）根据流通不同阶段划分

商品的流动是从生产地经流通渠道到消费地的过程，亦即整个商品流通渠道的流动过程。根据物流中心在这种流通渠道中所处的地位和作用来划分，可以有多种物流中心形式。具体讲，有位于生产地附近属于制造商的物资调达或产品存放的物流中心；有处于生产地与消费地之间，属于广域厂商或批发商的流通中心；有位于消费地附近，隶属于批发商或零售商的旨在为零售店铺服务的商品中心；也有面向不特定多数消费者，从事商品配送功能的配送中心。

（三）根据不同的运营主体划分

一般而言，物流中心根据不同的管理、运营主体划分，可以分为厂商运营的物流中心、批发商运营的物流中心和零售商运营的物流中心，在这类物流中心内，物流业务是由厂商、批发商或零售商直接从事的，即他们在负责商品生产、流通或销售的同时，也全权负责商品物资流动或管理的事务，而且物流中心的基础建设（如土地购买、设施建设等）和相关的投资都是由他们独资进行。显然，这种形式的物流中心在利益上表现为厂商、批发商或零售商能对商品流动、经营的全过程进行控制和管理，但问题是相应的成本较高，这不仅表现在建设成本高昂，而且也反映在管理费用居高不下。为此，为了避免上述问题，出现了由第三方运营的物流中心，即厂商、批发商或零售商租赁专业物流业者的物流中心，并委托他们来从事商品物质运动的管理。诸如美国通用汽车公司在美国的 13 个州中，大约有 400 个供应商将各自的产品送到 30 个装配工厂进行组装，由于卡车满载率低，使得库存和配送成本急剧上升。为了降低成本，改进内部物流管理，提高信息处理能力，通用汽车公司委托 Penske 专业物流公司为它提供第三方物流管理和服务。在调查了解半成品的配送路线之后，Penske 公司建议通用汽车公司在 Cleveland 使用一家有战略意义的配送中心，配送中心负责接受、处理、组配半成品，由 Penske 派员工管理，同时 Penske 也提供 60 辆卡车和 72 辆拖车；除此之外，还通过 EDI 系统帮助通用汽车公司调度供应商的运输车辆，以便实现 JIT 送货。为此，Penske 设计了一套最优送货路线，增加供应商的送货频率，减少库存水平，改进外部物流活动，运用全球卫星定位技术，使供应商能随时了解行驶中的送货车辆的方位。同时，Penske 通过在配送中心组配半成品，对装配工厂实施共同配送的方式，既降低卡车空载率，也减少通用汽车公司的运输车辆，只保留了一些对 Penske 所提供的车队有必要补充作用的车辆，从而减少了通用汽车公司的运输单据处理费用。

四、企业物流中心的设置与再建

物流服务中心是为提高物流功能，以共同协作化来达到合理化目的的物流据点。在建设物流服务中心过程中包括设计工作、选址工作以及物流服务设施的配备工作。

(一) 企业物流中心再建的背景与特征

长期以来，企业为了对应经营业务的需要，建立和拥有自己的物流中心是一个普遍的现象。这种传统物流中心的作用主要是发挥商品保管、周转和分拣的作用，使物流活动能统一在企业整体管理系统之中。但是，20世纪80年代中期以后，各个企业都开始广泛地开展物流中心的再建，亦即对传统的物流中心进行改造，使其适应现代生产和流通发展的需要。这种再建的动机多种多样，诸如既存物流中心的老化、营业区域的扩大、在库机能的强化等都成为企业进行物流中心再建的直接动因。但是，不管是什么具体因素在推动企业再建行为，从总体上看，企业物流中心再建的一个根本目的在于通过物流中心运作的高度化、信息化和机械化，充分对应企业客户的各种要求，并能在满足客户需求的基础上缩短产品的流动时间，有效降低物流成本，从而使物流管理成为企业第三大利润源泉。

从企业物流中心再建的具体形式看，主要表现为两种表面上截然相反的变化趋势，或者说物流中心规模的两极化发展：即物流中心的集约化、综合化方向发展与分散化、个性化方向发展。

应当讲这两种发展方式各有优缺点，它们分别反映了企业不同的发展思路。首先，就集约化、综合化发展方向而言，其优势表现在土地、建筑物等设施的投资减少；商品总体在库量的压缩成为可能；到物流中心的输送费用得到降低；能对企业物流、特别是从事多角化经营或广域化经营的企业物流进行统一管理；并且由于上述种种优势使得导入物流管理自动化较易实现，从而提高物流管理的效率。从另一方面来看，由于中心的集约化和综合化发展，带来了物流中心到配送目的地距离的延伸，从而在一定程度上增加了商品配送的成本，同时因为缺乏与配送目的地用户的密切联系，降低了物流服务的水准等问题。相反，从分散化、个性化发展的绩效来看，集约化、综合化发展所固有的问题恰恰是它的优点，亦即由于它接近配送目的地、配送时间较短，进而能充分对应用户的需求，特别是能对终端客户多样化的要求作出迅速的对应；与此同时，由于分散化带来物流中心的经营规模较小，因而较容易实现中心的运营管理。但是，它的问题是不易从企业整体上对商品在库进行综合管理，容易发生商品断货问题；同时由于规模较小，不易导入自动化的管理机器和系统，因而中心内管理绩效较差。

从上述对集约化、综合化物流中心以及分散化、个性化物流中心的优缺点分析中，我们可以看出，盲目地判断物流中心应该向何处去，究竟走哪一条发展方向是有失偏颇的。对物流服务中心再建的趋向应当具体联系物流中心对企业整体绩效的经济学分析，或者说要看物流服务中心的规模、数目对企业整体物流费用有多大的影响程度来考虑。

当然，联系到具体的企业，物流发展的方向是不尽一致的，这是因为每个企业的物流费用构成情况以及产品的特性不完全一致。

对于处于产销供应链起端的生产企业或中间环节的批发流通企业而言，除了广义在库维持费和受发货处理费外，输送费用所占比例较大，而配送费用相对较少，产品也较易适应长距离运输或集中保管。因此，对于这部分企业来讲，企业物流中心具有集约化、综合化发展的趋势。这部分企业通过对原有物流中心进行集约化、综合化改造，在物流中心内引入各种信息系统，借助于集中一元化的管理，压缩商品在库量，削减次品损失，进而充分对应 JIT 物流。

例如，日本著名家电生产商松下公司将其在日本全国的 120 个家电物流中心集约到 40 家，这其中 8 家物流中心为松下公司的骨干中心，其他 30 多家为区域性物流中心。除此之外，对松下系列家电店的配送制度也由一日两次改为一日一次。通过这样的集约化、综合化管理，松下公司的商品在库量压缩了三成，在库时期也由 40 天削减到 25 天，从而为松下公司节约了数十亿日元的物流经费。同样，日本狮王公司也将其原来的 22 家物流中心减少到 12 家，在大力提高工厂仓库机能的同时，大幅度削减流通阶段物流中心的产品在库量，从而确立其销售对应型的流动物流体制。

相反，对于接近终端用户的零售企业，特别是对于从事生鲜产品或时效性产品经营的便民店、超市等企业来讲，商品配送费用的比例较大，而且配送绩效的好坏直接决定了物流服务的质量高低，所以，物流中心有分散化、个性化发展的趋势。如日本西友公司对其冷藏食品的物流中心进行分散化、个性化的管理，它们在各店铺附近设置数个冷藏食品专用的冷藏仓库，店铺闭店后进行订货业务，工厂连夜进行生产，凌晨直接向物流中心发货，经物流中心对商品进行分拣、处理后，到中午前配送的商品直接摆到了店铺的货架上，从而大大提高了物流效率，减少了销售中的损失，同时也使物流服务的速度迅速提高。总之，物流中心集约化、综合化发展方向和分散化、个性化发展方向分别代表了不同类型企业物流中心再建、革新的特征，都是在现代生产、流通高度发展的背景下，寻求物流绩效提高的重要方式和途径。

（二）新型的物流中心

现代物流中心内在体系的建设是随流通系统中商品品种少量化、多频度、小单位化发展以及 JIT 等新型生产、流通体制的进化而演变来的。可以说，流通系统中的种种变革带来了物流中心机能上的重大变化。具体来看，随着商品多品种化发展，商品保管、在库的数目增加，管理日益复杂，在这种状况下如果没有合理、有效的管理制度就极易发生商品售卖残留品增多。同样，配送多频度、少量化的发展，使得以整箱为单位的商品输送减少，相反小件商品的配送增加，这种发展趋势无疑使商品备货、包装等作业繁琐化。除此之外，JIT 制度的实施十分严格地要求缩短订货到发货之间的周期，并且实施防止断货发生的商品在库管理，同时能在较短时期内迅速对应订发货、备货、分拣和配送业务，进而要求有很严格的商品包装、贴付等流通加工机能。上述种种对现代物流的要求都促进企业要从战略的角度看待物流，或者说建立信息化、自动化、机械化、高度化的物流中心是现代企业发展物流服务中心的主要趋势。

在信息化、自动化、机械化和高度化物流中心的建设中，一个最重要的问题是这种物流中心对哪些经济主体来说是最佳的物流系统，以及物流中心的业务实际上由谁来运营。首先就前一个问题而言，原来在组建物流中心时考虑的是如果物流中心对企业自身有益，那么该中心的建设将是合理的。但是，从现代物流管理以及供应链管理的角度看，企业个体的最优物流系统不一定是产销供应链全体的最优系统，供应链全体的最优物流中心系统将是相互协作、物流、信息流相互融合的物流体系。显然，这是单个物流中心所无法实现的，也就是说现代新型的物流系统需要产销供应链上的各个企业从商品流动的全过程来考虑物流中心的建设，以便实现物流中心的连动化发展。如图 3－8 显示的是在生产、流通、消费整个商品流动全过程中物流中心的分布状况。从中不难看出存在着不同形式、多种多样的物流中心连接方式，究竟哪种连接方式最为有效，以及各物流中心应当拥有多少在库量，这就需要结合各供应链管理的实际情况以及商品的流通特性而定。总之，物流中心的建设应当从流通全过程的绩效来衡量，视其是否有利于各个商品流通参与方的利益而定，正因为如此，在建立发展物流中心时不仅要分析物流中心对本企业的作用和益处以及系统硬件上的现代化，同时还应该充分考虑该物流中心的独特机能、对其他企业所能发挥的作用和绩效、是否符合产业布局的合理化要求以及在库水平高低等因素（如图 3－8 所示）。可以说，这是新型物流中心的一个根本特征之一。

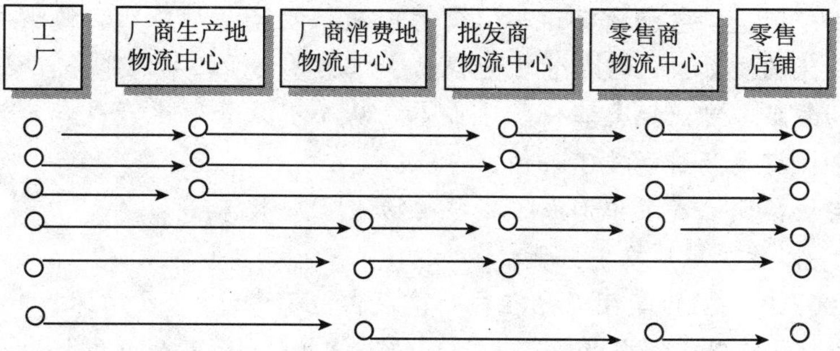

图 3－8　物流中心连接形式

另外，从物流中心业务的实际运作来讲，原来的物流中心是企业自己购买土地、自己建设、自己运营，而现代物流中心则更多地是企业租赁来的，亦即企业并不拥有物流中心的产权，而是通过向外部专业物流商租赁物流中心，并委托其管理全部物流业务，借助于物流的共同化行为，来实现企业的经营绩效。此外，从事物流管理业务时，也并不仅仅局限于一个企业的资源，而是灵活运用其他企业的资源，保证业务活动的效率。

综上所述，我们可以看出新型物流中心的特点是，在对应物流信息化、自动化、机械化、高度化发展的过程中，从供应链管理的观点寻求物流系统的全体最优，并且通过灵活运用外部委托或共同配送，在充分考虑经济可持续发展的前提下，实现流通产业和社会的最大绩效。

案　例

宝供物流建立现代物流服务体系

一、建立现代物流服务体系

宝供物流企业集团有限公司创建于 1994 年，总部设在广州。1999 年经国家工商总局批准，成为国内第一家以物流名称注册的民营企业集团。宝供集团是我国较早运用现代物流理念为客户提供物流规划、分销配送、专业储存、信息处理、运输加工等物流一体化服务的专业企业，并逐渐发展成为我国领先的第三方物流企业。2004 年宝供集团第三方物流营业额近 6 亿元人民币。

所谓第三方物流，是物流专业化的一种运作与管理方式。生产经营企业将物流活动以合同方式委托给专业物流服务企业承担，从事第三方物流的企业专门提供包括商品运输、储存配送，物流活动组织、协调和管理，设计最优物流方案，搜集管理全程物流信息等全面的物流服务。这种专业化的物流服务可以大大降低物流成本，从而有效降低生产成本，为生产、流通企业提高效益创造了条件。

宝供集团在发展中形成了完整的物流服务体系。

（一）物流基地功能强大

2002年，宝供集团开始在广州建设占地面积12万平方米、建筑面积7万平方米的现代综合物流基地，可储存货物达10万个标准托盘或18万立方米的商品，年周转货物250万托盘；可在同一时间内为100部汽车提供装卸作业，年进出货物200万吨；可提供年100万件以上的商品拆箱、捆绑、加工、装配、包装服务；每天可处理2000张订单、7000个标准托盘；每年可周转5000个国际集装箱。2004年宝供集团运作货物总量达540万吨，仓库年进出货物达2.4亿件。

（二）运作网络覆盖面广

目前宝供集团已在全国40多个城市建立了8个子公司、7个分公司、48个办事处，形成了一个覆盖全国并向中国香港、美国、澳大利亚、泰国等地延伸的物流运作网络。

（三）信息系统完备

宝供全国联网的物流信息系统，不仅实现了与客户数据的无缝连接，同时客户也可实时动态地了解到货物的运行情况，运用TOM系统与WMS系统，使整个运作过程更加透明化、可视化。

（四）服务客户不断增加

宝供集团从最初专为宝洁公司提供物流服务起家，目前提供服务的客户已达90多家，其中52家是世界500强企业。

二、物流服务成效显著

宝供集团运用其全面的规划设计功能、先进的信息网络系统、优越的仓储运输设施和个性化的服务方式，为宝洁、红牛、飞利浦、TCL等知名企业提供物流系统整合优化，使有关企业的分销中心数量减少，库存水平明显降低，节省了物流费用，提高了流通效率和经营效益。

例如，宝供集团为某跨国电器制造企业承担第三方物流服务，就是一个成功的案例。宝供集团与某跨国电器企业共同组成物流项目团队，对该企业原来的物流系统模式、操作流程和订单情况进行系统分析，发现该企业物流成本与平均库存量较高；物流系统缺乏灵活性、反应速度迟缓，信息集成化程度低；物流运作质量不稳定，客户满意度较低；人员偏多，管理跨度和难度大。

根据分析，宝供对其提出了改进信息系统和物流系统的变革方案：①改变企业物流实施战略，由专业的第三方物流公司取代多家传统运输企业提供物流服务。②整合运作网络，实行地区分销中心整合，精简庞大的运作队伍。③优化业务流程，包括订单管理、运输管理及仓库管理流程。④组织架构整合，按物流业务运作功能划分组织，实现人力资源整合。⑤整合信息网络，实施基于 Web-based 的信息流管理，借助宝供提供的强大的物流信息平台，改变原有电话、传真等传统的下单方式，实行电子数据交换，提高信息传递的速度和准确性。

通过实施宝供提供的物流系统模式并与宝供的物流信息系统进行对接，该电器企业的物流运作水平得到明显提高：下单时间由原来 7 天减少到 4 天，地区分销点数量由 54 个减少到 20 个，产品库存天数由 60 天降至 27 天，运输及时率由 90%提高到 98%，物流人员由 155 人降至 20 人，企业总体物流费用下降了 15%。宝供提供的第三方物流服务使该企业的竞争能力得到很大提升。

三、努力构建全国性现代物流服务平台

宝供集团根据国内、国际经济发展趋势及目前企业现状，制定了未来 5 年企业发展战略。

（一）网络战略

1. 计划在全国 20 条主要运输干线，构造一个安全、稳定、准时、可靠的快速通道。在已开通广州—上海定时汽车班车、广州—大连南北航线的基础上，进一步与铁路及航空部门合作开辟新的运输线路，探讨以武汉为中心的南北干线交叉理货中心的建设，最后形成一个快速的干线运输网络。

2. 在全国 10 个主要城市开展深度分销配送业务，构建一个 BtoB、BtoC 的运作网络，形成干线运输、区域配送、城市配送三级联动的运输配送体系。

（二）基地战略

拟在全国 15 个经济发达城市投资建设大型现代化的基于支持全球供应链一体化的综合性物流服务平台（每个占地面积 20 万～60 万平方米）。该平台不仅是一个现代物流中心，还是商品增值服务中心、运输中心、交叉理货中心、多种运输交换作业中心，同时也是商品交易中心、金融结算中心、信息处理服务中心，从而成为国内采购集团的采购中心、国内外著名品牌在不同区域的分销中心以及当地工商企业的物流中心。

（三）科技战略

在完善、提升现有物流信息管理系统服务功能的同时，积极与全球著名的 IBM 等公司合作，联手打造基于支持全球供应链一体化的信息服务平台。同时，大力引进国外先进成熟的信息系统和软硬件技术，以及物流设备和运作技术。

（四）多元化发展战略

计划在未来的三至五年，投入较大资源，通过与铁路、航空、港口等社会机构的合作，致力于形成包括供应链物流、快运业务、流通配送为主体的三大物流体系和服务体系，提高整体竞争力。

第四章　客户服务价值

本章提要

1. 客户服务的成因
2. 客户服务价值的含义
3. 客户服务价值的构成
4. 客户价值链含义
5. 客户价值链优化的途径
6. 延伸价值链的几种形式

客户购买的不是产品或服务本身，而是它们的效用。英语中的客户（Customer）一词和定制（Customize）一样都源于英语词根 Custom（定制的），这并非偶然。众所周知，人们认为专门满足个人需求的那些商品服务最有价值。客户只会购买他们认为有价值的东西。与你的竞争对手相比，客户越是看重你的产品和服务，就越可能与你做生意。

一个企业的竞争力归根结底是通过对客户价值链施加影响并在为客户创造价值的过程中形成的。

第一节　客户服务价值的内容

一、客户服务成因

服务，作为新的经济增长点已经不是新鲜的话题。如今，西方的发达国家已全面进入服务型经济时代，也可以说是进入服务型社会。服务，是国家经济增长最快的部分，而且服务增加值都超过了国民总产值一半以上的比例，在美国已达到 70%以上，即有 3/4 的国民财富是由服务活动创造的。尤其是制造业，开始出现“业务服务化”的趋势。这意味着，即使在最传统的制造业中，服务的作用也变得具有压倒一切的重要性了。例如，美国通用电气公司这20年来从以产品为中心向利润率增长更高更快的服务为中心的转变数据充分证明了此点：

1980年，公司收入250亿美元，其中产品收入占85%，服务收入占15%；

1990年，公司收入500亿美元，其中产品收入占55%，服务收入占45%；

1998年，公司收入1000亿美元，其中产品收入占33%，服务收入占67%；

2000年，公司收入1250亿美元，其中产品收入占25%，服务收入占75%。

通用20多年来经过从制造业向服务业的成功转型，进而营造了自身在竞争中的领先地位。如今通用已将服务作为主要的利润来源，并以一个独立的实体来发展。同时，通用专门成立了一个服务委员会，它把所有服务业的事业部所有领导们召集起来，并组成一个执行委员会专门策划服务业。

客户服务是由各类公司，如制造业、IT公司、服务公司等为支持企业的核心产品而提供的服务。客户服务通常包括回答问题、接受订单、单据事务处理、投诉处理以及日程安排或修改。客户服务可以在现场进行(如一位员工帮助客户找到一件想要的物品或回答一个问题)，也可以通过电话或互联网进行。目前，许多企业的客户服务电话中心24小时有人值班。一般来说，客户服务并不收费，优质的客户服务是建立客户关系的必要因素。

例如，联邦快递（Federal Express）提供高水平的客户服务。它的服务包括短时间内包裹递送以及利用先进技术进行库存管理、仓储和仓储的后勤服务。目前，这些服务在全球范围内的210个国家进行着。联邦快递高度的客户忠诚度来源于这些优质的核心服务以及公司为支持其产品而提供的超级客户服务。经过良好培训和充分授权的电话应答员以及便于客户使用的高科技在线跟踪系统确保了联邦快递出色的客户服务。

按照服务对象不同，服务可以分为组织客户服务和消费者服务。组织客户服务是指在组织市场中，企业向组织类客户所提供的各种服务。物流企业的客户服务一般是指组织客户服务。

组织客户服务在制造业份额趋于萎缩，物流业迅速发展的今天显得尤为重要和关键。这主要是在于 3 个方面原因：

1. 虽然制造业的就业人数不断减少，但总产出仍然是在增加的。制造业的这种增长刺激了运输、广告、信息咨询等服务企业的相应增长，为组织客户服务迅猛发展提供了坚实的基础。

2. 制造企业持续增加外购服务的比例，尤其是购买那些超出企业核心能力的服务项目。例如，很多企业不再开办食堂而转为员工订购快餐，租用公共仓库进行仓储，委托银行代发职工工资，委托信息公司开发企业所需的信息系统等，这些外购服务大大促进了组织客户服务的发展。

3. 新型的服务项目对于刺激服务需求的增长具有重要意义。不少服务项目是多年前想都想不到的，而今对于这些服务项目的需求却非常旺盛。例如清洁服务、废物处理、咨询策划、快运快递等。

☞ 链接

关于什么是客户服务，至今有三种较为典型的解释：

1. 营销专家 Philip Kotler 认为，“服务是一方能够向另一方提供的基本上是无形的任何行为或绩效，并且不导致任何所有权的产生，它的生产可能与某种物质产品相联系，也可能毫无联系。”也就是说，服务是具有无形特征却可给人带来某种利益或满足感的可供有偿转让的一种或一系列活动。

2. 与 Philip Kotler 同时代的莱维特认为，客户服务是“能够使客户更加了解核心产品或服务的潜在价值的各种特色、行动和信息”。因此，客户服务是以客户为对象，以产品或服务为依托的行为；客户服务的目标是挖掘和开发客户的潜在价值；客户服务的方式可以是具体行为，也可以是信息支持，还可以是价值导向。

3. 管理专家 Lalonde 和 Zinszer 认为，客户服务是一种活动、绩效水平和管理观念。把客户服务看做是一种活动，意味着对客户服务是企业与客户之间的一种互动，企业要有管理控制能力；把客户服务看做是绩效水平，是指客户服务可以精确衡量，并可以作为评价企业的一个标准；把客户服务看做是管理理念，则强调营销以客户为核心的重要性和客户服务的战略性，其运行的基础是供应链管理。

二、客户服务价值内容

从经济学的角度讲，客户都是理性的，在一定的搜寻成本、有限的知识、灵活性和收入等因素的限定下，客户是价值最大化的追求者，他们形成一种价值期望，并根据它作出行动反应。然后，他们会了解产品是否符合其期望价值，这将影响他们的满意和再购买的可能性。客户将从那些他们认为为其提供了最高让渡价值的公司购买商品。我们将让渡价值称为客户服务价值，即客户总价值（Total Customer Value）与客户总成本（Total Customer Cost）之间的差额。

客户总价值是指客户购买某一产品与服务所期望获得的所有利益，包括产品价值（Product Value）、服务价值（Service Value）、人员价值（Personal Value）、形象价值（Image Value）；客户总成本是在评估、获得和使用该产品或服务时引起的客户的预计费用，包括货币成本（Monetary Cost）、时间成本（Time Cost）、精力成本（Energy Value）、心理成本（Mentality Cost）。即：

客户服务价值＝客户总价值-客户总成本

客户总价值、客户总成本、客户服务价值之间的关系如图 4－1 所示，该图还说明了客户服务价值的决定因素。

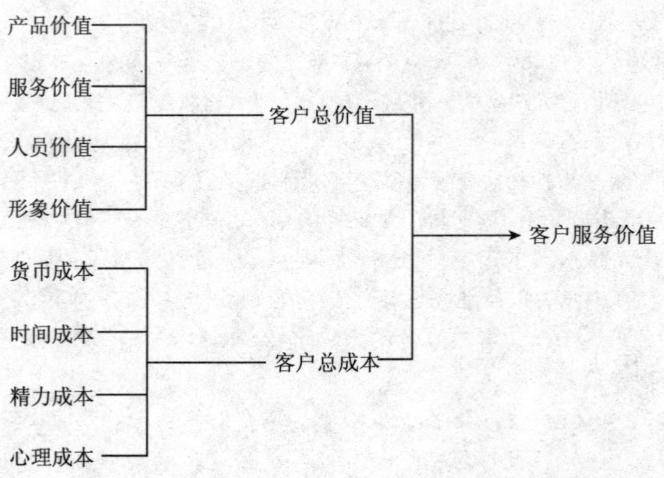

图 4－1　客户总价值、总成本、服务价值之间的关系

从营销学意义上说，客户服务价值就是客户在获得、拥有、使用的总成本最低的情况下客户需求的满意与满足。随着服务业的迅速发展，客户服务价值已不仅仅包括上述价值的构成因素了，它已扩展为核心产品的附加内容，如包装、服务、客户培训与指导、付款政策、储运等以及商家所应提供的因出售产品或提供服务相关的操作员培训、维护培训、质量保证、零部件、信誉、可靠性、响应性等经济性和非经济性因素。

对客户来说，客户服务价值就是企业所提供的使其感到满意的价值。

由于在购买商品时，客户总希望把有关成本降到最低限度，而同时又希望获得最多的利益，即“价廉物美”，以使自己的需要得到最大限度的满足。因此，客户往往从价值与成本两方面进行比较分析，选择对自己来说价值最大的产品或服务。对企业来说，为客户服务，就是为客户创造的实物价值和服务效用的价值超过其成本，实现客户服务价值最大化。

三、客户服务价值的构成

（一）价值构成要素

1. 产品价值（Product Value）

产品价值是由产品的质量、功能、特性、技术含量、品质、品牌与式样等因素所产生的价值。产品价值是客户服务价值构成的第一要素，它是满足客户需求的基础，其高低是客户选择商品或服务所考虑的重要因素。产品的价值包含三个层次：内在价值（即核心产品的价值）、外在价值（即形式产品的价值）、附加价值（即附加产品的价值）。为客户创造价值就是要满足产品第一层次的价值，并不断增大第二、三层次的价值。

2. 服务价值（Service Value）

服务价值是指企业伴随实体产品的出售或者单独地向客户提供的各种服务所体现的价值，它是满足客户要求、建立客户对商品忠诚的重要因素。服务价值是与产品相关但又可独立评价的附加价值，评价它的标准就是“满意”。因此，优质服务更容易增加客户服务的效用。

3. 人员价值（Personal Value）

人员价值是指企业员工的经营理念、知识水平、业务能力、工作效率与质量、经营作风以及应变能力等所产生的价值。员工整体素质对企业进而对客户的影响作用是巨大的。对客户来说，人员价值表现为语言、行为、服饰、态度、服务技能等，特别是在服务终端，一线员工的价值就是让客户满意。员工的表现决定着企业为客户提供的产品与服务的质量，也决定了客户购买的总价值和客户对企业的忠诚。

4. 形象价值（Image Value）

形象价值是指企业及其产品在社会公众中形成的总体形象所产生的价值。以品牌为基础的形象价值是客户价值日益重要的驱动因素。对服务业来说，企业品牌形象远比包装产品的品牌形象更有影响，强势品牌可以帮助客户对无形服务产品作出有形化理解，增进客户对无形购买的信任感；消减客户购买前难以估测的金钱、社会和安全的感知风险，甚至客户感知的价值就是企业品牌本身。所以，企业形象价值的竞争已成为企业市场竞争的最重要方面，而形象价值的竞争实际上是企业在全方位、广角度、宽领域的时空范围内展开的反映本企业综合实力的高层次竞争。

（二）成本构成要素

1. 货币成本（Monetary Cost）

货币成本是指客户在求购全过程中所需消耗的经费和支付货款的总价值。一般情况下，客户首先要考虑货币成本的大小，因为货币成本是可以精确计算的。

2. 时间成本（Time Cost）

时间成本是指客户在求购所期望的商品或服务的全过程中所需消耗的时间的代价。时间成本越低，客户购买的总成本越小，客户服务的价值越大。以服务企业为例，客户在购买酒店、旅馆、银行等提供的服务时，常常需要等候一段时间才能进入到正式购买或消费阶段，特别是在营业高峰时如此。等候时间越长，越容易引起客户对企业的不满，从而中途放弃购买的可能性就会增大。时间在多方面成为接受服务的代价。首先，由于服务商无法完全控制客户的数量或为每位客户提供服务所花的时间，客户需要花时间等待接受服务；再者，客户通常要通过等待去预约服务，如，到医院体检往往需要预约。

3. 精力成本（Energy Cost）

精力成本是指客户在购买产品及服务时，在需求生成、信息调研、选择判断、购买决定、购买实施及购后感受的全过程中所需消耗的精神和体力的价值。精力成本是最为痛苦的非货币成本，比如，对保险业务往往不明确或担心申请的银行贷款被拒绝等等。如果企业能够通过各种渠道向客户提供全面详尽的商品信息，就可以减少客户为获取信息所耗费的精神与体力。又如，企业若能为客户提供良好的售后服务，也会减少客户为安装、维修等所耗费的精神和体力。

4. 心理成本（Mentality Cost）

心理成本是指客户在求购所需产品或服务全过程中所承受的心理代价，它与客户的货币支付能力、购买经验、商品知识及市场信息的掌握程度有关。对企业来说，降低客户的心理成本，就是要消除客户的不满意，协助客户成功，让客户快乐，尽量满足客户的心理需求。客户永远希望企业予以格外关心，企业不能以任何借口来剥夺客户对服务的斤斤计较，而应从心理上不断强化客户的忠诚。例如，银行开始推出自动柜员机 ATM 时，客户抵触强烈。这就需要银行做好宣传工作，以减少客户的心理成本。

总之，各项价值构成要素是客户总价值的增函数，而各种成本构成要素是客户总成本的减函数，良好的客户服务就是要最大限度地降低客户总成本和提高客户总价值。

第二节　客户价值链

一、价值链（Value Chain）

价值链的概念是美国哈佛大学的迈克尔·波特（Michael Porter）提出的，是用来识别创造更多的客户价值的各种途径。在他的《竞争优势》一书中，波特对价值链的概念作了较为详细的阐述。值得注意的是，波特所谓的价值活动是从企业价值创造的角度来说的，并不完全等同于我们这里的客户所感知的价值。

波特认为，每个企业都是用来进行设计、生产、营销、交货以及对产品起辅助作用的各种活动的集合。所有这些活动都可以用图 4－2 表示出来。一个企业的价值链和它所从事的单个活动的方式体现了其历史、战略、推行战略的途径以及这些活动本身的根本经济效益。

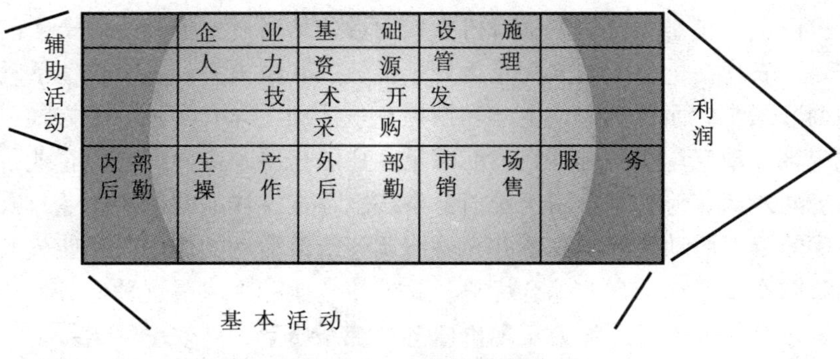

图 4－2　一般的价值链

图 4－2 中九项价值创造活动又分为五项基础活动和四项支持性活动。基础活动是指以企业购进原材料（内部后勤）、进行加工生成最终产品（生产操作）、将其运出企业（外部后勤）、上市销售（市场销售）到售后服务（服务）依次进行的活动。支持性活动始终贯穿在这些主要活动中。采购是指对各项基础活动所需要的各种投入物的采购，每项基础活动都需

要技术开发，所有部门都需要人力资源管理，企业的基础设施涉及由全部基础活动和支持性活动产生的一般性管理、计划、财务、会计、法律和政府有关事物所需要的开支。

波特很强调企业的各项价值活动的有机配合。他认为，企业的基础活动和支持性活动一起构成了企业的价值链系统，它们之间有着各种紧密的联系。企业的任务是检查每项价值创造活动的成本和经营情况，并寻求改进措施。同时，企业的成功不仅取决于每个部门做得如何，还取决于不同部门之间的互相协调。

通过价值链分析，企业将明确如何从价值链上的各项活动着手建立竞争优势。价值链的每个元素代表了应该彻底考察和辨别现有的和潜在的企业可以实现其成本优势或差异性优势方法的一个领域。为了获得差异性，将竞争对手的价值链作一考察是很有必要的。价值链的分析方法主要通过三个方面形成企业的竞争战略。

（一）确定价值链中各价值活动与客户价值活动的联系

客户是企业产品或服务价值的最终批判者，企业只有找出与用户价值最有关的活动，才能够更有效地利用自己的有限资源，去努力增加这些活动的客户价值。企业本身价值活动与客户价值活动的相关程度，就反映了企业竞争能力强弱的程度，这些密切相关之处就是企业的优势所在。

（二）通过企业价值链中各价值活动的相互联系，形成企业的竞争战略

价值链系统是由价值活动有机联系而形成的通过价值链系统产生的竞争战略，表现在价值活动之间是否处于最佳的联系关系和各个价值活动是否协调这两个方面。例如，生产和销售竞争活动之间有多种联系方式，企业就应该发现究竟哪一种方式最能满足客户的需要。推而广之，企业价值链系统同外部其他利益集团的价值链系统也存在这样的问题。企业只有选择最优的价值活动之间的联系并充分协调各价值活动的作用，才能最大限度地获取竞争活动带来的综合优势。此外，企业能否取得这种优势，还取决于是否有较强的管理能力实现价值链系统高质量、高效率的运行。

（三）比较企业与竞争对手的差别，找出强化企业竞争战略的方向

由于影响价值链形成的因素很多，竞争企业之间的价值链很难是相同的。在产业竞争中，每个企业都在力图寻找适宜其生存的价值形成方式，这就是企业的特点或专长形成的原因。与竞争对手的价值链相比较，能够发现自身价值活动的长处和不足，明确巩固、发展和改进的方向。

上面论述的一般的价值链是站在所有的企业角度进行的系统性研究。对于一个企业来说，如何利用具有优势的价值活动形成竞争优势，需要对

价值链进一步分解。实际上，每个基本类型都可以分解为一系列相互分离的活动。例如，市场销售活动就可以分解为下列活动：营销管理、广告、销售人员管理、销售业务、销售渠道管理以及促销管理。当然每一个企业的价值活动都可以细分，形成一个细致而完整的价值链。

对一般的价值链进行分解的程度和方式取决于这些活动的经济性和分析价值链的目的。一般说来，应当坚持以下基本原则：

第一，各价值活动间具有经济内容上的差别性；

第二，这种分解能够使管理者观察到不同于竞争对手的优势价值活动；

第三，这种价值活动应当在成本中占有一定比例，或者虽然成本小，但能形成客户的特色需求，如提供给客户周到而全面的信息服务。

客户服务是一个系统性工程，涉及到企业的诸多方面。企业应当挑选出最能体现客户服务价值的活动进行分析研究，我们可以按照上述要求设计出如图 4－3 所示的客户服务价值链。

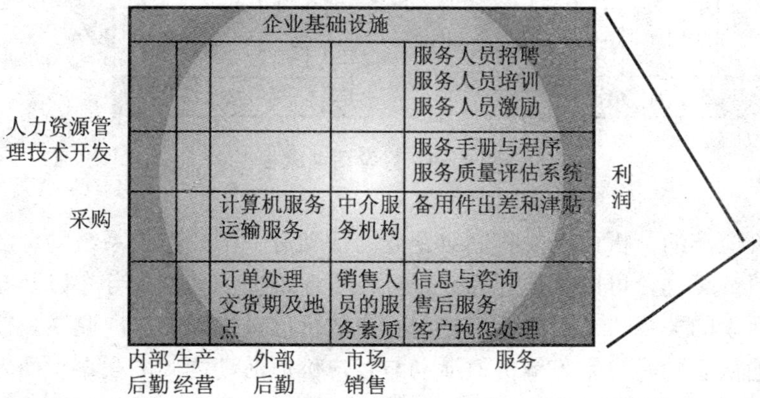

图 4－3　客户服务价值

二、客户价值链

企业的生产经营活动是由一系列企业价值增值活动组成的系统，包括采购、技术开发、生产、人力资源管理、营销、销售、客户服务等。这些活动既相对独立，又存在内在的联系，客户服务离不开其他经营活动的支持。因此，优秀的客户服务，就是整个企业增值的过程。

企业的主要活动都是具有相应价值的，这些活动构成了企业的价值链。企业价值链，首先表现为企业内部的联系和支撑，各种活动相互配合，才能产生价值和利润；其次，企业的活动和上游供货商和下游用户紧密联系，相互影响。显然，供货商、用户的各种活动方式能够直接或者间接地影响企业的成本、利润和竞争优势；同样，企业的各种活动也将对它们产生很大的影响。

因此，从这个价值链的分析来看，客户服务最重要的就是协助客户，使他的价值活动产生更多的价值。因此，对企业来说，良好的服务并不局限于在售后服务的某个方面和细节，而是贯穿整个经营活动的全过程（如图 4-4 所示）。

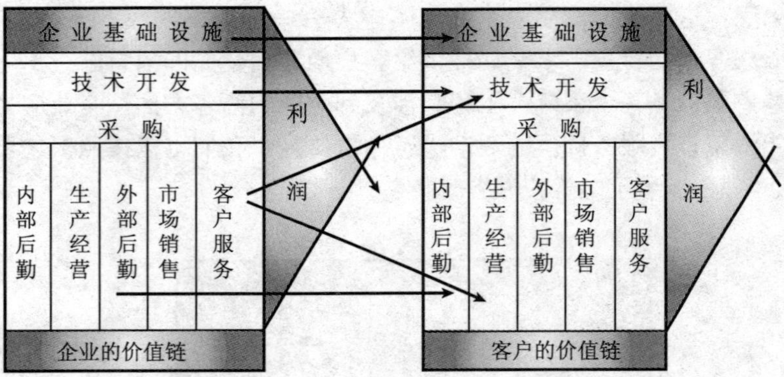

图 4-4 经营活动流程

价值链的分析可以使我们对企业的活动有一个完整而系统的理解。通过价值链工具，可以认识到客户服务在企业价值活动中的分布以及与其他价值活动的关系；企业的价值链与客户的价值链之间的纵向联系，使我们清晰地认识到客户服务等价值活动与客户价值活动之间的联系。而客户服务与企业的价值链内价值活动之间的关系以及它与客户的价值链中价值活动之间的纵向联系是形成服务优势的基础。用户的客户忠诚度在很大程度上依赖于企业在客户服务方面的投入；而价值链又说明服务并不是简单的维修、上门等这些简单初级的行为。

客户服务与企业价值链内部价值活动之间的联系以及它与客户价值链中价值活动之间的联系是形成客户服务优势的基础。调查表明，企业价值增值与客户服务、客户满意、客户忠诚度之间存在更为紧密的关系。其内在逻辑表现为：利润及其增长主要由客户的忠诚度来激发和推动；客户的忠诚度是客户满意的直接结果；客户满意与否在很大程度上受到提供给客户的服务价值的影响；服务价值是由满意、忠诚和富有活力的员工创造的；而员工的满意度则又来源于一个能使员工有效服务于客户的高质量的服务支持体系和相应的员工福利政策。客户服务价值链中的联结环节如图4-5所示。

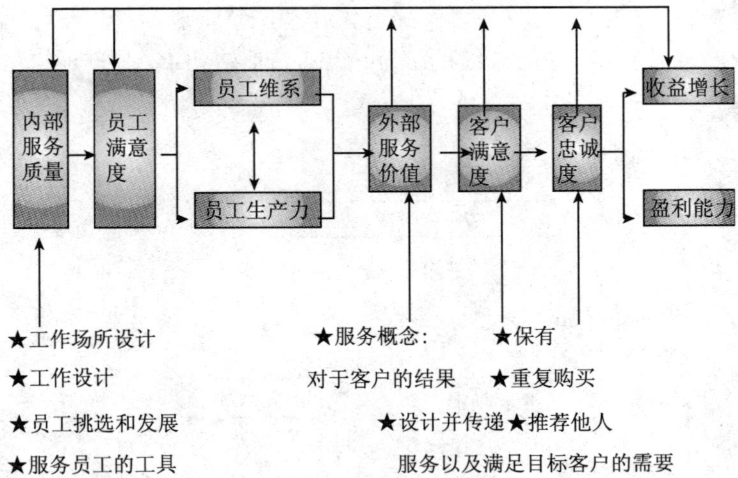

图 4-5　客户服务价值链中的联结环节

三、供应链（Supply Chain）

波特在《竞争优势》一书中将“价值链”的概念引入物流管理，形成了“供应链”概念。供应链（Supply Chain）是指相互关联的部门或业务伙伴之间发生的物流、资金流、信息流、工作流和增值流，贯穿从产品（或服务）设计、原材料和零部件采购、生产制造、包装配送、分销与零售，直到终端客户全过程的一体化。

供应链的活动包括客户需求响应、订单处理、原材料或者在制品存储、生产计划、作业排序、货物运输、产品库存、客户服务等。它们互相关联，优势互补，互相制约，从而获得单个企业所无法获得的优势利益。

从结构上看，供应链是围绕核心企业的网链关系，如核心企业与供应商，供应商的供应商乃至与一切向前的关系，与销售商、零售商到终端客户乃至一切向后的关系。在这个功能网链中，企业只是供应链的一个节点，是产品或服务的提供者，也可能是产品或服务的享受者或消费者。

从运行机制来看，供应链是一个过程，是根据客户订单，通过原材料供应、储存、产品生产、产品送客户的一个信息、资金和物质的流动过程。这个过程的原动力是客户需求拉动，推动力是供应链上的企业协同互动的快速响应。

良性运行的供应链系统可以帮助核心企业随时掌握各销售网点的销售情况，全面掌握所有供应商的详细情况，合理规划异地库存的最佳效益，合理安排进货的批次、时间以及配送，合理调整企业的广告策略和价格政策，及时调整一线人员的服务策略和措施，向供应商、客户提供增值服务（如图 4－6 所示）。

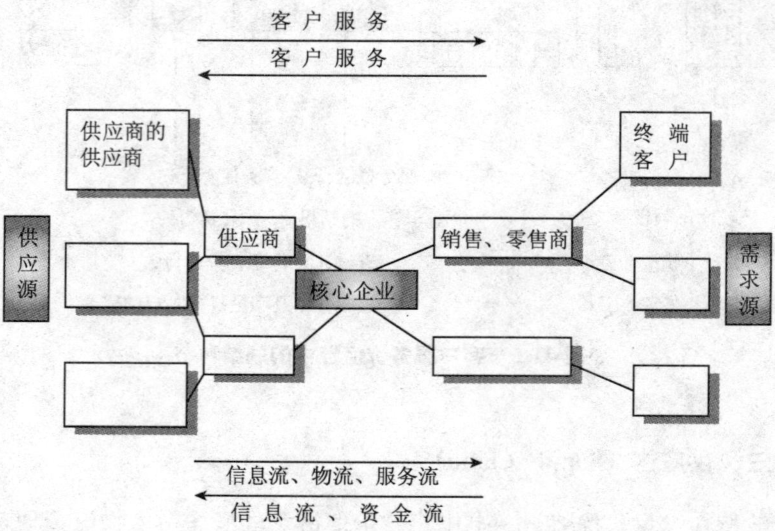

图 4－6　供应链基本模型

供应链管理（Supply Chain Management，SCM）是在客户需求拉动下，为了使得供应链一体化竞争力最强而借助信息技术和管理技术，将供应链上的业务伙伴的业务流程相互集成，从而实现产品设计、原材料采购、产品制造、仓储与配送、分销与零售的集成化、并行化管理，把合适的产品，按照合适的数量，在合适的时间，送到合适的地点以满足客户合适的需要，实现客户价值最大化的管理模式。因此，它的价值在于：供应链中的各个企业通过各自的优势资源的整合，支持供应链的协调运行；而各企业都只抓住具有核心竞争力的业务，对于非核心竞争力业务则谋求与供应链上的其他企业的核心资源进行互补，从而创造更高的价值。

供应链管理模式是以客户服务为价值取向的管理模式，客户需求是供应链运行的起点动力，客户需求的满足是一个过程的终点和企业目标的实现，客户服务的价值甚至超过了产品本身，因此，它提倡企业与供应链中的其他企业通过积极合作与一致性经营而赢得利润；它要求企业首先了解客户的需求，然后根据客户的需求实现快速反应，提供个性化需要的满足，在此基础上通过规模的扩大来提高利润规模，而不是仅仅通过压缩成本开支来机械地增加利润。企业通过现代信息技术使客户订单、库存、销售数据以及其他关联信息从一个企业开放地、自动地流向另一个企业，使企业与企业之间、部门与部门之间信息共享，从而实现企业目标和客户价值最大化。

案例

IBM的供应链间客户管理

供应链间客户管理，其实就是把供应商、生产厂家、分销商、零售商等在一条供应链上的所有节点企业都看成是自己的客户，都联系起来进行优化。如果是生产商的供应链间客户管理，则是使生产资料以最快的速度，通过生产、分销环节变成增值的产品，到达有消费需求的消费者手中。这不仅可以降低成本，减少社会库存，而且使社会资源得到优化配置，更重要的是通过信息网络、组织网络实现了生产及销售的有效连接和物流、信息流、资金流的合理流动。

计算机产业的戴尔公司在其供应链管理上采取了极具创新的方法，体现出有效的供应链管理比品牌经营更好的优越性。戴尔公司的成功为其他电脑厂商树立了榜样，使他们目睹了戴尔公司的飞速成长过程。作为戴尔的竞争者之一，IBM过去倾向于根据库存来生产计算机，由于其制造的产品型号繁多，常常发现在有的地区存储的产品不合适，丧失了销售时机。计算机业面临的另一问题是技术上的日新月异，这意味着库存会很快过时，造成浪费。为解决这些问题，IBM和产业界的其他众多计算机厂商正在改变其供应链，使之能够适应急剧变化的市场环境。

通过实施供应链管理，IBM公司生产的盲目性得到避免。供应链管理系统所带来的益处是：帮助IBM随时掌握各网点的销售情况，充分了解、捕捉与满足客户的真正需求，并且按照订单制造、交货，没有生产效率的损失，在满足市场需求的基础上，增进了与用户的关系；能全面掌握所有供应商的详细情况；合理规划异地库存的最佳水平；合理安排生产数量、时间以及运输等问题；合理调整公司的广告策略和价格政策；网上订货和电子贸易；可随时把电脑的动态信息告诉每一位想了解的客户；并减少了工业垃圾和制造过程对环境的破坏。

第三节　优化价值链

如前所述，客户价值链是一种表明利润、客户、员工和公司四者关系的链。其内在逻辑如图 4－7 所示。

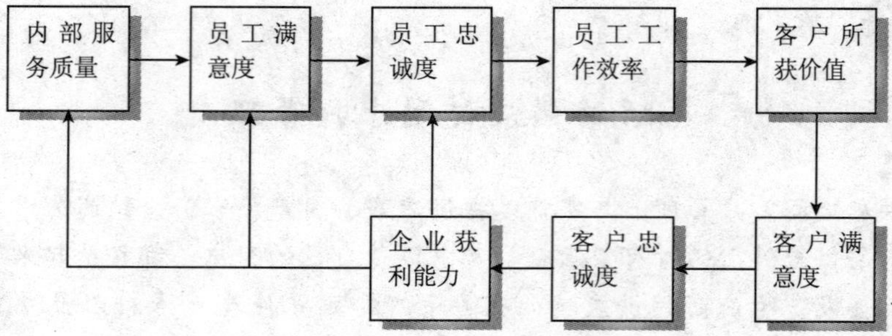

图 4－7　客户服务价值链的内在逻辑

企业获利能力的强弱主要是由客户忠诚度决定的；客户忠诚是由客户满意度决定的；客户满意是由客户认为所获得的价值大小决定的；价值大小最终要靠工作高效率、对企业忠诚的员工来创造；而员工对企业的忠诚取决于其对企业是否满意；满意与否主要应视企业内部是否给予了高质量的内在服务。

下面着重讨论如何优化客户服务价值链上的每一个环节，从而在整体上表明客户服务价值链是如何在企业运作中发挥其内在功效的。

一、提高客户忠诚度

现代营销理念倡导以客户为中心的价值观，认为“假如你对客户好，他就会对你好，会再来光顾。如果他们喜欢你，就会多花钱。这样，你会对他们更好。来来往往，形成良性循环。”从中透视出这样一个令人信服的客户服务理论：不要计较客户一次花多少钱，你应当做的就是努力提供服务，确保一个又一个终身客户。客户忠诚度的提高能大大促进企业活动能力的增强。研究发现，企业 80％的利润来自占总数 20％的忠诚客户。

另外，调查还发现，忠诚客户每增加5%，所产生的利润增幅可达25%到85%。因此，可以说，忠诚客户的多少在很大程度上决定了市场份额的“质量”，它比以实际客户多少来衡量的市场份额“规模”更有意义，营销管理人员应该将提高客户忠诚度作为营销的首要任务。

二、客户满意度决定客户忠诚度

客户之所以对某企业的产品或服务表现出忠诚，首先是因为它对企业提供的产品和服务满意。美国一位经济学家在大量调查的基础上，科学归纳出一个公式，称为1：25：8：1，即一个满意的客户，可以影响25个消费者，并诱发其中8个人产生购买欲望，而当中至少有一个人采取购买行为。客户满意强调从客户需求出发，打破企业传统的市场占有率营销模式，建立起一种全新的“客户占有率”的营销导向。因此，企业的全部经营活动都要从满足客户需要出发，以提供满足客户需要的产品或服务为企业的责任和义务，以客户满意为企业的经营目的。

三、客户服务价值决定客户满意度

客户满意度是由客户所获得的价值决定的。如前文所述，客户服务价值是客户服务总价值与客户服务总成本之差。由于客户在购买商品和服务时，总希望把有关货币、时间等成本降至最低限度，而同时又从中获得更多的实际利益，以使自己的需要得到最大限度的满足。因此，客户所获价值越大，其满意度也就会越高。企业应尽量提升产品、服务、人员和想像价值，而降低客户为购买产品或服务所耗费的时间、精力、体力以及货币成本，从而实现客户服务价值最大化。

四、员工效率提升客户服务价值

客户服务价值的提高源于企业员工效率的提升，价值是由人来创造的，企业员工的工作效率决定了客户服务价值的表现。一个高素质的员工能够弥补由于物质条件的不足可能使消费者产生的缺憾感；而素质较差的员工则不仅不能充分发挥企业已有的物质设施上的优势，还可能成为客户拒绝再消费企业服务的主要缘由。

五、员工的忠诚度是创造高效率的前提条件

员工忠诚度高，对企业发展的信心强，工作的积极性较高，工作效率自然较高。在服务营销组合中，处理好人（People）的因素，就要求企业

必须根据服务的特点和服务过程的需要，合理进行企业内部人力资源的组合，合理调配好一线队伍和后勤工作人员。以一线员工为“客户”，以向客户提供一流的服务为目的，开展好企业内部营销工作。客户对其以服务质量评价的一个重要因素是一线员工的服务素质和能力，而要形成并保持一支素质一流、服务质量优异的一线员工队伍，企业管理部门就必须要做好员工的挑选和培训工作，同时要使企业内部的“二线”、“三线”队伍都围绕一线队伍的优质服务提供更好的条件这一中心展开。只有为一线员工创造了良好的服务环境，建立了对企业的忠诚，进而才能转化为对客户服务的热忱，通过较高的服务质量赢得客户对企业的忠诚。

六、员工的忠诚度取决于员工对企业的满意度

员工对企业的满意度包括工作条件、企业文化、待遇、机会等多个方面。近年来，日本一些企业的经营思路和经营方式有了一个新发展，即在客户满意（Customer Satisfaction，CS）的基础上，把员工满意（Employees Satisfaction，ES）列为一条重要标准。它们认为，客户满意的企业并不能保证就一定是卓越的企业。理由是一些企业虽然令客户满意，但有时却是用牺牲员工权益的方式来达到的。这样的企业事实上也难长期坚持令客户满意。因此，要成为卓越企业，必须同时是内部员工满意的企业。日本企业所要求的员工满意，目前主要有四项基本要求：一是改变员工工作时间长的现状，缩短工作时间，注意劳逸结合；二是关心女性员工的福利；三是注意培养青年员工；四是照顾好中老年员工和身体有残疾的员工，做好环境保护和社会服务。

七、企业内部服务质量决定员工满意度

促使员工对企业满意的主要因素一般包括两个方面。①企业提供的外在服务质量，如薪金、红包、福利、舒适的工作环境等，这些是员工能实际看到的。但员工在满足了基本生理、安全需求之后，对自我价值的实现，对互相尊重的要求便会被提出，因此，企业提供的内部服务质量便显得更为重要。②内部服务质量是指员工对工作及同事所持有的态度和感情。若员工对工作本身满意，同事之间关系融洽，那么这种内部服务质量是较高的。所以，企业应尽力为员工营造一种和谐温馨的人际关系环境，在为内部客户——员工的服务过程中，提倡团队精神和合作态度，鼓舞员工士气，使员工满意，从而更好地服务于客户，为企业创造高价值。

第四节　延伸价值链

一、超值服务

现代企业已经不满足于“让客户满意”，而是“让客户惊喜”，以超值服务的理念营销自己的产品，使客户对企业的服务感到意外，超越他们对企业的期望，让客户真正地认可，从而在激烈的市场竞争中不断发展，将是企业全新经营战略和成功的保障。运用超值服务理念要实现 7 个超越，即超越客户的心理期待、超越常规、超越产品的价值、超越时间界限、超越内外界限、超越部门界限以及超越经济界限。

（一）超值服务的任务

超值服务是贯穿科研、生产、销售全过程的，也就是说要“以客户为导向”，向客户提供最满意的产品和最满意的服务。超值服务是由售前超值服务、售中超值服务和售后超值服务三个子系统构成的服务体系。这三个子系统是相互关联、互为条件的，并共同来完成超值服务的任务。

1. 售前超值服务就是要按严格的要求和规范，做好售前培训、售前调研、售前准备和售前接触四大环节的工作。

2. 售中超值服务就是服务人员与客户进行交流、沟通和洽谈的过程。主要包括操作规范、语言规范和姿势规范。

3. 售后超值服务主要实行一系列服务，如服务制度、客户沟通制度、员工服务规范、事前培训制度和奖惩制度来实现。

（二）超值服务的延伸和发展

1. 提供超值质量服务

（1）以超值服务的理念，将质量管理同生产过程联系起来，建立严格的质量奖惩制度和严格的质量管理体系，在经济责任制中明确每个部门、每位员工都应承担各自的质量指标，严格贯彻实施国家质量标准，组成严密的质量网，即企业内部的客户服务网。这种管理模式体现了企业内部也是一个社会，也需要不折不扣地实施超值服务工程。

（2）充分考虑客户的利益，加强销售过程质量管理，即超值服务管理。具体做到：对咨询维修服务人员的工作质量，按照经济责任制进行严格考核，所有服务中心都应严格落实咨询纪录、维修纪录，建立客户档案制度；同时紧靠客户，重视对质量信息的搜集，及时反馈到质管部门，质管部门每日将反馈信息进行数据汇总处理，为质量控制提供依据。

（3）把质量控制同提高员工的素质结合起来，重点抓员工质量意识的提高。根据质量管理的特点，采取集中与分散相结合、专业与岗位相结合、重点与一般相结合、理论与实践相结合的形式，对不同岗位的员工采取不同的培训方式，提高全体员工的质量意识。超值服务是一个系统工程，要求企业全体部门、全体员工，在追求客户满意这一共同目标的基础上，全部投入到“超值服务链”上。这是服务链式企业运营的一条主线，各部门都必须在超值服务这一认识上统一起来，团结协作，在超值服务的旗帜下，统一行动，为客户创造超值价值。

2. 关注优质客户价值

在营销过程中，企业不仅要对客户进行量的分析，还要对客户进行质的分析。有些优质客户可能消费量并不大，但他们可以产生较大的影响。比如国内实力巨大的著名企业或国际知名的跨国公司能成为供应商或客户，那么，企业在市场推广、企业形象设计、公共关系等方面能获得难以估计的潜在“利益”，所以企业应该努力争取到一些有影响的优质客户，作为企业营销的资源。向优质客户提供最好的服务，这里以3M公司为关键客户的订货为例。为了兑现完美订货的承诺，该公司实行了各种意外事故保障措施，以便在主要供货地点缺货时，能够获得所需的存货来完成关键客户的订货。这些保障措施包括从次要的储备地点将存货转移出来，以及在世界范围内搜寻该公司其他仓库中的存货。一旦这些应急措施就绪，立即利用溢价运输服务来安排直接递送。甚至在特殊情况下，该公司还会借用已出售的货物来供给这些关键客户。这样做的目的就是要保证在任何情况下都能兑现承诺，从而吸引和稳定优质客户。

二、敏捷物流

敏捷物流是以创造客户价值最大化为目的的一种提高时间效益的物流管理方法。这种方法的核心是基于供应链一体化的快速响应、准时采购、集约库存和合理配送服务。合理采购、合理生产、合理配送、合理服务是供应链环境下保证客户服务质量的必要条件，其中合理采购和合理配送是保障，因为在客户需求拉动下，客户需求拉动的形式是订单驱动。订单驱动使供应与需求双方都围绕订单运作，这样就要求生产、物流、客户服务实行准时化、同步化运作。要实现同步化运作，采购方式就必须是并行的，当采购部门产生一个订单时，供应商即开始着手物品的准备工作。与此同时，采购部门编制详细的采购计划，制造部门也进行生产的准备过程，当采购部门把详细的采购单提供给供应商时，供应商就能很快地将物资在较短的时间内交给客户。当客户需求发生改变时，制造订单又驱动采购订单发生改变。这样一种快速的改变过程，如果没有准时的采购和配送方法，供应链企业很难适应这种多变的市场需求，因此，合理化采购和配送又增加了供应链的柔性和敏捷性，保证了准时生产和准时服务的实现，这是敏捷物流实现的一般过程。

（一）快速响应

快速响应，是基于供应链管理而产生的一种客户服务方式，是指在供应链一体化环境下，为了实现共同的目标，供应商、生产商、销售商协同为客户服务的一种市场营销机制。

20 世纪 80 年代中后期，快速响应在大型制造企业及商业行业得到普及，其中，沃尔玛的实践具有代表性。沃尔玛在实施初期，主要采用 POS 系统和 EDI 系统来建立垂直性的快速响应系统，通过 EDI 系统发出订货明晰清单和受理付款通知，提高订货速度和准确性以及节约相关事物的作业成本。随着电子化商务的发展，它又与行业内的其他商家一起成立了 VICS 委员会来协商确定行业统一的 EDI 标准和商品识别标准，提高快速响应能力。沃尔玛在此基础上利用统一标准设计出 POS 数据的输送格式，通过 EDI 系统向供应商传输 POS 数据。基于沃尔玛的数据，供应商可及时了解沃尔玛的销售状况，把握商品的需求动向，并及时调整生产计划和材料采购计划。在向沃尔玛发货之前，供应商预先将发货清单传输给沃尔玛，以便它做好进货准备，从而使沃尔玛的配送中心及时运转起来。目前，沃尔玛更是将零售店的进货和库存管理的职能转移给供应商，从而实现了库存的工作流管理和零库存管理，将快速响应延伸至供应商，从而使客户服务一体化。

（二）准时采购

准时采购，是建立快速响应系统的关键环节，其基本思想是：根据客户需求，在合适的时间、合适的地点，以合适的数量、合适的质量提供合适的物品，满足生产和销售的物流管理方法。从企业的角度讲，它是从准时生产发展而来的，是为了消除库存和减少浪费产品成本，提高产品质量，从而使客户价值最大化的物流管理策略。目前，准时采购不仅仅是用于生产制造企业，同样适用于营销型企业，是一种可以广泛使用的物流管理方法。物流管理专家认为，实施准时采购应做好如下几方面工作：创建准时化采购团队、制定科学明确的计划、建立与优质供应商的伙伴关系、进行试点工作、搞好供应商的培训、实现配合准时化生产的交货方式以及不断改进运作绩效。

（三）集约库存

集约库存，是一种在供应商管理库存的基础上发展起来的风险分担的库存管理模式，是为了降低供应商管理的库存过大所承担的风险和规避零售商设立库存而导致的库存成本过大的风险。传统的区域中心的职责就是完成本地区的铺货、收款、结算、广告、促销，而对库存则倾向于大容量，因为大库存并不需要预付款，所以不会增加资金周转压力，相反地，大库存还会起到融资作用，提高资本收益率，甚至大库存还能起到制约供应商的作用。这种状况使供应商的风险异常加大。因此，供应商为了改变这种状况：①应当将库存作为资本核算，建立起利益共享、风险共担的合作机制。②建立合理的库存成本与运输成本分担机制，将供应商全责转化为各区域中心的部分责任，各区域中心同样依次类推，加强对各网点的成本管理。③总部作为供应商从库存实物管理的职责分离出来，从企业发展的战略高度，将库存管理、物流管理、营销管理、生产管理和客户服务衔接起来，形成供应链一体化的客户服务体系。

（四）合理配送

合理配送，是一个系统的物流管理工程的一个环节。现代企业为了将克服库存过大、避免库存过时的损失与保证需求平衡起来，普遍采用了降低库存、缩短提前期、加强配送速度合理化的策略，合理配送管理就是这种策略的重要方法。高效率的合理配送应该在供应链一体化的背景下进行规范和实施：①合理配送规划，包括标准化建设、合理化途径的选择、合理化制度建立、合理化方案的制定、合理化配送与订单处理、库存管理衔接、合作伙伴选择与管理、配送体系构建与管理等多方面内容；②标准化建设，包括采用国际标准、国家标准和行业标准加强标准的统一和规范；③合理化制度建立，包括合理配送管理规定、处理程序、与物流管理中的其他职能的衔接与协调，合理化组织、运作、监督、考评等；④合理化方案制定，包括资源筹措、实施时间、地点、方式、要求、状况的规定，订单处理、出入库管理、货物交接、运输工具、途径、运行线路等方面的具体制定；⑤合作伙伴选择与外包服务管理，包括选择合适的优质合作伙伴，对外包服务的管理与监督等重要环节的严格把关。

三、外包服务

在全球化竞争的经济环境下，社会分工越来越细，许多大企业，特别是跨国公司，都纷纷把部分附加领域外包出去，从而专心于其核心领域的生产与研发。这种“外包资源”的做法，在国际上一些巨型企业中十分盛行，如向外界谋求资源，它们向外购买服务、信息、专才、行销等资源已司空见惯。如今，在美国，每十家企业就会有三家将其一半的制造业务假手于人。调查发现，一些向外界谋求资源的企业，收入比不向外界牟取资源的企业高出22%，营业额也高出25%。信息技术的广泛应用，更推动了外包服务的迅速发展，而物流外包服务以其专业化的水平极大地增加了企业客户的自身价值。目前，第三方物流与第四方物流是物流外包服务的主要形式。

（一）第三方物流

第三方物流（Third Party Logistics，TPL），即“第三方服务的提供者”，它不仅包括仓储、运输和EDI信息交换，也包括订货履行、自动补货、选择运输工具、包装与贴标签、产品组配、进出口代理等，因此，它实际上成为了一个围绕物流展开的全面服务中心。

第三方物流与传统物流相比，有明显的优越性。如：第三方物流整合一个以上物流功能，从而使物流成为一种集约化作业，提升了物流在企业管理和客户服务中的地位；第三方物流一般不保有存货，但可以通过供应链优势将库存安排在运输途中，从而使供应链成为响应客户服务的流动仓库；第三方物流商投资和管理运输设备和仓库等，提高了专业化服务程度，改善了双方的资产状况，为企业规避了重复投资所带来的资本风险；第三方物流可以提供全部的人力资源和管理服务，可提供特殊服务，如存货管理、生产准备、组装、集运服务，从而降低了人力资源成本，减少了管理环节，提高了管理效率，增大了客户服务价值。

（二）第四方物流

第四方物流（Fourth Party Logistics，FPL），是由埃森哲公司首先提出并作为专有的服务商标进行了注册。John Gattorna认为：第四方物流供应商是一个供应链的集成商，它对公司内部和具有互补性的服务供应商所拥有不同资源、能力和技术进行整合和管理，提供一整套供应链解决方案。

第四方物流的目标是提供一整套完善的供应链解决方案，通过集成管理咨询和第三方物流服务商的能力，并根据客户价值最大化原则来实施解决方案的制定，使供应商、制造商、销售商和客户构成的供应链通过流程再造，进一步提高一体化程度，从而加强核心竞争力，形成整体性服务优势。第四方物流充分利用了众多的服务提供商的能力，包括第三方物流、信息技术供应商、合同物流供应商、呼叫中心、电信增值服务商等等，再加上客户的能力和第四方物流自身的能力来共同满足企业广泛而又复杂的需求。可以说，第四方物流是通过其对整个供应链产生影响的能力来实现创造增值价值，从而提供提高客户价值的一种高效率的服务方案。

四、虚拟价值链

创造价值的过程长期以来被描述为联结在一起形成价值链的多个阶段。传统的价值链由一系列阶段组成，这些阶段从内部后勤开始，以销售给客户而结束。虚拟价值链传统地被认为是信息支持的物质部分，从而产生附加价值，而信息本身并不作为一种价值来源。例如，管理者用关于库存水平的信息去控制这个过程，但是他们几乎不用信息本身为客户创造新价值，可是对于有成就的服务企业来说已经不再是这种情况了。例如，联邦快递公司现在通过让客户在国际互联网上的该公司站点，使用它们的信息数据库来追踪自己的包裹。现在客户能通过输入邮件号码确定在传送中的包裹，甚至确认投递包裹时的签名。这种方便的跟踪包裹的方式不仅为其客户创造了附加价值，也成为该公司区别于其竞争者的标志。

为了用信息创造价值，管理者必须看到市场空间。尽管市场空间的价值链能反映到市场上，但是增值过程必须首先搜集原始信息，进行加工，最终传递。由于创造价值的步骤是通过使用信息来完成的，所以该过程是虚拟的。在虚拟价值链的任何一个阶段创造价值分为五个活动：搜集信息、整理信息、筛选信息、综合信息和传递信息。对于一家有实物出售的企业来说，这个过程用图 4－8 可以描述出来；对于许多服务企业来讲，只能用虚拟价值链来表示。

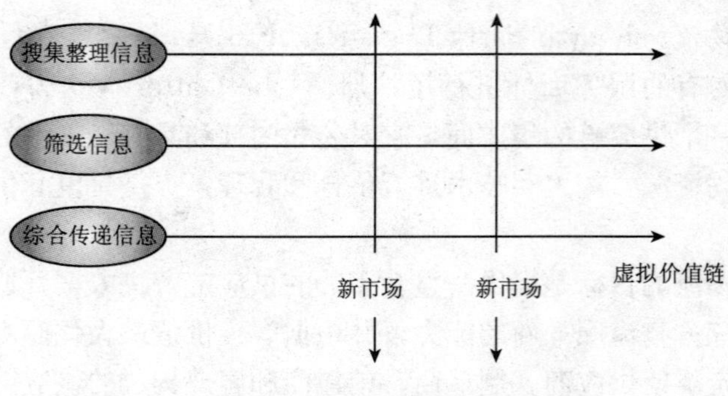

图 4－8　开发虚拟价值链

例如，为军官提供金融服务的美国汽车服务联合会（USAA）已经通过开发虚拟价值链而成为世界级的竞争者。USAA 是作为一家汽车保险公司起步的，过了一段时间，该公司利用它的信息系统（已安装用来自动处理其保险销售和保险业的核心业务的系统）掌握了大量关于其客户的重要信息。与传统的保险公司不同的是，USAA 没有销售人员，公司所有业务都是通过电话和邮件处理的。因而，USAA 有一个完备的数据库和习惯进行较少的人及接触就能办理保险业务的客户服务系统，也就是说，客户愿意接受技术创新。随着数据的积累，USAA 能够作出客户风险组合和订制的政策。通过分析从虚拟价值链中获得的信息流，USAA 设立了面向特殊客户需求的业务，如户主保险、互助基金等。最终使该公司成为一家羽翼丰满的金融服务公司。

附：专论摘要

现代企业需要掌握的价值流三要素

［美］菲利浦·科特勒

一、如何实现客户价值最大化

（一）经营一家“以客户为中心”的公司

企业已了解到，拥有客户要比拥有产品、工厂或设备更有价值。如耐克已不自行生产运动鞋。企业不再认为客户只会购买其中一项产品。相反地，企业正建立起产品线，以便能交叉出售多种产品给目前的客户。对于客户经理而言，其中的挑战在于：了解客户的想法，以及安排适当的产品搭配。

（二）把重心放在客户价值和客户满意度上

从短期来看，企业常常可借助高压式的推销手法，赚到更多的钱。为了尽快成交，许多销售人员常常会言过其实。但此种战术会导致客户失望、客户流失率增加以及高昂的新客户开发成本。明智的企业会开发出名副其实的品牌，它们会更进一步持续地追求新价值，并将之纳入客户的活动与满意度之中。

（三）发展出能呼应客户偏好的渠道

虽然客户希望能以不同的方式来取得产品，但企业常常会保留与保护某种形式的渠道。举例而言，许多人希望能不必到汽车经销商处购买汽车，而是通过目录邮购的方式，就像是订购一台戴尔电脑一样。然而，汽车公司却在经销权上大举投资，此举有碍于建立起直接销售的渠道——因为这会与公司的经销商抢生意。但当消费者对公司施加的压力越来越高时，只要有一家公司揭竿而起，向现有的渠道挑战，改变将会成为一股难以抗拒的力量。就长期来看，客户在渠道上的偏好，终将取得上风。

（四）以营销记分卡来发展并管理企业

最高管理阶层基本上是凭借财务记分卡来引导企业的方向，也就是该公司的损益表和资产负债表。但企业绩效是在市场上活动的结果。企业如果够聪明，应该准备一份“营销记分卡”，用于追踪那些以市场为基础的变数，例如心理占有率、客户满意度、客户折损率、相对的产品品质，它可提醒管理阶层注意到即将面临的企业挑战和机会。

（五）以客户的终身价值来获取利润

企业必须突破以销售为惟一目的的思考窠臼。它们必须考虑客户的终身价值，也就是期待可从该客户身上获得多少未来利润。它们必须思考，如何才能在某一类别中，与某位客户做成更大笔的生意。所以，企业的目标在于：为客户带来更长期的价值，并因此创造出与之维系更久的客户。

在数字经济之中，竞争优势多衍生自关系资本，而较少衍生自传统的实体资本。企业放在增加每位客户业务量上的重心，并不亚于力求增加市场占有率的重心。企业所掌握的市场占有率高，未必等于拥有许多忠实的客户。事实上，企业有可能会在维系市场占有率的同时，却忍痛牺牲或替换了相当大百分比的客户。而企业一旦把重心放在扩大客户占有率上，企业必须重新界定其产品组合、服务组合、渠道组合以及沟通组合。明智的企业会表现得像是用心栽培花草的园丁一样，而不是扮演狩猎者的角色。

二、踏踏实实培养核心能力

当今企业，核心能力是第二个推动要素。大部分的公司都经营三种不同的业务：产品创新和商业化的业务、客户关系的业务以及运营和基础构架的业务。而在数字经济的背景下，每一种业务都需要不同的技术。企业的心态已大大不同，从“规模变大”和“变得更好”，转变为“速度变快”和“变得与众不同”。

（一）将他人能做得更好、更快或成本更低的活动外包出去

没有公司具有如此优异的能力，能自行执行所有的活动。亨利·福特时代——想要拥有并执行所有制造汽车的流程，包括制造轮胎、座椅和玻璃——已告结束。企业现在愿意把非核心的活动，交给更具执行效率的外包厂商处理。

（二）以全世界的最佳实物作为标杆学习的对象

企业至少要以竞争者的绩效水准，来衡量本身绩效。但企业也可以借由观察其他产业中的某些享有盛名的公司，而从中获益匪浅。例如，企业可学习3M公司的创新精神；迪斯尼如何训练服务导向的员工；联邦快递后勤运送的流程以及班恩邮购如何做到完善的客户服务等等。

（三）不断创造出新的竞争优势

哈佛商学院的迈克尔·波特教授，鼓励企业应发展出持续的竞争优势。每一家企业当然都想要达成这种竞争优势，但在这个变动快速的世界中，任何竞争优势都无法长久持续；竞争对手很快便能复制你的竞争优势，因此而降低了竞争优势的力量。然而，企业可以通过认知并回应不断改变的客户需求和价值，来让自己能够持续为客户寻找并创造新价值。

（四）以管理各种流程的跨部门团队来经营企业

数百年来，企业都是通过各种不同的部门来执行各项活动。各个不同功能部门的专业化，创造出了部门的效率，却也造成部门间的沟通协调不良以及权力冲突。迈克尔·汉姆和詹姆士所著的《改造企业》一书，最大的贡献就是把我们的注意力从企业各个不同的功能部门，转移至企业各个不同的流程之上。与功能部门相比，流程所包含的范围较大，而且更为重要。此外，流程还可以传递出客户所重视的结果。流程包括：新产品的发展流程、订货付款流程以及增加并留住客户的流程。流程通常需要两个以上部门的投入。企业应创造出负责管理和执行各项流程的跨部门流程团队，以便能顺利地投客户所好。

（五）同时涉足“集市”和“市场空间”

今天，各企业都已体会到发展网站所带来的优势。网站能提供有关该公司的资讯，并推广其产品服务。有些公司甚至把网站转变为直接销售的渠道。然而，过度依赖零售商的企业，比较缺乏通过网络来进行销售的空间。零售商当然不欢迎其供应商通过网络来抢生意，零售商可能会威胁要停止销售该公司的产品。即使企业决定不把网络当作是一种销售渠道，至少也要把“市场空间”用于采购、人员招聘、培训、内部沟通以及搜集资讯之上。

三、建立持久可靠的合作伙伴网络

今日市场的第三个推动要素，便是合作网络。合作网络包含了企业以及与企业之间存有商业上的互利关系的股东。在新经济中，竞争越来越不是存在于企业之间，而是存在于合作网络之间。能够建立起较佳合作网络的企业，会从中获益匪浅。

（一）把重心放在力求各种利害关系人利益的平衡之上

企业存在的目的，便是为了满足股东的利益。但企业正逐渐认识到，要为股东提供服务，首先必须要充分满足利害关系人的需要。小比尔·马利欧特是这样做的：首先要让员工感到满意，接下来他们才会让我们的客人满意，而满意的客户会经常回来光顾，而这又会让利害关系人口袋满满的。假如你让你的客户、员工和合伙人感到满意的话，利润自然会跟着来。

（二）慷慨酬谢企业的合作伙伴

企业曾一度认为，只要付给员工、供应商和经销商的钱越少，那么自己就会赚到最多的钱。然而，时至今日，我们都了解，只有员工、供应商和经销商拿到的钱越多，他们便会工作得越卖力，最后会使得市场大饼变得更大。许多很赚钱的公司，对于合伙人都很大方。

（三）只与较少数的供应商来往，并把他们转变为合作伙伴

传统上，企业偏爱向数家供应商采购，以使他们相互竞争该公司的业务。在此种过程中，企业可从供应商处取得让步，并压低成本。然而，企业却未能意识到此种做生意方式的高昂成本：企业必须密切注意每家供应商的动态、各家供应商不同的产品品质，而且由于供应商知道自己随时可能遭到撤换，所以便不会在必要的设备上大举投资。最后，企业终于开始体会到供应商“贵精不贵多”的好处：企业可把那些数目不多但不错的供应商，转变为合作伙伴。这些供应商会大手笔投资在生产设备之上，而且会参与产品的设计决策，即使在货源青黄不接的时期，他们在供货上也不会出纰漏。

——摘自《中外管理》2002年第10期《开拓市场3大要素》一文

第五章　客户服务质量管理

本章提要

1. 客户服务质量的概念和内容
2. 客户服务培训
3. 客户服务的设计程序
4. 客户服务的实施步骤
5. 服务质量管理
6. 客户投诉管理
7. 客户服务质量的差距模型
8. 改进服务质量的思路、步骤和措施

随着科学技术和企业管理水平的全面提高，客户购买能力的增强和需求趋向的变化，企业越来越意识到服务在其开发和可持续竞争优势上有着巨大的潜能。可以说，21 世纪的竞争是服务竞争，服务将成为竞争的新焦点。因此，如何有效地管理服务，如何有效地发展和推广服务，如何有效地提高客户服务的质量，就成为企业管理人员面临的新的重大课题。

第一节　客户服务质量的概念

一、客户服务质量的定义

刘易斯和鲍姆斯把“服务质量”定义为“一种衡量企业服务水平能够满足客户期望程度的工具”。

派拉所拉曼认为“服务质量较有形产品的质量更难被消费者所评价”。

雷蒙德·P·菲斯克、史蒂芬·J·格罗夫等人指出，服务质量最好被称作感知质量，并被定义为服务达到或超过客户期望的程度。有人据此提出这样一个关于服务质量的公式：

服务质量＝服务满意度

＝所提供的服务－所期望的服务

＝感受到的服务－所期望的服务

另有某个研究小组曾经花大量时间来研究直觉对服务质量的重要性。他们认为，客户的直觉取决于服务的下述五个特性：

可触性：服务场所、设施设备、服务人员及通讯设备的外观。

可靠性：精确地、可靠地进行所承诺的服务的能力。

响应性：愿意帮助客户并迅速提供服务的积极态度。

保险性：雇员的知识、礼仪以及他们能够使客户感到放心的能力。

感情投入：对客户个性化的关心和注意。

在诸多说法中，最典型、最有名的当属芬兰学者格鲁诺斯教授提出的“全面感知服务质量（Perceived Service Quality）”概念，即他将服务质量定义为客户的主观感知。格鲁诺斯的感知服务质量如图5－1所示。

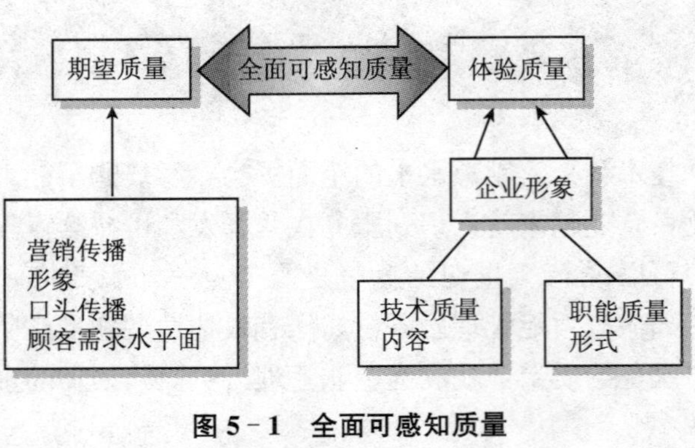

图5－1　全面可感知质量

从图5－1可以看出，客户最终感受到的服务质量，即模型中的全面可感知质量，取决于期望质量与体验质量的差距。简而言之，如果客户实际感受到的体验质量与期望质量基本相符或高于期望质量，则客户认为企业的服务质量较好；反之，则认为企业的服务质量较差。其中，体验质量受到技术质量、职能质量和企业形象的影响。技术质量是指服务结果的质量，也就是客户在与企业的接触中得到了什么；职能质量指服务过程的质量，也就是客户是如何与企业相互接触的。

技术质量的高低直接影响客户对体验质量的评价。由于客户参与服务过程，客户与企业之间必然有着多层次多角度的接触。在交互过程中，服务的时间、地点，服务人员的仪态仪表、服务态度、服务方法、服务程序、服务方式等，即客户与企业交互的方式，都直接影响到客户对企业服务质量的评价。此外，服务质量的好坏还受到企业形象的调节。一个在客户心目中树立了良好形象的企业，即使在与客户的接触中出现了差错，客户也会不以为然，认为是偶然失误，大可原谅；反之，如果一个企业在客户心目中建立的形象是管理无方、漏洞百出，那么，任何微小的、偶然的失误都会在消费者的不满情绪上火上加油，直至闹得臭名昭著。企业形象的这种原谅过失、放大过失的正反面作用，被格鲁诺斯称为“过滤器作用”。

二、影响期望质量的主要因素

（一）企业完全控制的供方营销传播，如通过各种大众媒体做的广告、直接邮寄、公关工作、促销活动等。

（二）企业间接控制的口头信息传播，主要表现在客户购买和消费企业的产品或服务时，或在亲朋好友之间的宣传介绍。

（三）企业间接控制的企业形象塑造，即整个企业的整体形象和在某一地区的局部形象塑造得如何，对客户的期望质量会发生影响。

（四）客户对企业产品或服务的需求水平，即客户越需要企业的产品或服务，就越容易放松对企业产品或服务的期望质量要求。

由于“全面感知服务质量”这一概念集中反映了服务质量的特性，使服务质量与有形产品质量区别开来，因此，得到各国学者的普遍认同，并成为以后各国学者进行相关研究的基础。

三、客户服务质量的特征

从对服务质量定义的描述中，可以看出客户服务质量具有以下几个方面的特征：

一是标准性和动态性。服务质量的优劣是对特定服务对象而言的，同样的服务，不同的客户对它的评价往往具有很大差异。统一的质量标准不可能适应所有客户的要求，而且，对服务态度、服务方式等不可能规定定量指标，只能用指示性与限制性相结合的服务规范加以约束。

二是对服务人员素质的信赖性。服务人员为客户提供服务，这种特殊商品的生产和消费是同时完成的，服务质量的现场控制几乎完全依赖服务人员的素质。

三是短暂性。服务是由一次次具体活动构成的，每一次活动结束，其服务的质量就留在客户的心中，如果质量极差将无法进行修补。

四是起伏性。认真一抓，服务马上提高；稍一松懈，服务质量就立刻降低。

五是综合性。服务质量综合性的特点主要表现在：定量方面如服务设施设备、服务环境、服务人员、服务材料、等待时间、服务时间等。定性方面如卫生、安全性、可靠性、方便程度、舒适性以及服务能力、服务态度、服务方式、服务人员的应答能力、胜任程度、可信性、准确性、完善性、周到性、知识性、文明性等。

六是窗口性。服务是一个企业的窗口，是企业文化的外在表现。透过这个窗口，可以看到一个企业的精神状态和文明程度。

综上所述，服务质量涵盖了客户对服务生产过程、服务的效用感知认同度的大小及对其需求的满足程度等一系列综合复杂的内容。服务产品的质量水平并不完全由企业所决定，而是同客户的感受有很大的关系。即使是被企业自认为是高水平高标准的服务，也可能不为客户所接受和喜爱。因此，从某种意义上说，服务质量是一个主观概念。“所谓服务质量，完全是消费者的说法，消费者认为某种产品或某项服务的质量怎样，那就是怎样的。”（布泽尔）当客户重复地感受满意的服务时，即他们对所有服务特征的期望都得到满足或超额满足时，他们把整体服务感知作为高质量。

第二节　客户服务的培训

一、员工培训

越来越多的以客户为导向的企业认识到在员工为客户提供服务的短暂过程（理查德·诺曼称之为“真实瞬间”）中，员工行为事关重要。因此，这些企业越来越注重对员工的培训，目的在于使接触客户的员工能更加积极主动，富于创造性地为客户提供优质服务。对于那些不与客户直接接触的员工同样也应加强培训，根据“内部营销”的观点，这些员工也是为“客户”服务的，只是这里所说的“客户”是前线员工。

（一）员工培训的意义

在众多的关于人的问题中，居于关键地位的就是有关教育训练的方面。对员工的教育和训练是一个不断的、密集的、全面的过程——这也是那些在服务方面居于领先地位的公司的一大特色。美国花旗银行曾经研究过若干个服务领先的公司，发现这些公司每年都会从利润中拿出1%～2%的比例，来作为第一线员工、管理人员、高层主管的培训经费。

对于培训而言，教育和训练是两个含义不同的名词。“教育”对员工的心理层面建设多于实务方面，也就是“提供优质服务的价值和态度的社会性训练”；“训练”是指对员工的实务层面的内容多于心理层面，也就是“执行工作职务的技术性培训”。员工的教育和训练相辅相成，缺一不可。员工培训的课程自然会因为职位的不同而有所差异。但无论怎样不同，都少不了心理方面的教育和技能上的训练两个方面。

对公司来说，对为客户服务的员工进行全面的教育和训练，具有重要意义：①争取员工的支持，增强企业的凝聚力；②完善整个公司范围的服务质量标准；③使公司员工学习和掌握服务质量技能和原理；④让所有的员工相信关心客户是他们的工作；⑤强调不同角色的员工在整个公司计划中的重要性，特别是那些不直接和客户打交道的员工；⑥提高企业每一个在职员工的参与意识、积极性和自觉性。

（二）培训实施原则

1. 培训过程阶段化。分层次、分阶段、有计划地逐步进行，循序渐进、不断深入。

2. 培训目标系统化。客户教育的总目标是提高客户对产品或企业的认知度和品牌忠诚度；公司员工教育培训的目标是提高全体员工的总体素质。培训目标必须明确而系统，既体现针对性又注意员工素质的全面提高。

3. 培训内容丰富化。涉及文化知识、管理科学、高新技术、法律法规等方面，在此基础上增加相应的特殊内容，不能把目光仅限于岗位培训技能或管理知识的单一方面。

4. 培训工作经常化。员工培训应成为公司一项长期的战略措施，持续不断地开展。

5. 培训形式多样化。通过多种形式、广泛利用计算机网络、有线电视广播等现代化教育手段，使得整个培训变得生动活泼。

（三）培训具体内容

1. 培养员工有关客户服务的全局观念，而不是从狭隘的角度去培养员工与客户搏弈。这方面的内容主要是企业文化和价值观培训，前提是企业应当有良好的企业文化氛围和正确的价值导向。

2. 让员工熟悉组织中其他部门的运作，使员工能够回答关于其他部门位置之类的问题或响应客户需求正确地指引有管辖权的职能部门。一旦员工需要与企业内部进行协同作业时，也有利于准确到位。这方面的内容主要是企业组织结构和管理制度的培训。

3. 培训适当的决策技能，使员工明确掌握企业的授权，而不是当客户需要时推诿，或者滥用承诺。这是服务技能培训，传帮带和现场培训是主要办法。

4. 产品知识和企业背景知识培训，产品知识和企业背景知识的培训是必不可少的。前者是客户服务的一部分，特别是一线员工在面对客户咨询、答疑和进行口碑宣传时至关重要；后者是培养员工对企业认同感的必修课，因为没有认同感的员工不可能为客户提供优质服务。

值得注意的是，公司在进行培训时，培训内容要与培训对象相适应。

• 高级总裁。应该让高级总裁接受客户导向管理策略的教育和训练，学习必要的技能，以推动并塑造客户导向型企业文化，带动全体员工为客户服务的心理和意识。

• 各级经理。他们需要接受客户拥护、积极授权、团队精神、教育咨询等方面的培训，以便了解他们的角色和综合组织规划的必要技能。

• 一线服务人员。一线服务人员应该学习帮助客户、解决客户问题，把客户的需要放在第一位的态度、策略和技能。这些人经常有这样的感觉："这不关我的事"、"不要来烦我"、"我有自己的事要做"等。这种感觉会转化成为赶走客户的态度和行为。因此，需要在培训的过程中弱化这些感觉，同时强化为客户服务的意识。

• 公司的其他成员。要让他们记住个人在整个客户服务过程中的重要性，并表明优质服务将给公司以及他们自己的职业所带来的好处。这有助于得到公司所有员工的帮助和支持。

（四）培训方案选择

为提高服务质量所进行的培训，其方案的选择，可以从小处入手，让它随着自身的成熟逐渐扩展。有以下几种方案可供参考：

1. 工作现场面对面培训

这种培训一般是在经理、主管人员以及各个员工之间一对一展开的。可以设计一个周密的培训计划，强调3～4个关键的问题、思路，也包括经理想让员工理解并运用的那些新政策。

2. 角色培训

一般在一个事先设置好的教室里展开，由一些员工饰演客户，另一些员工仍扮演自己的角色——服务提供者。让员工切身体会一下客户的思想、感情和反映，对于全面把握客户真正之所需是很有帮助的。

3. 小组在岗培训

这种培训经常用于经理和高层主管人员等层次中，可以包括现行政策、新的思想、新的制度的快速审核，以使其效果更好。

4. 研讨会

研讨会可以持续一个半小时或一周。无论这种研讨会由谁来主办，公司内部的培训者也好，公司外部的培训咨询专家也好，高层管理人员也好，还是能在工作小组里充当培训员的高级员工也好，研究的结果都应该予以重视。

5. 经理培训班

这类培训可以由若干个班构成，由高层级经理人员对工作班组、部门、分支、单位的专业经理人员提供培训。这种培训也能在短时间内获得大量材料。

6. 主管人员培训班

这种培训班也由一些高层业务主管人员为分管某个班组、某个部门、某个分支、某个单位的专业主管人员提供培训。由直接上级来教课和给予培训，对一些一线员工来说，要比由公司经理提供培训更感舒适些。

7. 一线骨干员工培训班

如果已经向一线员工授予了一些权力，就不妨挑选一些骨干来充当其所在工作班组的培训员。这样做，员工就可以向同事学习并接受培训，从而感到更加亲近。

8. 外部培训顾问培训班

聘请外部专业培训人员的好处之一，使他们能经常以一个旁观者的身份俯瞰企业所存在的问题，而对这些问题企业人员可能还没有察觉。而且这些专家还可能把提高服务质量的许多成套先进方案提供过来，这些单靠哪个人都是难以实现的。

二、客户培训

雷蒙德·P·菲斯克等在《互动服务营销》一书中指出，正确选择客户并为他们参与服务过程提供培训，皆属保证服务质量的关键环节。正像一些戏剧产品的观众有责任通过遵守一系列规范来参与舞台演出一样，服务的客户也有义务遵守一些基本的规范和条例。作为观众的一部分，客户不仅要避免毁坏其他客户的服务体验，而且要努力使台上演员发挥出其最佳水平。

在有些情况下，客户是作为服务的重要而具有战略意义的组成部分。当客户与服务组织及其员工发生广泛的直接接触时，客户居于服务过程的中心；除此之外，当服务具有自助特征时，客户决定着服务的产出与效果。当提供的服务需要高度个性化时，客户的重要性亦相当显著。接受此类服务的客户，必须向服务提供一些正确的信息，如有关客户特殊需要或要求的信息，以使服务提供人员作出令客户满意的服务表现。最后，当公司同时迎合大量客户需求时，与客户相关的事宜亦相当重要。不管是共享服务设施，还是同一时间试图享受同一服务，其他客户的存在及其行为都会显著影响客户对服务提供人员的满意程度。

客户培训的主要方式有现场促销讲解、客户咨询答复、客户疑义解答、回访、赠送宣传海报、在与客户的活动中传授知识，等等。

客户培训应该把握如下要领：

内容专业化：无论是产品介绍、口碑宣传、促销等向客户进行培训时，内容一定要科学、严谨，不可随意。

规则程序化：销售人员不能想到哪里就介绍到哪里，先介绍什么、后介绍什么，在不同环境下面对不同客户时应该怎样介绍应严格规范。

客户培训不能灌输，而应在互动中使客户感知、领悟、掌握培训内容。如果条件容许，通过合适的情景和活动来开展培训，效果会更好。

客户培训是宣与销的统一，以宣传、介绍等培训方式增进企业与客户的关系。

第三节　客户服务的设计、实施与管理

为了提高服务质量，保证服务特色，增强服务的竞争能力，企业必须关注客户服务蓝图的设计、实施和管理。

一、客户服务的设计

客户服务设计就是制定最好的客户服务计划。企业在设计客户服务的具体内容时，应充分考虑企业本身的实力情况、消费者的需求、竞争环境，在此基础上，按以下程序设计服务内容：

（一）对消费者进行问卷调查

了解用户最希望本企业提供什么样的服务，这是设计服务项目的一个首要步骤。例如对钢琴、家具、冰箱等笨重商品开展送货上门服务，对空调器、热水器等开展上门安装服务，对电脑进行短期技术培训，都是消费者迫切希望提供的服务项目。许多企业虽然向用户提供了一定的服务，但没有切中用户内心最迫切的需求，所以花了大量的金钱和人力，仍没有达到预期的目的。

（二）对竞争对手所能提供的服务进行调查

了解竞争对手服务的优势和弱势，对于其优势，企业应该同样满足；对于其弱势，企业更应该通过提供此方面的服务来予以满足，以差别化服务来确立企业的优势。另外，还可参考借鉴国外同行企业采取哪些服务内容和服务形式。

（三）了解本企业能提供多大财力用于客户服务改进

要掌握好服务费用与服务效果之间的函数关系，才可作出服务项目的选择。

（四）设计服务项目

根据上述调查，设计本企业具体的服务项目。服务项目内容、服务的深度要与产品属性、消费者的需求、企业实力、竞争环境相适应。

（五）服务项目要精练

最好把多个服务项目用一种简单易记、容易给人以深刻印象的形式精练地概括出来，使其成为广告口号，成为打动消费者购买本企业产品的一个重要因素。如荣事达集团的“三大纪律、八项注意”服务行为规范、小天鹅的“一二三四五”服务体系、小鸭集团的“六七八九十”超值服务工程等。

（六）服务承诺

服务项目中必须包含具体的服务承诺，如保修年限、三包期限、维修收费标准等。承诺少了，打动不了消费者，没有市场竞争力；承诺多了，增加企业成本费用负担。可将国内同行企业服务承诺的内容、承诺期限、收费标准等用一个表格一一列举出来，供企业决策层讨论时决定取舍。

二、客户服务方案的实施

客户服务方案的实施指的是将客户服务的书面计划转化为具体行动的过程。这个过程可能由一名职员在一天内完成，也可能需要高层管理人员系统地、持之以恒地去完成。从管理的角度来看，制定优良的方案是客户服务实施的基础，而有效的实施是使书面方案转化为实际的优良服务的必然途径。

客户服务方案的实施具体包括以下步骤：

（一）招聘员工

一线员工必须拥有优良的个性和出色的技巧。由于经常面对客户，他们需要在相貌、风度、音质和性格等方面接受挑选。

（二）培训员工

首先使其具备特定工作所必需的技能；其次，在仪容、礼节及语言方面进行培训；另外，要学会遇事不惊、能快速果断地处理紧急事务。

（三）引导客户

向客户提供文字信息和现场标志，专门设立客户咨询部门或专门设立咨询电话，使客户在遇到困难时便于寻求帮助，使客户明白如何使用服务。

（四）教育所有员工

所有员工都应当把那些爱提意见、爱发牢骚的客户看做是信息反馈的源泉、服务改进的原动力，不厌其烦地解决他们遇到的困难和抱怨。有时需要利用内部营销来改变员工的不满态度。

（五）标准化的反馈系统

使用标准化的格式来回答客户的征询，处理客户提出的意见，可以将他们很容易地输入计算机，从而既便于了解目前客户服务水平和不足之处，还能将那些客户服务部门不能处理的疑难问题向有关专家请教。

（六）制定合理的价格

高质量的客户服务并不意味着无偿服务，合理的价格一方面能给企业带来盈利，另一方面也能抑制某些客户的不合理行为。当然，价格需要合理，即客户有能力并且愿意承担，其保证条件是提供优质服务。

（七）利用中介机构

将一些服务项目给公司以外的中介机构来完成，信息传达可能会更快，也更便宜。

（八）激励

千方百计为客户提供更多服务，从而使公司的盈利获得增长。像许多零售企业，对某些选定的客户群推荐他们可能会感兴趣的一些新产品。利用热情、诚恳的服务提醒他们又该做美容或者进行健康检查了，以及出现了哪些服务手段可供他们选择，使客户乐于接受这些服务提示。

(九) 定期评价

量化标准必须具体到客户服务的每项细节，并利用多项量化指标进行衡量和评价。另外，客户的意见需要定期搜集，搜集的办法是给所有客户发一份评议表。那些享受过高水平服务的客户就会写些赞词，而遭受过低水平服务的客户就会写些怨言，这些赞词和怨言正是企业客户服务的长处和不足，企业可以发扬长处，改进不足，从而不断提高客户服务水平。

(十) 鼓励先进

客户服务人员的出色表现应得到认可和支持，他们在工作中的积极性与创造性应给予物质奖励和精神鼓励。由于高层管理人员与客户缺乏接触，职员从客户那里反馈回来的意见或者自己根据经验提出的一些建议都应受到高度重视。

(十一) 修正错误

对于那些表现不佳的职员，可以视其具体情况采取重新培训、调换岗位和解聘等方式进行修正。另外，应改善工作环境，重新安排职责，修正支持系统。

三、服务质量管理

客户服务管理是战略问题。搞好客户服务管理，不只是进行一次精彩的促销活动，也不只是投入一笔巨大的广告费用；不只是靠培训一两个优秀的服务员，也不只是靠一两笔较大的订货合同，而是如何建立一种客户服务制度。

(一) 客户服务管理的意义

1. 从现有客户中获取更多客户份额

忠诚的客户愿意更多地购买公司的产品和服务。忠诚客户消费，其支出是随意消费支出的 2～4 倍。而且随着忠诚客户年龄的增长、经济收入的提高或企业本身业务的增长，其需求量也将进一步增长。

2. 减少销售成本

吸引新客户需要大量的费用，如广告投入、促销费用以及了解客户的时间成本等。但维持与现有客户长期关系的成本会逐年递减。虽然在建立关系的早期，客户可能会对企业提供的产品或服务有较多问题，需要企业作出一定的投入，但随着双方关系的进展，客户对企业的产品或服务越来越熟悉，企业也十分清楚客户的特殊需求，所需的关系维护费用变得十分有限了。

3. 赢得口碑宣传

对企业提供的某些较为复杂的产品或服务，新客户在作购买决策时会感觉有较大的风险，这时他们往往会咨询企业的现有客户。而有较高满意度和忠诚度的老客户的建议往往具有决定作用，他们的有力推荐往往比各种形式的广告更为有效。

4. 服务人员忠诚度的提高

这是客户维系策略的间接效果。如果一个企业拥有相当数量的稳定的客户群，也会使企业与服务人员形成长期和谐的关系。在为那些满意和忠诚的客户提供服务的过程中，服务人员会体会到自身价值的实现，而服务人员满意度的提高反过来也会导致客户服务质量的提高，使客户满意度进一步提升，形成一个良性循环。

（二）客户服务管理的内容

麦克唐纳和皮格特（1990）年曾经指出，客户对于质量的看法不仅仅只是从最初的产品或服务中获得的满足感。他们对于提供基本需求的公司的看法还包括在最初的电话中是怎样回答他们的提问、送货时间的安排方法、操作方法是否清晰和有帮助以及发票是否及时和准确。显然，如果要使客户感到愉悦，质量管理必须得到延伸。

1. 客户管理

客户管理提供对所有客户和所有客户事件的综合查询与管理。包括以下三点：

（1）客户档案管理：包括完整记录单位信息，联系方法，目前所使用产品的情况，对本公司产品、服务的评价等；联系人资料，例如姓名、职务、生日、婚姻家庭情况、兴趣爱好、关系等级等。

（2）客户服务管理：管理客户需求、购买记录、服务记录、客户关系状况等动态信息，并提供充分的客户状况分析。

（3）合同管理：记录合同的客户、产品、收款计划与实际情况等关键信息。

2. 销售管理

销售管理可以帮助企业有效挖掘潜在销售机会，分析与管理现有机会，提升销售成功率。销售管理包括以下四点：

（1）任务管理：对经过认定的销售机会进行委派、跟踪；相关任务的执行历史和销售进程的显示。

（2）记录客户的购买意向信息：单位、联系人、意向产品/服务、购买金额、购买紧迫程度、需求特点等。

（3）接触管理：销售人员与客户的接触计划，接触的时间、地点、方式、联系方式、接触对象以及客户接触内容与结果的描述（含对客户的拜访，电话联系等）。

（4）电子促销与催款：购买感谢信、电子催款单，开展邮件促销。

3. 竞争对手信息管理

为决策人员、市场人员提供详细的竞争对手资料和基于这些资料的分析，有利于决策人员、市场人员根据对手的竞争战略及时采取相应的对策。

竞争对手的信息应该包括竞争厂商名、产品名称、产品价格、产品的功能、产品的优缺点、服务特色、竞争对手的策略等。

（三）服务质量管理模式

1. 产品生产模式

美国著名企业管理学家莱维特在20世纪70年代初期提出“服务工业化”观点。他认为，服务企业管理者应从工业企业引进流水作业法，对服务人员进行合理分工，并使用现代化设备（硬技术）和精心设计的服务操作系统（软技术），取代劳动密集型的服务工作，进行大规模生产，提高劳动生产率和无形产品质量。

许多学者将某种服务的质量看成这种服务的有形属性和技术性的质量，他们认为管理人员可以通过生产体系客观地控制无形产品的质量。因此，所有服务企业都采用生产管理模式，提供标准化的服务，广泛使用“实绩标准”进行服务质量管理。

产品生产模式可以使管理人员容易确定服务质量标准，从而衡量和控制服务质量。但是，这种模式是否行之有效，却是由以下两个假设条件为前提的：管理人员能全面控制投入生产过程的各种资源和生产过程中使用的各种技术；管理人员规定的服务质量、消费者感觉中的服务质量和消费者行为之间存在着明显的对应关系。

在面对面服务过程中，这两个条件并不存在。通常，服务属性很抽象（例如热情、友好、方便、迅速等），企业完全能够控制的属性也非常少。服务过程会受消费者情绪和服务环境等因素的影响，而服务企业几乎无法控制这些因素。在服务过程中出现某种差错，会使消费者对一系列服务属性产生不良的影响。消费者感觉中的服务质量是由他们与企业短暂的交往过程决定的。因此产品模式存在以下缺陷：①把服务属性看成可以观察、可以测量的有形属性；②不能表明服务过程和消费过程相统一的特点；③把不同时间、不同场合、不同服务人员为不同消费者提供的不同服务等同起来；④消费者的行为往往不是合理的经济动机激发的，而是由他们的特殊习惯、心理需要和社会习俗指导的。产品生产模式不能反映这一特点；⑤只强调企业内部组织结构和管理人员规定的服务结果，忽视企业外部因素和消费者的感觉。

2. 客户满意程度模式

美国著名营销学家奥利文提出的“期望与实绩”模式是应用最广泛的一种消费者满意模式。模拟这一模式，如果客户感觉中的服务质量超过他们对服务质量的期望，他们就会感到满意；如果他们感觉中的服务质量不如期望，他们就会不满；如果他们感觉中的服务质量与期望相符，他们既不会满意，也不会不满意，会感到“不过如此”。

根据客户满意程度评估服务质量，管理人员不仅应重视服务过程和服务结果，更应分析、掌握客户的看法及服务过程中影响服务人员与客户相互交往的心理、社会和环境因素。客户满意程度研究极大地加深了管理人员对服务质量的理解，促使他们重视服务质量的动态性、主观性、复杂性等特点。但是，客户满意程度模式也存在一些缺点：①片面强调客户满意程度，使企业不易兼顾客户的利益、员工的利益、企业利益与企业的社会责任。忽视有关环境因素的影响，当客户不了解企业之间的竞争，或当他们轻信某一企业广泛宣传的服务属性和企业形象对该企业的服务感到满意，这种满意就不是真正的满意。②根据客户满意程度研究服务质量，要求管理人员将注意力从服务过程和服务结果转移到客户的心理感受。这样，客户满意程度模式实际上仍然将服务过程与消费过程分隔开来，并未克服产品生产模式的特点。③不易测量消费者的主观看法。在客户满意程度研究中使用的许多测量方法，实际上仍在测量客户对服务的另一种静态、客观、有形的属性，而并不是测量客户对服务质量的主观评价。

3. 相互交往模式

许多营销学家和企业管理学家指出，面对面服务的核心是客户和服务人员的相互交往。因此，企业管理人员应根据相互理论、角色理论等相互交往理论分析面对面服务，指导面对面服务设计和管理工作，以便提高面对面服务的质量。

（1）影响面对面服务的质量的主要因素

①服务程序。在客户与服务人员相互交往过程中，与服务工作有关的行为方式是由企业的标准操作程序规定的。

②服务内容。包括客户和服务人员需完成的任务与需满足的生理需要和心理需要。

③客户和服务人员的特点。服务人员的特点、态度、技能和行为方式

是企业训导的；客户的特点、态度、技能和行为方式受其文化、经历等因素的影响，与客户对服务的熟悉程度、期望等因素有关。双方的行为方式与主观感觉也是面对面服务的要素。

④企业特点和社会特点。企业客户管理人员的主要管理方法是做好服务管理工作，企业的组织结构和企业文化应适应优质服务的要求，管理人员应支持、指导、激励服务人员提供优质服务。

⑤环境和情绪因素。环境和情绪因素包括有形环境和服务时间，也包括与客户有关的特殊情况。

面对面服务质量是由上述各个因素共同影响的结果。因此，管理人员往往无法通过预先确定的服务质量标准做好服务质量管理工作，而必须通过对上述各个因素的优化组合，间接地做好服务质量管理工作。

(2) 面对面服务质量的层次

美国波士顿大学克劳斯博士认为，面对面服务质量是由协调、完成任务和满意三个层次组成的。

①协调。优质服务的首要条件是企业服务人员和客户之间的礼节性行为和感情交流。

②完成任务。优质服务的第二个条件是客户和服务人员都能完成各自的任务，实现服务的目的。

③满意。客户和服务人员都会根据自己的期望评估满意程度。

上述三类不同的服务质量管理模式适用于不同类型的企业，但都无法普遍适用于企业的服务活动。在实际工作中单纯地套用某一种模式通常并不适合具体的服务质量管理工作，企业应在借鉴某一种适用模式的基础上，分析服务特点、客户行为方式及各影响因素，对服务质量管理过程的各个环节采取相应的管理办法。

四、客户服务设计、实施和管理过程中应注意的问题

第一，设计服务内容时，除必须规定具体的服务项目、承诺、收费标准外，还应具体规定服务人员的语言规范、行为规范、着装规范、服务技术规范等。

第二，服务人员的行为规范应分作两类：一类是绝对不能违反的纪律，如接受吃、请、卡、拿、要，与客户顶撞等；另一类是需要注意做到的，但没有做到或因客户原因不能做到，不予过分追究，如上门准时、进门换鞋、修理后为现场做清洁等。这样松紧适度，既能满足客户需求，服务人员也便于执行，规定过严或过宽都是不合适的。

第三，建立服务质量监控体系，对服务人员的服务质量进行跟踪检查监督，奖惩分明，使服务真正落实到实处。

第四，做好实施服务的配套工作，如服务人员的调配、服务机构的设立、服务机构的房地产基本建设、服务人员的培训、服务人员的现代化通讯手段和交通工具、与有关业务单位的协调工作等。

第五，对已付诸实行的服务内容，必须通过各种方式广为宣传，使目标消费者家喻户晓，才能迅速收到效果。有的企业不注重这方面的宣传，虽然提供了优质服务，却不能很快产生效果，因为很多人不知道，主要原因是广告宣传跟不上。

第六，服务可以是有偿的，也可以是无偿的，但应以无偿服务为主。如果把服务当做盈利手段，往往因小失大，得不偿失。

第七，承诺的服务内容一定要兑现，否则，卖方的信誉会毁于一旦，接踵而来的是市场占有率急剧下降。

第八，服务人员在理念上必须有一个彻底的转变，用“全心全意为人民服务”的精神去对待客户，才能收到最佳效果。正如“联想电脑售后服务人员行为规范”中指出的：“一切为了客户，为了一切的客户，为了客户的一切，是我们遵守的工作理念。”

第九，客户服务是一项系统工程，服务质量的高低在很大程度上取决于人员素质、设备素质、技术素质、企业的财力，所以要使服务行之有效，关键是提高企业的核心竞争力，提高企业的整体观念素质。

第十，企业对内部的售后服务部门管理极为重要。如果管理不善，漏洞很多，必然会被人当做一块肥肉，想方设法损公济私，甚至内外勾结，挖企业的墙脚。因此，必须选派清正廉洁、精明强干的干部主管企业的售后服务部门，并建立严格的规章制度，照章办事，才有可能堵塞漏洞，防止腐败，减少企业损失。

第十一，有少数私心较重的消费者会钻企业服务的空子，把不属于企业责任的产品事故推到企业头上，要求退换或赔偿；有的甚至把破旧的同类产品拿来冒充企业产品要求退换。应事先估计到这种情况发生的可能性，采取有效措施加以防范。

第四节　客户投诉管理

在客户服务体系中，客户投诉管理是最为重要的内容，因为它不但可以纠正市场营销活动中出现的失误和偏差，补救和挽回给客户带来的损失，而且可以提高企业和新产品的信誉，维系原有客户，吸引新客户，从而击败竞争对手，占领更大的市场。企业要想方设法比竞争者做得更多、更快、更好。在这方面，摩托罗拉公司为现代企业树立了良好的榜样。该公司有两句话值得深思：我们不关照客户，别人会代劳的；投诉是客户送给企业的礼物。

一、客户投诉的原因

客户投诉产生的根源多种多样，有主观因素和客观因素的影响，但一般而言有三个基本原因：低于期望的质量；低于期望的服务；高于期望的价格。具体表现为：

（一）客户的偏见、成见或习惯

偏见、成见往往不合逻辑并带有强烈的感情色彩，靠讲道理的方法难以消除由此而生的投诉，在不影响销售的前提下，要尽可能避免讨论偏见、成见和习惯问题。在无法避免的情况下采取一些方法，把话题引向别处，或予以委婉说明。

（二）客户的心境不良

在此种情况下，客户可能是提出种种投诉甚至恶意投诉，借题发挥大发牢骚。企业应尽量避免正面处理此类投诉。

（三）客户的自我表现

有些客户为表现自己知识丰富、有主见而会提出种种问题。服务人员要予以理解，并注意采取谦虚的态度耐心倾听。否则，很容易刺伤客户的自尊心和虚荣心，引发客户投诉。

（四）商品方面存在问题

当商品本身品质不良、功能欠缺、价格不适当等，或者有关商品销售证据不充分时，客户自然会提出种种投诉。对源出于此方面的投诉，服务人员应实事求是地予以处理；销售商品时则及时提供更多的证据；品质不良反应设法改进等。

（五）服务员方面存在不足

当服务员服务不周、销售礼仪不当、销售信誉不佳、提供信息不足时，产生客户投诉也就不足为奇。为杜绝此情况，服务人员和零售店应在树立现代销售观念，树立良好形象等方面作努力，以改进工作，取得客户的优先信任和好感。

二、重视、鼓励与解决客户投诉

许多研究客户的报告指出，购买者在时间上约占25%左右。但是只有5%的人投诉。另外的95%或者认为投诉不值得，或者他们不知道怎么样和向谁投诉。在这5%的投诉中只有大约50%的问题得到圆满解决。而满意地解决客户问题是十分必要的。一般来说，当客户感到满意时，会告诉3个人；当客户感到不满意时，至少会告诉11个人。如果扩展开来，这11个人再去讲坏话，则坏话的传播就会指数般地上升。

另外，得到满意解决的投诉者往往会比没有不满意的客户更容易成为企业的忠诚客户。登记在册的34%的重大问题投诉者，在问题解决后会再次购买公司的产品，而小问题投诉者的重购率达52%。如果公司迅速地解决投诉，则重购率将在52%（大问题投诉者）和95%（小问题解决者）之间。

塔克斯（Tax）和布朗（Brown）发现那些乐于听取客户投诉的公司，能够比那些不注意倾听客户投诉的公司获取更多的收入和更多的利润。塔克斯和布朗也发现能够有效地解决客户投诉的公司有以下的特点：

第一，制定和发展员工的雇用标准和培训计划。这些标准和培训计划充分考虑了雇员在碰到公司服务或产品使客户不满意时应该做的善后工作。

第二，制定善后工作的指导方针。目标是达到客户公平和客户满意。

第三，去除那些使客户投诉不方便的障碍，建立有效的反映机制。包括授权给一线员工，使他们有权对公司有瑕疵的产品和服务向客户作出补偿。

第四，维系客户和产品数据库。这样公司可以分析客户投诉的类型和缘由并且相应地改善公司的政策。

因此，鼓励客户投诉对企业非常重要。企业可以设立免费投诉电话，还可以建立激励投诉的制度。比如，有服务企业专门设立投诉基金，实行有奖投诉。如果到了年末基金未用完，则作为奖金发给未被投诉的员工。这种制度的好处，一是鼓励客户投诉，二是鼓励员工提高服务质量，减少客户的投诉可能。

鼓励投诉是被动措施，服务企业还需要主动了解客户的反应和可能的不满意。企业的调研部门应将客户满意度调查、客户流失原因分析等列入工作范围，采取切实可行的措施征求客户意见，并向管理部门提出改进工作的建议。

在尽可能短的时间内圆满解决投诉问题，对企业十分重要。企业有必要建立专门的负责投诉和解决问题的客户服务部门，赋予该部门必要的权力并取得所有其他部门的合作。

投诉必然发生，但如果处理得当，如果弥补损失使客户感到愉悦，坏事也会变为胜利。抱怨的客户往往希望再给企业一次机会。正如卡特怀特和格林（1997）所指出的，毫不抱怨便离开的客户实际是说“再见”。他们在说：“你让我失望，你便不会再有机会了。”那些抱怨的客户实际是说“你好”，他们的意思是：“你让我失望，但我想再给你一次机会为我弥补损失。”

三、处理客户投诉的决策模型与 C-SMART 标准

罗杰·卡特怀特［英］在《掌握客户关系》一书中介绍了商业机构中客户投诉的解决与决策模型和处理投诉必须遵循的 C-SMART 标准（见图 5－2）。

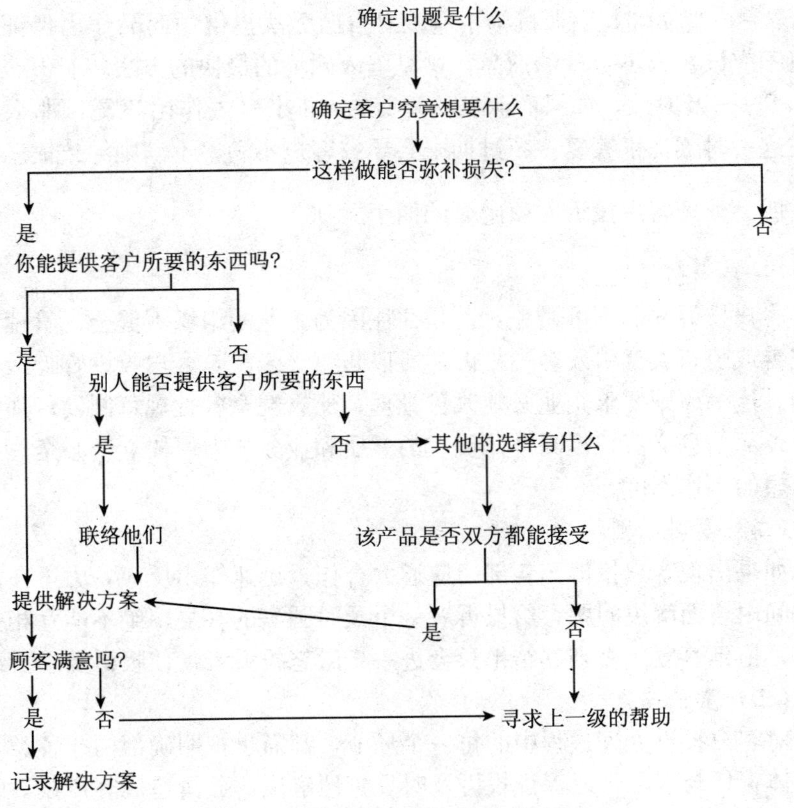

图 5－2　客户服务中的解决问题/决策模型

C——Customer，即以客户为主导，处理投诉应该主要优先考虑客户而不是商业机构。

S——明确性，客户应该感觉到他们被当做一个个体在对待。使用标准化的信件可能非常有用，但商业机构必须确保客户能感觉到自己的独特性。

M——可衡量性，客户应该感到对问题的回答和补救措施在量上已达到标准，不论是在金钱方面还是不在金钱方面。回答太低调，客户可能觉得受了骗；回答太高调，客户可能会奇怪还有什么地方出问题了。哈里斯发明了“积极努力”一词，他认为回答太过热情同不够热情一样糟糕。对一位不满的客户反应过于强烈可能会使他提出“还有什么地方出了问题”的询问。

A——意见一致性，不论解决方案是什么，都应该在客户和商业机构之间达成一致。由一方或另一方强加的解决方案几乎总会惹人讨厌，一个满怀不满的客户几乎总是会离开的。

R——现实性，商业机构不应该对自己无法提供的商品作出保证，客户也不应该要求不合理的商品，这是陷入困境的最快的方法。

T——及时性，如果商业机构保证在48小时内作出答复，那么就应该在这一时刻提供答复。超过期限会导致客户不满，不满则导致愤怒。

四、处理客户投诉时须遵循的四个原则

（一）预防原则

客户投诉并非不可避免，而是往往因为企业的组织不健全、管理制度不完善或疏忽大意引发客户投诉，所以防患于未然是客户投诉管理最重要原则。这一原则要求企业必须改善管理，建立健全各种规章制度；加强企业内外部信息交流，提高全体员工的素质和业务能力；树立全心全意为客户着想的工作态度。

（二）及时原则

如果出现客户投诉，各部门应通力合作，迅速作出反应，力争在最短的时间内全面解决问题，给投诉者一个及时圆满的答复，绝不能互相推诿责任，拖延答复。否则其结果只会进一步激怒投诉者，使投诉要求升级。

（三）责任原则

对客户投诉处理过程中的每一个环节，都需重视明确部门、各类人员的具体责任与权限，以保证投诉及时妥善地解决。分清造成客户投诉的责任部门和责任者，分清客户投诉得不到及时圆满解决的责任。为此需制定

出详细的客户投诉处理规定，建立必要的投诉处理机构，制定严格的奖惩措施。

（四）记录原则

记录原则是指对每一起客户投诉都需要进行详细的记录，如投诉内容、投诉处理过程、投诉处理结果、客户反映、惩罚结果等。通过记录，可以为企业汲取教训、总结投诉处理经验、加强投诉管理提供实证材料。

五、客户投诉处理流程

一般来说，企业处理客户投诉的流程包括以下10个步骤（见图5-3）。

（一）道歉

让客户知道，因为给客户带来不便而抱歉。即使这并不是你的过错，也不管这是谁的过错，你所要做的第一件事就是向客户道歉。你还得告诉他们，你将完全负责处理客户的投诉。

（二）记录客户投诉内容

详细地记录客户投诉的全部内容，包括投诉者、投诉时间、投诉对象、投诉要求。

（三）判定投诉性质

先确定客户投诉的类别，再判定客户投诉理由是否充分，投诉要求是否合理。如投诉不能成立，应迅速答复客户，婉转说明理由，求得客户谅解。

（四）确定投诉处理责任

按照客户投诉内容分类，确定具体接受单位和受理负责者。属合同纠纷交企业高层主管裁定；属于运输问题，交货运部门处理；属于质量问题，交质量管理部门处理。

（五）调查原因

调查确认造成客户投诉的具体原因和具体责任部门及个人。

（六）提出解决方法

参照客户投诉要求，提出解决投诉的具体方案。

（七）通知客户

投诉解决方法经批复后，迅速通知客户。

（八）责任处罚

对造成客户投诉的直接责任者和部门主管按照有关制度进行处罚，同时对造成客户投诉得不到及时圆满处理的直接责任者和部门主管进行处罚。通行的做法是依照投诉所造成的损失大小，扣除责任者一定比例的奖金或工资。

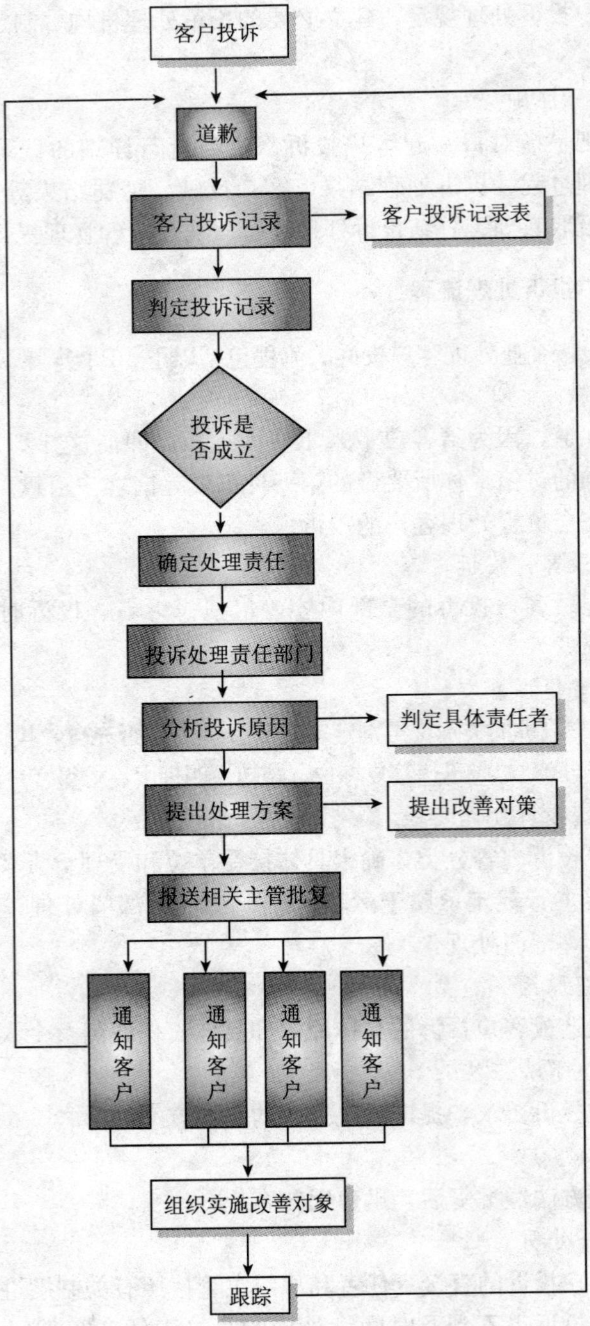

图 5-3 客户投诉处理流程

（九）提出改善对策

通过总结评价，汲取教训，提出相应的对策，改善企业的经营管理和业务管理，减少客户投诉。

（十）跟踪

在解决了投诉的一周内，打电话或写信给客户，了解客户是否满意，可以在信中夹入优惠券。一定要与客户保持联系，尽量定期拜访客户。

第五节　客户服务质量的提升

一、改进客户服务质量的必要性

得克萨斯 A&M 大学市场学教授《伟大的服务：行动指南》一书作者利奥纳多·L·伯利指出："如果服务质量不好，所有人的利益都将受到损失。服务质量差会造成无法挽回的损失，服务一般化造成的结果也是一样。服务优良意味着将获得更多的利润、更多的乐趣和更大的发展，可以创造更美好的未来。"

服务促销至少给企业带来以下几个方面的好处：

第一，使客户产生对企业和产品的好感和信任，刺激他们重复购买、长期购买，成为企业产品的忠实用户。

第二，服务不但能留住老客户，还能吸引新客户。对于潜在客户而言，他们是否购买，受朋友、同事、邻居、熟人等对某种商品的评价影响很大，好的口碑比商家自卖自夸的广告宣传促销力要大得多，坏的口碑反面影响力更大，因为客户往往把负面信息看得比正面信息更为重要。所以，企业要想有吸引潜在客户购买的好口碑，必须向客户提供令人满意的售前、售中、售后服务。

第三，良好的服务能使企业的声誉提高，产品知名度提高，不但会取得消费者的支持，有利于产品的销售，还可以争取到政府主管部门与职能部门的信任，可以赢得社会舆论和公众的支持，有利于吸引人才、资金，使企业发展有一个可靠的社会基础。

第四，服务活动是买方与卖方的双向沟通，买方可以通过服务向卖方反馈产品的各种信息，使企业能迅速准确地了解用户的意见和建议，不断改进和更新产品，提高企业的经营管理水平。海尔集团的售后服务人员在修理海尔洗衣机的过程中，发现经常有泥沙堵住排水管，经过对用户的调查，发现农民经常用洗衣机洗地瓜，于是开发既可以洗衣又可以洗地瓜的洗衣机。

第五，服务分为无偿服务和有偿服务，有偿服务能提高企业的收益；即使是无偿服务，消费者在一定条件下也要支付更换零件的费用。事实上，很多厂商为了推销产品，把产品价格定得很低，而靠售后“零配件服务”来赚钱补偿。例如，EPSON 彩色喷墨打印机，售价 800 多元，比黑白打印机便宜一半，但彩喷墨盒一个要卖 120 元左右，家庭中使用几个月就要更换一个，厂商主要靠销售墨盒赚取利润。

二、客户服务质量差距模型及 SERVQUAL 标准

（一）客户服务质量差距模型

如前所述，客户对服务质量的感知取决于客户对企业服务的期望同其实际所感受到的服务水平之间的差距。柏瑞和他的同事们提出了服务质量差距模型。依据他们的研究成果，在服务系统中共有四种差距对服务质量作出贡献，如图 5－4 所示。这些差距分别反映与服务沟通、服务设计和服务提供相关的问题。

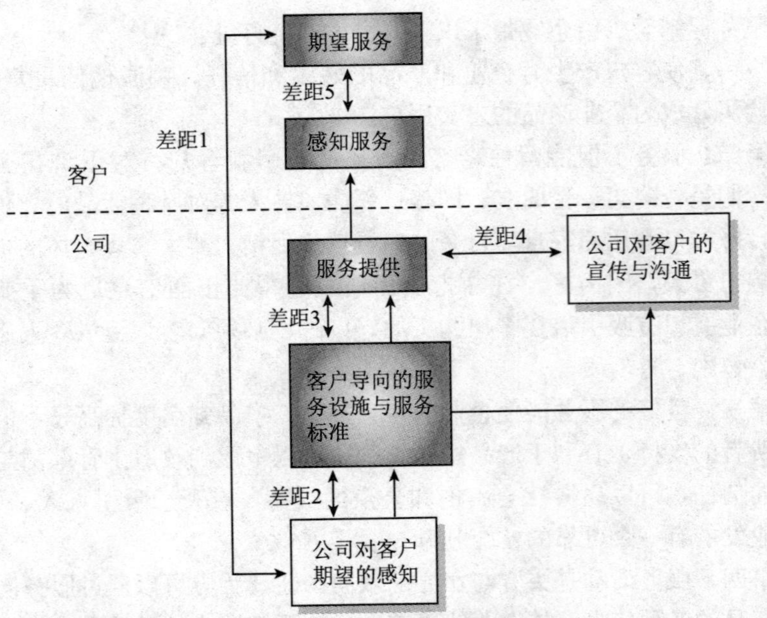

图 5－4　服务质量差距模型

差距 1：该差距是指客户对服务的期望与公司对客户期望的感知之间的差距。导致这一差距的原因是公司在获取客户信息的过程中出现了差错，可能是因为对客户的期望感知错误，或者对客户评估服务的方式缺乏理解。

差距 2：该差距是公司对客户期望的感知与服务质量规范之间的差距。引发这一差距的原因，既可能是由于资源缺乏，也可能是由于管理层未能在产品设计过程中贯彻客户导向。

差距 3：该差距是指公司所设计的服务与其所实际提供的服务之间的差距。它的产生源于员工或设备所引发的服务提供系统失败，因而不能合理组织满足客户期望的服务生产和供应。

差距 4：该差距指公司所提供的服务与其在宣传与沟通中所描述的服务间的差距。这种差距产生的原因，通常是公司承诺了自己根本无法提供的服务。

差距 5：这是最终的差距，是客户期望与其所真正得到的服务之间的差距，其结果是使客户不满意。

（二）服务质量感知的 SERVQUAL 标准

服务的无形性使客户很难客观地对服务质量给予评价，但他们常规地对服务体验的质量进行评价。应用最普遍的服务质量评价方法是由 Parasuraman、Zeithaml 和 Berry（1985）共同提出和发展的，他们的研究成果就是“客户感知服务质量的 SERVQUAL 标准”。SERVQUAL 标准共有 5 个指标，即服务提供者的可靠性、保证性、可感知性、移情性和响应性（如表 5 - 1 所示）。

表 5 - 1　　客户感知服务质量的 SERVQUAL 标准

可靠性	准确可靠地履行所承诺服务的能力
保证性	员工所具有的知识、礼节及其传递信任与信赖的能力
可感知性	各种设施、设备及服务人员的外表的“有形性”
移情性	公司对其客户给予的关心与特别关照
响应性	对客户给予帮助且迅速地提供服务的意愿

根据上述标准，柏瑞等学者建立了 SERVQUAL 模型来测量企业的服务质量。具体的测量主要是通过问卷调查、客户打分的方式进行的。具体步骤如下：

1. 展开问卷调查，由客户打分

问卷包括两个相互对应的部分，一部分用来测量客户对企业服务的期望；另一部分则测量客户对服务质量的感受，而每一部分都包含着上述五个标准。在问卷中，每一个标准都具体化为4～5个问题由被访问者回答。同时，每个问题要求客户在接受服务前打出对服务质量的期望值和在接受服务之后打出服务质量的感受值。

2. 计算SERVQUAL分数

对于某个问题，客户从期望的角度和从实际感受的角度所给的分数往往不同，二者之间的差异就是在此方面企业服务质量的分数，即：

SERVQUAL分数=客户实际感受分数－客户期望分数

评估整个企业服务质量水平实际上就是计算平均SERVQUAL分数。根据上面公式，单个客户SERVQUAL分数就是其所有问题的SERVQUAL分数之和再除以问题总数目；然后把问卷中所有客户的SERVQUAL分数加总再除以客户数目就是企业平均SERVQUAL分数。

按照上述方法计算出来的SERVQUAL分数有一个前提条件，即客户认为这五项标准具有同等的重要性，而实际上这五个标准在客户心中的重要性是不同的。因此，考虑到服务标准的相对重要性，评估企业服务质量就要计算加权平均SERVQUAL分数。

差距分析模型和感知服务质量的SERVQUAL标准从管理者的角度描绘出服务生产过程中企业营销人员为提高服务质量所面临的各种困难，指导管理者发现质量问题的根源，并寻找适当的消除差距和改进服务质量的措施。

三、客户服务质量改进

（一）改进服务质量的基本思路

如前所述，客户的感知服务质量高低决定了客户对服务质量的评估结果，而客户的感知服务质量取决于服务过程中客户的感受与客户对服务的期望之间的差异程度，而前四种差距中的每一种都贡献于这种差距。因而，对企业而言，改进服务质量的基本思路是找出客户期望质量和实际体验质量之间的差距，并根据造成这一差距的原因采取相应的改进措施，并采取措施加以纠正。贝利等人对造成这一差距的诸多因素进行了分析和分类。在此基础上，我们提出总体解决思路，归纳如表5-2所示。

表 5－2 服务质量差距形成原因及解决思路

差　距	形 成 原 因	解决思路
差距 1	①对市场研究和需求分析的信息不准确；②对期望的解释信息不准确；③没有需求分析；④从企业与客户联系的层次向管理者传递的信息失真或损失以及臃肿的组织；⑤层次障碍或改变了与客户联系中产生的信息	努力了解客户对服务的期望
差距 2	①计划失误或计划过程不够充分；②计划管理混乱；③组织无明确目标；④服务质量的计划得不到最高管理层的支持。	建立正确的服务质量规范
差距 3	①标准太复杂或太苛刻；②员工对标准有不同意见；③标准与现有的企业文化发生冲突，服务生产管理混乱，内部营销开展得不充分或根本没有开展；④技术和系统没有按照标准为工作提供便利。	要使服务的具体实施达到规范的标准
差距 4	①营销沟通计划与服务生产没有统一；②传统的市场营销和服务生产之间缺乏协作；③营销沟通活动提出一些标准，但组织却不能按照这些标准完成工作；④有故意夸大其辞、承诺太多的倾向。	要使服务的传递与承诺互相匹配

（二）改进服务质量的方法

研究人员和企业界人士曾提出许多方法和技巧来提高企业的服务质量。在这里，我们主要介绍两种常见的服务质量改进方法，即标准跟进法（Benchmarking）和授权法。

1. 标准跟进法

标准跟进法是指企业将自己的产品、服务和市场营销过程等同市场上竞争对手尤其是最好的竞争对手的标准进行对比，在比较和检验的过程中逐步提高自己的水平。企业在应用这一方法时可以从战略、经营和业务等三方面着手。

（1）在战略方面，企业应将自身的市场战略与竞争对手成功的战略进行比较，寻找它们的相关关系。比如：竞争对手主要集中在哪些细分市场？竞争者追求的是低成本战略还是价值附加战略？竞争者的投资水平如何？它们是如何分配在产品、设备和市场开发等方面的投资的？通过一系列的比较研究，企业将会发现过去可能被忽略的成功的战略因素，从而制定出新的、符合市场条件和自身资源水平的战略。

（2）在经营方面，企业主要从降低竞争成本和提高竞争差异化的角度了解竞争对手的做法，并制定自己的经营战略。

(3) 在业务管理方面，企业主要根据竞争对手的做法，重新评估那些支持性职能部门对整个企业的作用。比如，在一些服务企业中，与客户相脱离的后勤部门缺乏适度的灵活性而无法同前台的质量管理相适应，在学习竞争对手的经验后，使得二者步调一致，这无疑是制度服务质量的重要保证。

2. 授权法

授权法是通过赋予服务人员一定权力，发挥他们的主动性和创造性的方法。它强调对服务人员的尊重，重视人性化的管理，反对让服务人员依照教条、规章、制度等硬性的东西工作。20 世纪 90 年代，授权法被认为是治疗低品质和低效率客户服务的一剂良药。

在当今服务经济中的成功组织，已经清楚人员要素作为差别化为客户服务的关键作用；其他一些组织，一直强调其员工的关键作用。它们的实践符合已有的经验：从客户的角度来看，一个公司的员工是其服务质量的中心。正如前面所指出的那样，Parasuraman、Zeithaml 和 Berry 在对服务质量指标进行仔细观察的基础上，确立了出色服务的五个基石：有形性、可靠性、响应性、保证性和移情性。其中的三个——响应性、保证性和移情性是以人为基础的，而另外两个——有形性和可靠性也可能与组织的员工相关，虽然相关程度不很密切，但也相当明显。总之，一个组织的雇员在决定服务质量上的重要性如此之大，以至于人员因素被称为显著的差别化驱动因素（Berry，1998）。

授权法的关键是企业必须采取实质性的行动，让员工真实地感到他们有更大的权力进行客户服务工作。只有这样，授予权才能成为一个持续的激励力量。研究表明，企业只有从以下四个方面采取行动，授权才能实现：①在组织内进行适当的分权（POWER）；②组织信息共享（INFORMATION）；③组织内的知识共享（KNOWLEDGE）；④组织成员共享组织的利润和报酬（BEWARDS）。这四个方面必须都实现，授权法的作用才能发挥。即通过以上四个方面的变化，企业可以在员工心目中创造一种“授权”的观念，继而产生一系列积极的结果。由于员工处于满意状态，他们提供的优质服务就会使客户满意，整个组织也会得益于客户与组织之间的忠诚关系，形成高利润和竞争优势。

这种“授权”观念体现在三个方面：①对工作中要发生的事件进行控制，自由选择完成工作的具体方法；自动地满足客户的期望；有权力决定工作如何设计，有能力对错误的发生作出反应。②了解开展工作的环境，了解一件工作在整个客户服务体系中与上、下游活动之间的关系。③能够对工作作出解释，知道工作质量、工作数量和报酬之间的关系。

如何评估“授权”的效果？企业界和学术界比较认同的方法是把企业内部的评价与外部评价结合起来。

企业内部评价包括：①员工。评估“授权”效果最简单最直接的方法就是询问企业的员工是否感到“授权”。②授权员工比例变动。假设，一个企业部分员工可以获取客户反馈的信息，并享受利润分配计划。显然，如果这部分人数发生变化，企业的“授权”状况和效果也会发生变化。企业应考查“授权”员工比例变化与客户满意比例变化二者之间的关系。③组织结构变化。如管理层次的减少、管理幅度的增大、管理组织扁平化等变化特征。

企业外部评价主要是指企业通过调查客户的方式来评估员工是否被“授权”。

（三）改进服务质量的主要步骤

美国佛罗里达电力公司为南佛罗里达的大部分地区服务，它在质量改进中采用一个7个步骤程序来解决质量问题，这种方法已经被很多企业所使用。其具体步骤如下：

1. 改进的原因：确认问题存在的领域以及为什么值得改进。

2. 现状：选择要研究的具体问题，设定解决问题的目标。

3. 分析：找出问题的根源。这一步骤可以使用鱼骨图（Fisgbone diagrams）（如图5－5所示）和帕累托图，为此需要收集和分析各种数据。

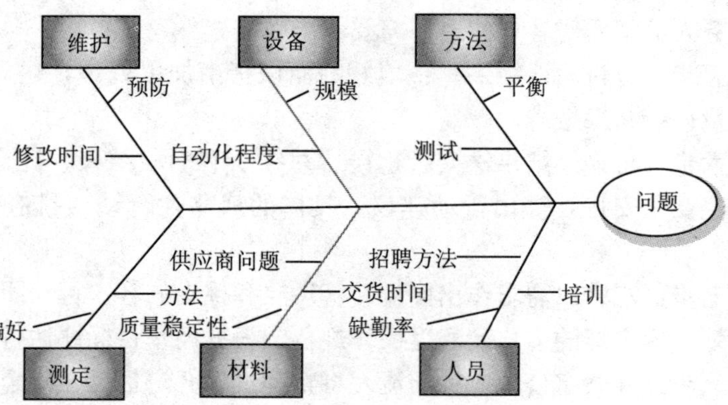

图5－5 鱼骨图

4. 对策：采取行动消除问题的根源。有很多解决方案，但并不是每一种方案在任何情况下都可以解决问题。

5. 结果：试验所采取的对策的结果。

6. 标准化：如果所采取的对策有效，则正式确认、采用。这里需要进行流程能力分析（Process capability studies），并开发控制图（Control charts）。

7. 进一步的计划：对任何遗留问题做进一步的行动计划，评价问题解决团队自身的有效性和效率。

这 7 个步骤可以改成一种更简洁的形式，即戴明循环的“计划、实施、检查、行动”（Plan，Do，Check，Action，PDCA）。戴明循环是在戴明质量控制图的基础上进一步发展起来的，其概要如下：①计划：就问题的数据实验做计划，就流程的改进做计划；②实施：小规模地进行实验或流程改进；③检查：观察上述实验或改进的效果；④行动：研究上述实验或改进的结果，得出结论，决定是否有必要进一步收集数据、进一步实验以及进一步改进。不断重复以上步骤，使流程得到连续改进。

根据上述模式，我们提出客户服务质量评审（改进）流程：

第一步：找准客户群，准备同所有主要客户面谈。

第二步：确定质量指标。各级各类服务人员应找出对客户经营成功至为关键的因素，并把它们同公司的经营目标联系起来。

第三步：培训参加面谈的服务人员。培训挑选出来的服务人员有效利用结构明确的面谈指南。

第四步：进行质量面谈。同客户约好时间进行面谈，第一次面谈后，每个服务人员都要对客户的迫切需要作出回应。

第五步：分析面谈结果。将填好的面谈指南加以处理，建立数据库，写出质量评审结果报告。

第六步：将最终结果送交管理层。总结所有面谈结果，提交管理层，找出哪些要先安排，提出行动建议。具体的战略性行动项目应由经理把关。

第七步：对客户需求作出回应。管理层和挑出的客户行动团队制定和执行计划，确定新的客户满意度操作规范。根据经营目标评估行动结果。

第八步：开诚布公地进行交流。将整理过的客户信息在整个组织内传达。把改进结果告诉客户群。

（四）提高服务质量的具体措施

1. 制定客户服务战略

把客户服务功能提升到战略高度，服务组织令其所有员工明白该功能的重要性，从不满意客户身上获得的信息，如今已被看做一项战略性的组织资源。客户服务战略的基本思想是：企业的整个经营活动以“客户满意”为指针，从客户的角度、用客户的观点来分析考虑客户的需求，尊重和维护客户的利益。奉行这一方针的企业，从广义的产品概念即核心产品、有形产品和附加产品（提供信贷、交货及时、使用方便、售后服务完善）三个层次出发全面满足客户的需要。因此它要求企业：

（1）站在客户的角度研究和设计产品，将客户的可能不满意从源头克服；

（2）不断完善服务系统，包括提高服务速度、服务质量等问题；

（3）十分重视客户的建议。美国的一项调查表明，成功的创新和民用新产品60％～80％来自客户的建议；

（4）建立与客户相适宜的企业组织，要求对客户的需求和意见有快速的反应机制；

（5）分级授权，使员工能够主动为客户服务。

2. 服务补救

（1）跟踪并预期补救良机。企业需要建立一个跟踪并识别服务失误的系统，使其成为挽救和保持客户与企业关系的良机。有效的服务补救策略需要企业通过听取客户意见来确定服务失误之所在。即不仅被动地听取客户的抱怨，还要主动地查找那些潜在的服务失误。

市场调查是一个有效的方法，可以采取以下方式，听取客户投诉，发现企业中不易察觉的服务失误：①收集客户批评；②倾听客户抱怨；③开通投诉热线；④有效的服务担保；⑤设立意见箱。

（2）重视客户问题。对客户来说，最有效的补救就是一线服务人员能主动出现在服务现场，承认问题的存在，向客户道歉（在恰当的时候可加以解释），并将问题当面解决。解决的办法很多，可以是退款，也可以服务升级。

（3）尽快解决问题。一旦发现服务失误，服务人员必须在失误发生的同时迅速解决失误。否则，没有得到妥善解决的服务失误会很快扩大并升级。有某些情况下，还需服务人员能在问题出现之前预见到问题即将发生而予以杜绝。

（4）从补救中汲取经验教训。服务补救不只是弥补服务裂缝、增强与客户联系的良机，它还是一种极有价值但常被忽略或未被充分利用的具有诊断性的能够帮助企业提高服务质量的信息资源。通过对服务补救整个过程的跟踪，管理者可以发现企业中一系列亟待解决的问题，并及时修正某些环节，进而使“服务补救”现象不再发生。

3. 提升技术因素

技术革新如同质量驱动型员工，一定会成为优质服务背后的主要驱动力量。它将对未来静态和动态的服务质量都产生影响。服务的静态质量，是指由维持或保留现有的业务标准而获得的前后一致的服务质量，而服务的动态质量，则是指通过发现新的业务标准而获得的不断提升的服务质量。许多组织会发现，为应对竞争的需要有必要对新技术加大投资。除了静态和动态质量之外，技术将以两种主要的方式来改进任何组织的服务质量：①作为核心服务；②作为延伸服务的支持工具。

4. 建立服务绩效的监督、考评机制

企业要提高客户服务质量，必须建立相应的监督和考核机制，采取恰当的方法发现企业在服务传递过程中的服务质量问题以及每个服务人员服务的好坏，以便有针对性地不断提高服务质量水平。国外一些企业使用比较性购物、佯装购物、客户调查及设建议卡与投诉表等方法来对企业的服务质量水平进行调查。如花旗银行在ART，即准确性（Accuracy）、反应性（Responsiveness）和及时性（Timeliness）这几项标准上不断进行检验，采用佯装购物的方式以发现员工是否提供优质服务。

5. 建立使客户由不满意变为满意的系统

布鲁克巴里奥曾强调，“改善服务质量要从点点滴滴做起，要使每一点改善都能带给客户更大的方便与满意。”任何一个企业，无论其服务质量标准及其服务监督体系多么完善，也不可能不出现质量问题，关键是如何建立对这些服务质量问题及其所引起的客户抱怨进行灵活处理的机制。经营有善的企业对客户的抱怨作出随和友善的反应，建立企业与客户之间的信息沟通渠道，以化解和平息客户的不满情绪。美国运通公司的一位前执行总裁指出，“一位不满意的客户是一次机遇”。这就要求企业建立一个能灵活处理此类问题的系统。

案例

中远物流ISO 9000的实践

中国远洋物流有限公司实施ISO 9000质量管理体系认证的历史，要追溯到重组前的中国外轮代理公司。作为国际运输公共代理人，中国外代出于对管理提升、规范操作、与世界管理标准接轨的创新想法，于1995年在总公司和下属的大连、天津、青岛、上海、广州五大口岸外代，建立了符合ISO 9000标准的质量管理体系，并通过国际权威认证机构英国标准协会（BSI）的第三方质量体系认证，成为了中国交通运输行业首家通过第三方质量体系认证的企业。

当时交通运输行业实施认证的先例还很少，没有什么现成的经验，外代在选择认证机构上，也没有遵循一般性交通行业选用船级社或国内认证机构的方式，而是直接选定了在标准制定领域具领先权威地位的BSI，以确保今后认证服务的质量和信誉。

外代系统推行ISO 9000标准，1995年至1997年为起步阶段。此阶段主要在探索基础管理的路子，由于对标准的认识不足，存在着严重的运行烦琐和“两层皮”现象；1997年至1999年为成长阶段，此阶段主要是贯彻“预防为主”的质量保证模式，由于标准本身存在的局限，管理体系未能发挥应有的作用，存在着“要我干”的思想；1999年至2001年为成熟阶段，此阶段主要实现了系统整体认证，引入了综合管理体系——包括ISO 9000质量管理、ISO 14000环境管理和OHSAS 18000职业健康安全管理等标准的要求，也实现了体系的转版工作。

在2002年外代系统重组成立中远物流系统后，继续不断地完善体系建设工作，目前系统内通过认证的公司有近70家，并且每年都有新的公司通过认证加入到整体认证的范围里来。

除了传统的体系管理方式，中远物流还开发、应用了各种相关质量管理工具。比如开展QC小组质量改进活动，实施企业管理奖和创新建设TCSS客户满意度系统，为体系管理增添了丰富而又细致的个性化内容。

其中，QC小组活动是体系改进工作中很重要的组成部分，也是很好的组织形式。每年中远物流都会挑选系统内的优秀QC成果参加中远集团及交通部组织的QC成果评审活动，并有越来越多的成果报告获奖。中远物流将系统各区域选报的QC成果搞成交流材料和光盘发给全系统沟通学习、经验共享，不断提升推动基层的质量改进活动。

另外，企业管理奖的实施也是对质量体系管理细化的补充。每年总部各业务及管理部门会依据当年的管理重点和系统管理操作上的薄弱环节，制定出细化的管理条款下发系统执行，年底通过总部评价结合现场考核的方式进行评审考核，并配合相应的奖惩制度，以促进提高系统的管理水平和层次。

特别要说的是，“质量管理的核心是关注客户满意”，TCSS客户满意度系统的实施正是强化客户满意宗旨的有效保证。今天，市场竞争更加激烈，中远物流更要坚持服务业的优良传统和几十年积累的有益经验，为客户提供更为价廉质优的服务。

为此，2002年中远物流总公司牵头，与人民大学合作开发了TCSS客户满意度系统，建立了专业化的客户档案系统和数据库管理软件。每年实施的客户满意度调查由专业第三方技术机构——人民大学电话调查中心完成，中远物流总部进行监督。系统对客户调查的数据及录音归档，调查所得数据委托人民大学统计学系的专业项目组进行统计分析。整个调查、分析过程均委托专业第三方来完成，在很大程度上保证了TCSS报告的客观性、公正性。客户满意度调查，使中远物流真实地了解到客户对服务质量的意见和感受，更深入地理解客户的各种需求，为客户的维护和长期合作关系的建立提供详尽的信息依据，促进全系统积极维护客户关系，改进服务质量。而客户满意度指数的不断提高，也验证了中远物流的改进是积极有效的。

综上所述，通过管理体系的建立与完善，加之管理方法的不断创新，使中远物流实现了从常规管理向创新管理的转变，形成了自我约束、自我发现、自我改进和自我完善的机制。管理体系的建立与完善是对经营和管理全过程的控制，而管理考核体系的建立与实施又是对经营管理业绩的考核，两者相辅相成、很好地融为一体对企业的发展是极大的推动。几年的实践证明，认证已成为一种趋势和国际大型企业的自身选择，是企业打造品牌战略的必经之路。

第六章　客户服务绩效评价

本章提要

1. 客户满意与客户满意度
2. 服务质量的评估方法
3. 服务质量的控制原则
4. 服务质量的控制方法
5. 全面质量管理的概念
6. 全面质量管理的内容
7. 全面质量管理的途径

第一节　客户满意度及行为

一、客户满意（Customer Satisfaction，CS）

纵观20世纪营销学几十年来的发展历程，无论是50年代的消费者营销，60年代的产业市场营销，70年代的社会营销，80年代的服务营销，还是90年代的关系营销，其核心都在于追求客户的满意。

客户满意思想追根溯源是由航空企业——瑞典的斯坎的诺维亚航空公司最早提出的。该公司于20世纪80年代首先提出“服务与管理”的观点。认为，企业利润的增长首先取决于服务的质量。这种把服务引入管理的观念传入美国时，正值当地如何提高美国的国际竞争力成为热门话题之时。为此，里根政府专门创立了国家质量奖，在其评定的指标中，有60%直接与客户满意度有关。后来，经日本企业界的大力推广，形成了90年代风行全球的热潮。客户满意的经营理念如图6-1所示。

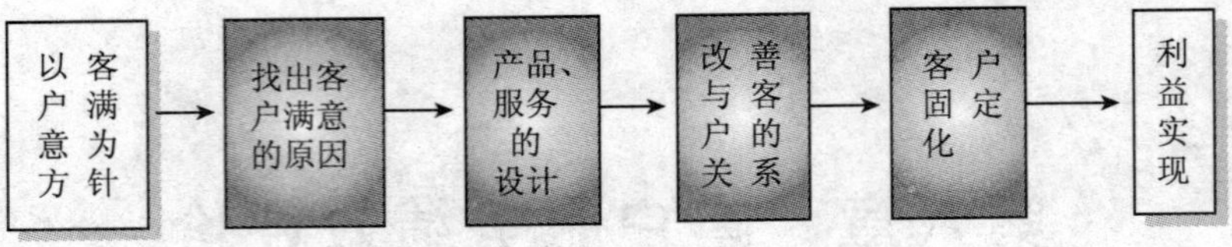

图 6－1　CS 经营理念

客户满意是企业在竞争中取胜的最好武器，使企业取得长期成功的必要条件。满意的客户往往也是忠诚的客户，他们会更多、更经常地选购令其满意的企业的产品或服务，甚至愿为这些产品付出比其他产品高的价格。没有什么其他的方法能像令客户满意一样在激烈的竞争中提供长期的、起决定作用的优势。

（一）客户满意是企业长期盈利的源泉

在卖方市场环境下，企业只要生产出产品就能卖出去，企业管理的目标是如何低成本生产出产品。后来，市场出现了竞争，企业生产出的产品如果卖不出去，就无法实现资本循环。为了实现从商品向货币的转换，“以销售额为中心”逐步成为企业管理的核心。随着市场竞争的激烈，企业发现虽然销售额提高了，但由于生产成本和销售费用越来越高，利润反而下降。因此，企业转而追求利润的绝对值，通过在生产和营销部门的各个环节最大限度地削减生产成本和压缩销售费用来实现利润最大化。但成本是由各种资源构成的，相对而言它是一个常量，不可能无限制地去削减。当企业对利润的渴求无法或很难再从削减成本中获得时，它们自然就将目光转向了客户，并企图通过满足客户来维护其利润。为此，企业开始从内部挖潜转向争取客户，进入了“以客户为中心”的管理。由于需求构成了市场，也构成了企业的获利潜力，而在市场上需求运动的最佳状态是满意，因此客户满意就是企业效益的源泉。

保证客户满意，企业会增大对客户的了解，从而会加快对新产品的研发，使企业少走弯路，大大节约了企业的耗费。满意的客户会重复购买企业的产品，同时他们往往愿意额外付出，这就大大增加了企业的利润，降低了与客户的交易和沟通成本。

（二）客户满意使企业在竞争中得到保护

满意的客户不但对企业忠诚，而且这种忠诚能够保持，他们不大可能转向其他产品或为了更低的价格抛弃原来的供应商。即使在企业出现困难时，这些客户也会在一定范围内对企业保持忠诚，这给企业提供了喘息的机会、缓解困难的时间，能够保护企业最大限度降低困难对企业产生的影响。

当竞争者推出新产品时，客户不会立即选择新产品；同时，客户不会很快转向低价格产品。正如满意的客户愿意额外付出一样，他们同样不大可能仅仅由于低价格的诱惑而转向新的供应商。

（三）客户满意使企业足以应付客户需求的变化

客户的需求随着时代的发展在不断产生的新需求是许多企业在发展中遇到的问题。客户满意最大化对解决这一问题具有现实意义，因为以令客户满意为目的的企业由于平时所做的工作能够预测到客户需求的变化，而且满意的客户一般也会给企业改变做法的时间。英国航空公司为使其头等舱的乘客享受和地面一样的“物有所值”的服务，重新设计了一套优惠待遇：给予头等舱乘客地面用餐的选择，而且旅客一上飞机，如果愿意可以穿上英航的睡衣裤，把头放在真正的枕头上，盖上绒织被，享受不受打扰的自由飞行。到达目的地以后，还可以用早晚餐，使用舒适的起居室，沐浴，甚至可以在商务活动前烫好他们的衣服，这些服务一推出，使英国航空公司的年利润增长了 61%。

（四）客户满意与客户忠诚的关系

客户满意水平的提高与客户忠诚及企业盈利有联系（如图 8－2 所示）。客户满意与客户忠诚之间有密切的正相关关系，客户非常满意时这种关系尤其密切。因此，仅把目标定为满足客户的企业所做的努力可能不足以带来客户忠诚，企业应以充分满足客户，甚至取悦客户为目标。20 世纪 80 年代，施乐公司通过广泛的客户研究发现：在客户满意登记表上给施乐公司打 5 分（非常满意）的客户比打 4 分（基本满意）的客户再次购买该公司产品的可能性大 6 倍。施乐公司坚持定期地评估客户满意度和忠诚度，细化至销售与服务层面，并根据评估结果不断改进经营管理工作，努力满足客户需要。施乐公司由此获得了 1989 年 Malcolm Baldridge 国际质量大奖，公司的市场占有率也大幅度上升。

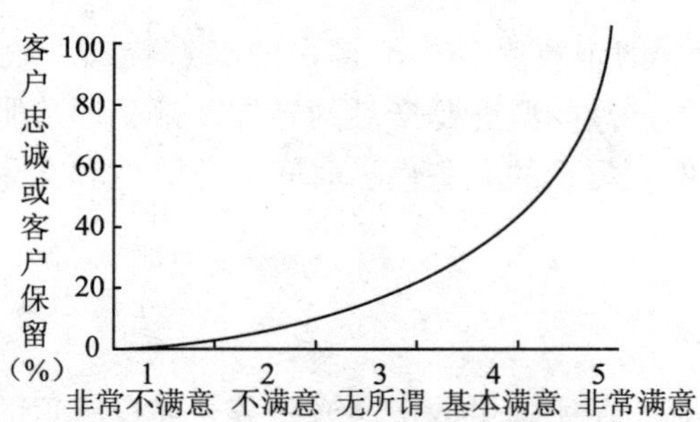

图 6－2　客户满意与客户忠诚的关系

二、客户满意的系统

客户满意服务是个系统，它包括纵向的3个递进层次和横向的5个并列层次。

（一）纵向递进层次

1. 物质满意层次，即客户对企业服务产品的核心层，如服务产品的功能、品质、品种和效用感到满意。

2. 精神满意层次，即客户对服务方式、环境、服务人员的态度、提供服务的有形展示和过程感到满意。

3. 社会满意层次，即客户对企业产品和服务的消费过程中所体验的社会利益维护程序感到满意，客户在消费产品和服务的过程中，充分地感受到企业在维护社会整体利益时所反映出的道德价值、政治价值和生态价值。

（二）横向并列层次

1. 企业的经营理念满意，即企业经营理念带给客户的满足程度。经营理念包括经营宗旨、经营方针、经营哲学和经营价值观等方面以及各个不同的阶段具体理念。

2. 企业的营销行为满意，即企业的运行状态给客户的满足程度。企业营销行为包括企业的行为机制、行为规则、行为模式和行为实施程序等。

3. 企业的外在视觉形象满意，即企业具有可视性的外在形象给客户的满足程度。其外在视觉形象标志、标准字、标准色、企业外观设计、企业环境和企业的各种应用系统等。

4. 产品满意，即企业的实物产品和服务产品载体带给客户的满足状态。产品包括实物产品的质量、功能、设计、包装、品位、价格和服务产品载体相应因素。

5. 服务满意，即企业服务带给客户的满意状态。服务业的服务是服务产品本身，实物产品的服务是产品的延伸，都必须从服务的完整性和方便性、绩效性、保证体系的完备性、时间的节约性和文化氛围的高品位等方面体现出来。

三、客户满意度

客户满意度是企业所提供的产品或服务令客户满意的程度。这个概念源自于日本企业提出的客户满意战略。客户满意度对产品或服务收益的影响如图 6-3 所示。

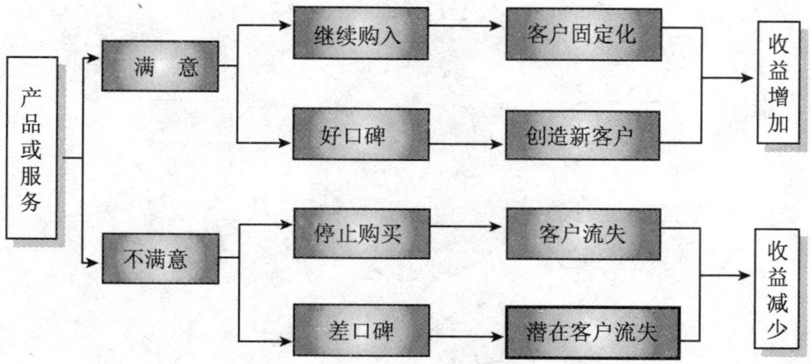

图 6-3　客户满意度对企业收益的影响

从个人层面上讲，客户满意度是客户对某项产品或服务的消费经验的情感反映状态。这种满意不仅仅体现在对一件产品、一项服务、一种思想、一次机会之上，还体现为对一种系统、一种体系的满意。在整个消费过程中，客户不仅追求对经济收益的满意，而且追求对社会性和精神性的满足。

从企业层面上讲，客户满意度是企业用以评价和增强企业业绩，以客户为导向的一整套指标，它代表了企业在其所服务的市场中的所有购买和消费的实际和预期的总体评价，它是企业经营“质量”的衡量方式。企业营销管理层面上的客户满意度研究，实际上是对其服务的市场中所有客户个人满意度的研究与客户群体行为满意过程研究的总和。

客户对产品和服务的满意度主要取决于以下七个方面（见图 6-4）。

（一）设计

设计符合客户需要的产品是企业令客户满意的首要工作，企业在进行产品设计时如果没有把客户需求考虑进去，招致失败不可避免。产品的基本设计不仅影响到客户对产品的购买，还影响员工工作的信心与态度、广告与促销的效果、客户投诉、提供售后服务的成本等，最终影响客户满意度。

（二）品质

原料与产品的制造是构成产品质量的主要因素，对客户满意度具有极大的影响。许多企业通过坚持控制原材料和工艺制造过程获得了很高的客户满意度。例如，劳斯莱斯公司为其制造的汽车存有大量的配件（甚至包括昂贵的皮革和优质的装饰板），以保证其客户随时获得相配套的替代品。

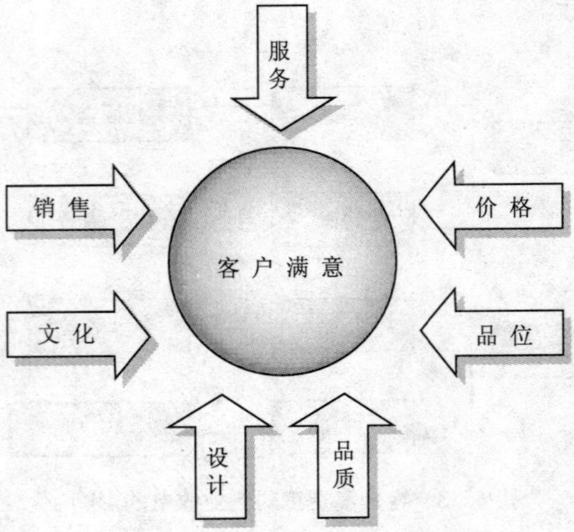

图 6-4　客户满意七大方面

（三）品位

马斯洛需求层次理论指出，人不仅有基本的需要：生理需要、安全需要，同时还有友爱和归属的需要以及尊重的需要，最终要达到自我实现的需要。因此，产品的品位对客户来说是实现自我价值的一种标志和体现，品味高自然可以提高客户的满意度。

（四）价格

价格的高低是客户进行决策的主要方面，特别是价格与品质是否相匹配，是判断客户满意度的一个重要因素。价格过高，会超越客户对产品的预期，使其望尘莫及；价格过低，会使客户低估产品的质量和品牌价值。

（五）服务

客户服务特别是售后服务会大大提高客户满意度，包括免费热线、信息与决策的服务、回访、售后的修理及维护服务、维修零件供应、广泛的质量保证、操作培训等方面。售后服务不仅可以直接影响客户满意度，还可以对产品、销售中出现的失误给予补救以达到客户满意。

（六）销售

销售活动包括售前和售中活动。客户在准备消费前对所要购买的产品或服务就已形成了自己的想法，包括他们的需求，一件具体产品给自己带来的好处以及他们所愿意接受的表现和满意的程度。这也是我们常说的"客户期望"，它与销售中的所有活动共同影响了客户满意度。特别是销售人员的态度和行为对客户满意度的影响至关重要，因此，对销售人员的培训，无论是在产品或服务特征及应用方面，还是在与客户的沟通方面都是很重要的。

（七）文化

企业文化是企业产品、销售活动和售后服务背后的有力推动者。信奉“客户满意度能保证长期成功”的企业在其经营管理各环节中会尽力贯彻这样的思想。例如，为了实施客户满意战略，德国汉莎航空公司较早开始采用新管理和改进服务。该公司将从订购机票到发送行李的各个服务环节都紧密地衔接在一起，以省去乘客无谓的等候时间，并使售票系统全面实现电脑化，通过信息公路昼夜 24 小时售票。所有候机室和服务窗口的外形都从习惯的尖形改成波浪形，色彩从灰色调换成明快的黄色、蓝色和银色，使单调、沉闷的机场变得舒适、温馨。

四、客户满意度指数

客户满意度指数（Customer Satisfaction Index，CSI）是一个感性的满意度综合体，或是由一个机构搜集的服务质量标准。这一指数通过总结企业的大量数据，在额外时间追踪服务绩效方面很有用。广泛使用的 CSI 是由 J. D. Power 联合公司发展起来的，这家提供全方位服务的管理顾问公司为轿车和卡车业进行客户满意度调查。

J. D. Power 联合公司针对汽车客户的特点，制定了 36 项 CSI 评分项目，以满分 150 分作为指标，主要调查项目有如下内容：①客户对象的特征。②所购车辆情况及使用状况。③对所购车辆的评价，包括期待值的相对评价、经历过的困扰与处理方式等。④对经销商的评价，包括售后服务、购买价格、维修费用、营业所的气氛、服务人员的态度、故障处理、回应难易程度等。⑤下次购车意见书，是否会再购买同一品牌？是否愿意介绍亲友购买？要向哪一家购买？购买什么厂家的产品？等等。J. D. Power 联合公司的 CSI 成为汽车行业普遍参考和使用的评价文书，后来逐步扩展的各个领域，形成了 CSI 系统。

采用 CSI 系统评估客户满意度的最大好处是：将客户的抱怨意见定性化，从中不但能发现客户最看重的什么，而且还能把它当做服务的商机，不断改进、不断满足客户，使其成为扩大业务量，赢得好口碑和优化服务品质的突破口，而且 CSI 指标是目前惟一一种可以跨行业测量商品和服务质量的指标体系，是对企业满意程度量化的一种指标。其监测系统是一种融合了心理测试、经济测试和计算机科学的高科技方法，可为单个企业和整个行业分别在两个层次上提供决策支持。

首先，CSI 系统针对某一具体企业可以发现满足客户需求的最重要因素起作用：提供企业整体的满意度指数，测出企业可采取提高服务和质量的措施及企业无法控制的外部因素的影响，还可测出客户满意程度对经济业绩的实际作用等。

其次，针对整个行业和整个市场，通过监测企业的 CSI，并结合客户对某个行业或整个市场的调查数据综合分析，具有更为重大的意义。这能让股票持有者、企业、相关组织、政府机构对市场有一个实时的动态了解，以便随时调整策略。

CSI 的作用主要有四方面：①看纪录，许多以客户为中心的成功事实说明，通过 CSI，企业发展更迅速，员工们感到更满意；②这是个具有持久力的战略，并随客户需求的变化而对其作出承诺达到永无止境的地步；③CSI 激发了员工的工作热情；④它的可衡量性，靠实施这种管理形式可衡量客户的满意程度。

由于客户满意度对企业和总体生活质量的重要性，现在许多国家都制定了国家性指数，从宏观的水平上评估和追踪消费者的满意情况。许多公共政策制定者相信，这些标准就像生产力和物价这些传统标准一样，可以成为，而且应该成为评估国家经济是否健康的工具。该种指标在 1989 年被瑞典一个名为“客户满意晴雨表”的组织引入；在 1992 年，客户晴雨表（DK）的概念被引入德国；1994 年，美国客户满意指数（American Customer Satisfaction Index，ACSI）被第一次采用。由密执安大学国家质量研究中心开发的美国客户满意指数（ACSI）是客户体验产品和服务质量的一种度量指数。该指数关系到主要经济部门的 200 家代表性企业的客户感知。它包含了每一行业组中主要的行业部门，并且选出每一行业最大的企业来参与。每一家企业都对其当前客户进行大约 250 次采访，得到一个 ACSI 分数。该分数是通过对客户的质量感知、价值、满足、期望、投诉和未来忠诚的计算得到的。

第二节　客户服务的评估

一、服务质量的概述

（一）服务质量的含义

在对客户的服务过程中，质量是企业为使目标客户满意而提供的最低服务水平，也是企业保持一定服务水平的连贯性程度。关于服务质量的内涵主要有以下几种观点：

1. 刘易斯和鲍姆把“服务质量”定义为：一种衡量企业服务水平能够满足客户期望程度的工具。

2. 美国学者布泽尔认为：所谓服务质量完全是消费者的说法，消费者认为某种产品或某项服务的质量怎样，那就是怎样的。

3. 芬兰学者格鲁诺斯（Gronroos）教授提出的“全面感知服务质量（Perceived Service Quality）的概念最为典型，即它将服务质量定义为客户的主观感知。由于这一概念集中反映质量的特性，使服务质量与有形产品质量区分开来，因此，得到各国学者的认同，并成为以后各国学者进行相关研究的基础。格鲁诺斯的感知服务质量如图 6－5 所示。

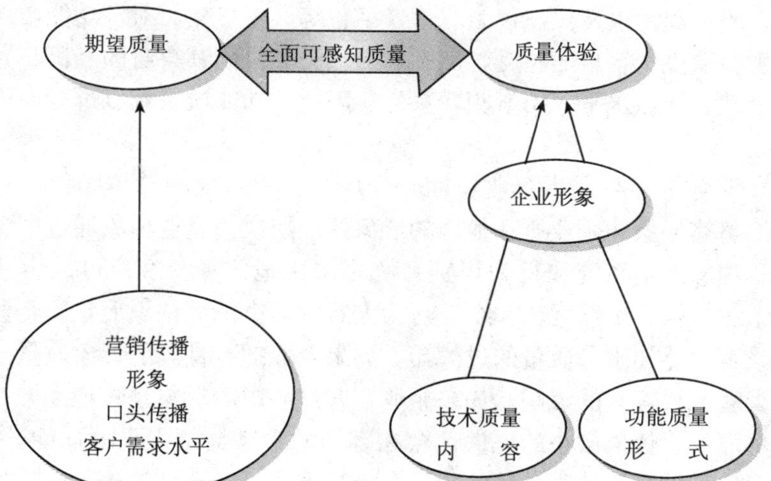

图 6－5　全面感知质量

本书采用格鲁诺斯教授的观点，认为服务质量是企业为使客户满意而提供的最低服务水平，是客户对企业所提供服务的评价，是由客户对服务的感知质量决定的。

从图 6－5 中可以看出，客户最终感受到的服务质量，即图中的全面感知质量，取决于期望质量与体验质量的差距。简言之，如果客户实际感受到的体验质量与期望质量基本相符或高于期望质量，则客户认为企业的服务质量较好；反之，则认为企业的服务质量较差。

（二）搞好服务质量管理要区别不同情况进行分析

体验质量受到技术质量（technical quality）、功能质量（functional quality）和企业形象（corporate image）的影响。对于客户来说，服务质量是作为整体出现的，无须区分；而对于企业来说，要搞好服务质量管理，就应将这三方面区别开来加以分析。

1. 技术质量，是指服务过程的产出，即客户从服务过程中所得到的东西。包括服务本身的质量标准、环境条件、网点设置以及服务事项、服务时间、服务设备等。例如，银行为客户提供方便而快捷的转账结算服务，航空公司为旅客提供舒适的舱位服务，饭店为客户提供美味的菜肴和饮料等。对于这一方面的服务质量，客户容易感知，也便于评价。

2. 功能质量，是指客户是如何取得服务的结果的。它是服务过程的质量，在服务的过程中，主要包括服务人员的服务行为、服务方式、服务态度、服务程序以及仪态仪表、言谈举止等。很显然，对于功能质量的评价，主要取决于客户的感受，而客户的感受又是同其自身的经历、兴趣偏好、个性、知识水平等因素相联系的。因此，功能质量难以进行客观的评价。

3. 形象质量，是指企业在社会公众心目中形成的总体印象。它包括企业的整体形象和企业所在地区的形象两个层次。企业形象通过视觉识别系统、理念识别系统和行为识别系统多层次地体现。客户可从企业的资源、组织结构、市场运作和企业行为方式等多个侧面认识形象。企业形象质量是客户感知服务质量的过滤器。如果企业拥有良好的形象质量，偶尔的失误会赢得客户的谅解；如果企业在客户心中的形象是管理无方、漏洞百出，那么，任何微小的失误都会在客户的不满情绪上火上加油。因此，企业形象质量是评估服务质量的一个重要方面。

（三）影响期望质量的因素

1. 企业完全控制的供方营销传播，如通过各种大众媒体所做的广告、直接邮寄、公关工作、促销活动等。

2. 企业间接控制的口头信息传播，主要表现为在客户购买和消费企业产品或服务时，或在亲朋好友之间的宣传介绍。

3. 企业间接控制的企业形象塑造，即整个企业的整体形象和在某一地区的局部形象塑造得如何，对客户的期望质量会发生影响。

4. 客户对企业产品或服务的需求水平，即客户越需要企业的产品或服务，就越容易放松对企业产品或服务的期望质量要求。

（四）服务质量的特点

根据以上对服务质量的分析，可以看出服务质量具有不同于有形产品质量的特点：

1. 服务质量有较强的主观性。客户对服务质量的感知，更多地凭主观期望、感觉来判断。服务质量的高低，更多地受主观因素的影响。比如，日本人对服务质量的期望很高，他们认为美国的服务较冷漠。这就是主观期望对服务质量的影响。服务质量的这一特点，与服务的无形性、不可分性有关。由于无形性，服务质量缺乏有形的客观评价标准，因而主观标准往往成了主要的标准；由于不可分性，服务质量的形成必须有客户的参与、经历和认可，因而不可能不带有来自客户方面的主观因素。

2. 服务质量更取决于过程。有形产品的质量，主要是技术质量，它的生产及其质量形成过程，客户一般是看不到的，客户看到的是产出质量或称技术质量。而由于服务的不可分性，服务的生产及其质量形成过程，客户一般是参与的和可感知的，因而服务质量主要是过程的质量。比如，同一景点旅游，如果安排的活动或导游或餐旅的质量不同，旅游服务的质量就不同。服务过程中每一个环节，或格鲁诺斯所说的每一个“真实的瞬间”，都会对整个服务质量产生决定性的影响。所谓真实的瞬间，是指“在特定的时间和地点，服务供应方抓住机会向客户展示其服务质量”，实际上就是服务过程中与客户接触的各个服务环节。

3. 服务质量是一种整体的质量。①服务质量的形成，需要全员的参与。不仅一线的服务生产、销售和辅助人员关系到服务质量，而且二线的营销策划人、后勤人员对一线人员的支持也关系到服务质量。②服务质量需要服务机构进行全面的、系统的监控。③服务质量还需要服务机构的营销与生产之间全面地协调和融为一体。全员的参与、全面的监控和全面的协调，意味着服务质量具有很强的整体性。

二、服务质量的维度

研究表明，客户认为服务质量不是一个一维的概念，也就是说客户对质量的评价包括多个要素的感知。美国营销学家贝里、派拉索拉曼和泽塞莫尔在评估服务质量方面的研究被公认为是目前较为合理并为大多数学者接受的，他们建立了服务质量模型（SERVQUAL）来评估企业的服务质量。他们认为，正确评估服务质量首先应对客户评估服务质量是主要根据的内在情况进行研究。为此，他们将客户感觉中的服务质量以 22 个项目的因素分析进行分类，认为客户在评估服务质量时主要根据 10 个决定要素：可感知、可靠、反映、胜任的能力、友爱、可信、安全、易接触、易沟通和对客户的了解。后来，他们又将这10个决定要素归结为五大标准，即客户在评估服务质量时会考虑的五个维度（如图6－6所示）。

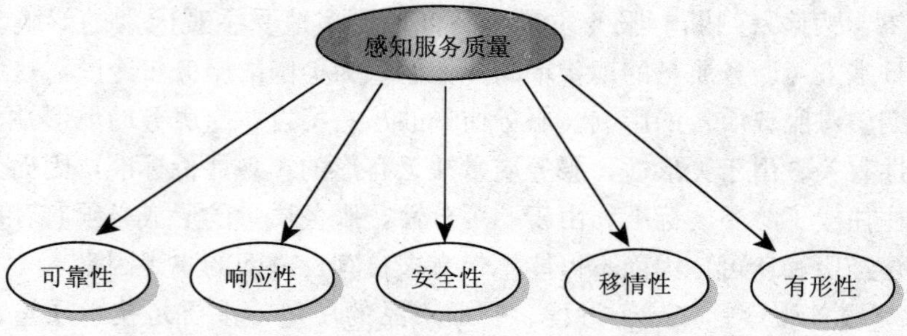

图6－6　评估服务质量的五个维度

可靠性（Reliability）：准确可靠的执行所承诺服务的能力。

响应性（Responsiveness）：帮助客户及提供便捷服务的自发性。

安全性（Assurance）：员工的知识和谦恭态度及其能使客户信任的能力。

移情性（Empathy）：给予客户的关心和个性化的服务。

有形性（Tangibles）：有形的工具、设备、人员和书面材料的外表。

我们将对服务质量的五个维度逐一展开，说明客户对每一维度是如何判断的，并分析这五个维度如何影响客户的感知服务质量。

（一）可靠性

可靠性是可靠地、准确地履行服务承诺的能力。在五个维度中，可靠性被客户一致认为是服务质量感知最重要的决定因素。可靠的服务行动是客户所希望的，它意味着服务以相同的方式，无差别地准时完成。例如，联邦快递是一家在可靠性维度方面进行了有效宣传并执行较好的公司，该公司的可靠性信息——在某时绝对、必须到达某地，反映了公司的服务定位。所有的企业都需要意识到客户对可靠性的预期，如果提供给客户与感知不相符的核心服务，会直接导致客户失望，以至客户流失。

（二）响应性

响应性是指帮助客户并迅速提供服务的愿望。让客户等待，特别是无原因的等待，会对质量感知造成不必要的消极影响。该维度强调在处理客户要求、询问、投诉、问题时的专注和快捷。响应性也包括为客户提供其所需要服务的柔性和能力的含义。为在响应性维度上做到优异，企业必须站在客户的角度而不是企业的角度来审视服务传递及处理客户要求的过程。例如，现在绝大多数企业都建有 24 小时客户服务中心，及时响应客户的要求。

（三）安全性

安全性是指员工所具有的知识、理解以及表达出自信与可信，保证客户感到安全的能力。在客户感知的服务包含高风险或其不能确定自己有能力评价服务的产出时，比如银行、保险、证券交易、医疗和法律服务，该维度可能特别重要。

（四）移情性

移情性是设身处地地为客户着想和对客户给予特别的关注。移情性的本质是通过个性化的或者客户化的服务使每个客户感到自己是惟一和特殊的。客户想要感到向其提供服务的企业对他们的理解和重视。移情性有下列特征：接近客户的能力，敏感性和有效地理解客户需求。例如，服务人员对误飞机的乘客着想并努力找出解决问题的方法。

（五）有形性

有形性是指有形的设施、设备、人员和沟通材料的外表。有形的环境条件使服务人员对客户更细致的照顾和关心的有形展现。在战略中强调有形展示的服务行业主要包括客户到企业所在地接受服务的服务类型，如餐馆、零售商店和娱乐公司等。

客户从这五个维度将预期的服务和体验到的服务相比较，最终形成自己对服务质量的判断。当体验质量超出期望质量时，服务被认为具有特别质量，客户表示出高兴和惊讶；当没有达到期望质量时，服务注定是不可接受的；当期望质量与体验质量一致时，服务是满意的。如图 6－7 所示，服务期望受到口碑、个人需要和过去经历的影响。

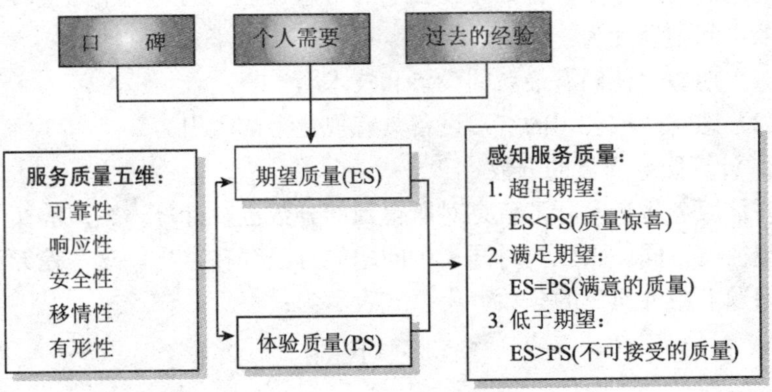

图 6－7　感知服务质量

三、服务质量的评估方法

客户服务质量的评估有一定难度，因为它是由若干主体对若干有形和无形的对象，在不同时间、不同地点的不同流程中进行评价，也就是不确定性的主体对不确定性的客体进行的价值判断。由于服务多样性，服务每次都是重新开始的。即使服务质量一贯优异，也不能保证特定的某一次服务也必定是高质量的。客户购买服务时总会感到存在着风险，为此客户就会在购买之前尽量多搜集相关信息来降低购买风险。与产品质量评估相比，服务质量评估更具概念化、符号化的特点，表现出很强的主观性。不管难度有多大，对客户服务质量的评价还是不可缺少的，原因很简单，就是企业需要：企业需要它来了解、判断当前的状况，需要它作为改进工作和作出决策的依据，需要它来考核员工的绩效，需要它来促进客户满意和使企业获益。

目前，对客户服务质量的评估方法大致如下：

(一) SERVQUAL 模型评估法

该方法主要围绕服务质量的五个维度及与之相关的各项目，计算出感知服务质量的评估方法。具体的评估过程分为两步：

1. 进行问卷调查，由客户打分

问卷设计的内容涵盖了五大属性及与之相关的 22 个因素，并将这些因素具体化为相应的问题，每个问题都分别用于调查客户对企业提供服务的期望和客户在服务过程中的感受。客户根据自身情况对每个问题打分，分数的设计从 7 至 1（最同意＝7，最不同意＝1）。由于客户的感受和期望在意思的表达上略有区别，所以对于同一个因素得来的问题，随调查目的的不同而略有改变。譬如，在关于“可感知性”的第一个因素转化来的问题上，问题设计为：

(1) 期望“他们有最新的设备和技术”；

(2) 感觉“该公司的有形设备具有视觉上的吸引力”。

2. 计算服务质量的分数

评估服务质量实际上就是对所得到的分数进行计算。客户的实际感受与期望往往不同，因此，对同一个问题的打分存在差异。这一差异就是在这个问题上服务质量的分数。用公式表示为：

$$SQ=\sum_{i=1}^{22}(P_i-E_i) \tag{6-1}$$

式中：

SQ——SERVQUAL 模型中的总的感知质量；

P_i——第 i 个问题在客户感受方面的分数；

E_i——第 i 个问题在客户期望方面的分数。

公式（6-1）表示的是单个客户的总的感知质量，所得的总分数再除以 22（问题的数目）就得到了单个客户的 SERVQUAL 分数。然后把调查中所有客户的 SERVQUAL 分数相加再除以客户的数目就得到企业的平均 SERVQUAL 分数。

公式（6-1）存在一个假定条件，即对于企业提供服务的五个属性（即五个维度）在客户心目中的重要性是相同的，不存在哪个属性更重要的情况。但在实际生活中，对不同的服务，五个属性是不同的。例如，计算机公司的客户认为服务中可靠性是最重要的属性，而服装店的客户就不一定会认同。考虑到这一情况，评估企业服务质量时刻进行加权平均。在公式（6-1）的基础上，得到加权计算公式：

$$SQ=\sum_{j=1}^{S}W_j\sum_{i=1}^{R}(P_i-E_i)$$

式中：

SQ——SERVQUAL 模型中的总的感知质量；

S——属性的总数目；

W——每个属性的权重；

R——每个属性的问题数目；

P_i——第 i 个问题在客户感受方面的分数；

E_i——第 i 个问题在客户期望方面的分数。

尽管 SERVQUAL 模型存在一些不足，仍需在研究中不断发展完善，但它是直到目前为止较为合理并为大多数学者接受的一种感知服务质量的评估方法。后期许多学者的服务质量测评研究都是在此基础上进行的。

（二）SERVPERF 模型评估法

克罗宁和泰勒认为 SERVQUAL 模型无论是在概念化方面和操作化方面对评估服务质量来说都是不合适的。他们提出了一个以服务表现（performance）为基础的 SERVPERF 模型，认为在 SERVQUAL 模型中派拉索拉曼等三人对感知服务质量和客户满意度中客户期望的解释使二者的关系产生混乱（派拉索拉曼等三人认为评估感知服务质量时客户期望指的是客户应该期望什么，而在评估客户满意度时客户期望是指客户一直期望的是什么）。因此，克罗宁和泰勒主张在评估服务质量时不考虑客户期望的影响，只通过对客户感受的调查（克罗宁和泰勒的 SERVPERF 模型中的服务表现即是SERVQUAL模型中的客户感受）来评估服务质量。

为了与SERVQUAL模型做比较，克罗宁和泰勒在研究中采用了SERVQUAL模型的问卷调查内容。不同的是他们仅要求客户对第二部分感受和第三部分重要性进行打分。四个模型的比较是根据以下四个公式展开的：

服务质量＝（表现－期望） (6-2)

服务质量＝（表现－期望）×权重 (6-3)

服务质量＝表现 (6-4)

服务质量＝表现×权重 (6-5)

其中：公式（6-2）、公式（6-3）表示SERVQUAL模型；

公式（6-4）、公式（6-5）表示SERVPERF模型。

通过对银行、害虫控制、干洗、快餐这四个行业的调查并计算出调查结果，克罗宁和泰勒得出结论，认为SERVPERF模型比SERVQUAL模型更适于评估服务质量，而且不计权重的SERVPERF模型比计算权重的SERVPERF模型评估效果更好。

（三）基准化评估法

为了评估服务质量，设立相对于竞争对手的企业业绩表现是重要的。基准化包括寻找实现竞争优势的最佳途径。它源自日本旦土特苏（dantotsu）实践——其含义是追求"好上加好"。企业的产品、服务和实践要不断与最佳竞争对手的标准进行比较，并辨别出其他部门的行业领先者。通过观察和评价行业内外的最佳企业，就有可能提高本企业的业绩。

最早采用基准化的企业是施乐公司（Xerox Corporation），它将其作为赢得竞争优势的主要工具。施乐首先开始在它的制造部门实施基准化，其重点是产品质量和特色的增加。在制造领域成功之后，施乐的高级管理层确定在所有成本中心和经营单位实行基准化，到1981年在全公司范围内采用基准化。这个过程的关键因素是员工高度的参与水平，这是实现基准化的主要手段。

通过一个步骤一个步骤、一个操作一个操作地检查竞争对手的过程，施乐能够识别出竞争对手使用的最佳方法和实践。现在基准化已经被认为适用于企业运营的任何一个领域。在开始基准化时，活动仅仅集中在竞争对手身上，直到这一点变得清楚，即施乐在每个经营职能上达到优异业绩的目标是不能只通过观看竞争对手的实践就可以实现的。创造竞争优势的任务意味着超级的业绩，而不仅是与竞争对手的勤奋努力相匹配。获得竞争对手的必要信息及其内部体系和过程显然是困难的，这就需要用更宽阔的视角来基准化。因此，基准化从只专注于竞争对手拓宽到一个宽广的、有选择的、集中在业绩领先企业的产品和服务，而不管它的行业部门是什么。

现在施乐被看做是一个提高质量的世界性榜样，该公司240个不同职能领域的常规运作都参与了可比较领域的基准化。例如，施乐的后勤和配送部门由于实施了基准化，使该公司的年生产率增加了一倍。

（四）物流企业客户服务评估的7Rs模式

7Rs模式特别适用于供应链一体化下的物流企业的客户服务质量的评估。7Rs模式的核心思想是将源于企业和源于客户的双向评价过程用7Rs指标统一起来，分析比较二者的相符程度，明确客户服务的改进和完善的方向与细节，因此，它主要不是一种满意度评价方法，而是基于改进和完善客户服务的一种诊断方法。

7Rs是客户服务的7个要素，其中，合适的客户是指企业的产品和服务的最佳诉求对象和适用对象。根据客户层次的划分，不同的企业、不同的产品和服务都各有不同的客户群体，完善的客户服务的前提是根据客户的真实需求设计、生产产品，以合适的产品和服务去满足其需求。

合适的需求是指客户需求的愿望和实现需求的具体行为，以及实现需求的事前、事中、事后的感受。如需求前响应是否敏捷，需求过程中是否便利，消费时是否获得指导和培训，出现故障时是否能快速妥善处理，等等。从狭义上讲，合适的需求是指客户的个性化需求。

合适的产品和服务是指能够满足客户合适需求的实物及技术、指导、咨询等，有些服务需以实物产品为依托。有些服务则独立成为个性化产品。

合适的时间和合适的场合是指企业在客户需要的时间和场合能够为客户提供产品和服务，而客户能够在他们方便的时间和场合便利地获得个性化产品和服务。

合适的价格是指企业提供的产品和服务价格合理，能够为诉求对象所接受。过高的定价会缩小合适客户的定位，过低的定价会使企业成本增加。

合适的方式是指企业通过合适的途径、渠道、方式为客户提供产品和服务，客户通过他希望的途径、渠道和喜欢的方式获得产品和服务，满足需求。

第三节　服务的质量控制

一、服务质量低下的原因

由于服务质量管理中存在着许多企业难以控制的因素，在看似简单的管理过程中（确定服务战略—制定服务标准—服务工作分解—实施）存在许多问题并导致低劣的服务质量。导致服务质量不高的原因主要有以下几方面。

（一）企业高层管理人员不重视服务质量

企业高层管理人员的行为对员工起着榜样作用，如果他们不注重服务质量，不把提高服务质量作为取得竞争的关键，即使企业已经制定了服务质量标准，也不会长期为员工们接受和实施。

（二）把服务质量作为专业人员的问题

许多企业还没有把服务质量放在整体的观念下去考虑，往往把提高服务质量和服务质量控制认为是应由专门的部门解决的问题，认为服务质量的评估、处理和沟通应由这样的部门来完成。但服务与消费同时发生的特性告诉我们服务质量及其控制的责任属于实施服务工作的部门，也就是说，企业的各个部门都应将优质服务的观念贯彻在平时的工作中，应认识到服务质量贯穿于整个企业的工作里。

（三）角色模糊

在关于什么想法与行为能产生优质服务（是与客户交往有关的服务质量）这个问题上，如果服务人员与管理人员没有共识，就会导致“角色模糊”。因为服务人员不了解管理人员的具体要求，在对客户的面对面服务过程中就无法依照质量标准做好服务工作，无法满足客户的需求。

（四）难以保持长期的努力

适当的服务质量管理措施在短期内能提高服务质量水平，通常这样的管理措施是以合理的计划，富于魄力的领导者以及一些有效的交流工具为前提，但仍存在着一定的风险。就是这种“第一阶段的质量提高”很有可能存在时间不长，除非企业采取系统化的努力措施以保证持续的提高质量的机制。

（五）没有重视服务质量与社会进步的关系

客户的期望在不断变化，很多企业管理人员不重视社会的发展及其所带来的客户需求的变化，不能理解这些变化对服务及服务质量的影响。在管理中遇到类似问题时，管理人员不是根据客户需求而改变管理要求和措施，而是代之以调整价格的方法。

因此，要改善服务质量，质量控制就显得尤为重要。

二、质量控制

服务质量控制可视为一种反馈控制系统。在一个反馈系统中，将输出结果与标准相比，与标准的偏差被反馈给输入，随后进行调整使输出保持在一个可接受的范围内。图 6－8 显示了运用服务过程控制的基本控制循环。服务概念为设定目标和确定系统表现的测量方法建立了基础。为与标准保持一致，需要测量和监控输出。与要求不一致时，需要进行研究，以便分析原因和确定采取的纠偏行动。

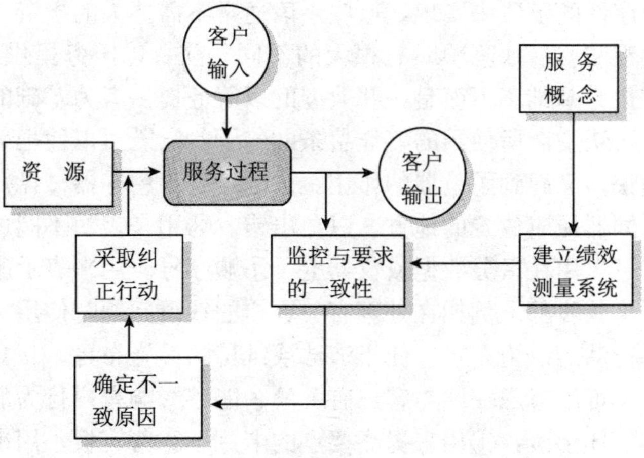

图 6－8　服务过程控制

许多适合于制造业的质量控制原则，也适用于服务业，这些原则包括：

第一，质量控制关系到服务作业中的每一个人，也包括看得见或看不见的各种任务。

第二，各种质量控制制度应能发掘质量失控及奖励成功，并协助改善工作。

第三，以机器替代人力，尤其是取代那些例行性的服务工作，应有助于质量控制。

例如，经常被人称许的麦当劳公司，对质量标准的注意事项有：①汉堡包在多少时间内要翻面多少次（经常翻面）；②未卖出的汉堡包只能保存多久（逾时即弃）；③未卖出的炸薯条只能保存多久（逾时即弃）；④收银员应当以目光接触每一位客户并微笑。

三、质量控制的方法

（一）缺陷预防法

这种方法来自日本，在日语中称为“poka-yoke”。服务缺陷可以通过硬件、软件、程序以及其他一些诀窍来预防，以使服务质量得到保证。缺陷预防法包括在某些事情偏离正常轨道之前自动作出警告，或自动采取一些行动来纠正偏离。

在制造业，缺陷预防法往往采用给机器增加一些自动检测仪器，或者在产品中进行一些特别设计等形式。而在服务业，缺陷预防法往往通过一些软件或程序性的手段来实现，这些手段通常不需要大的投资。

质量跟踪和质量缺陷预防有很大的不同。前者以服务提供者为基础，而后者以客户为基础。下面是一些典型的以服务提供者为基础的缺陷预防法的手段：①快餐店所使用的盛炸薯条的勺子。它既可以使把薯条装入纸袋的动作加快，又起到了量器的作用。②医疗外科用的器械盘。它可以清楚地区分不同器械应放置的地方，以免出错。③用来表明不同放置位置的彩色标志，可以用在区分数据或仪器上。④顺序号。用来表示服务的先后顺序。⑤严格的步骤。例如在处理有关客户的钱财问题时使用。⑥便于客户按照秩序行动的设施布置，便于清洁或维护的设施布置。

但是，也可以考虑一些与客户有关的、能够影响客户行为的缺陷预防手段。例如下述手段：①用来提醒要点的卡片。②留言板，用来沟通必要的信息。③电话内线的合理设置，以便使客户能迅速找到适当的服务人员。④专用服装，使客户一眼看上去就可以知道什么问题应该找谁。⑤预先给客户一些说明和向导文件。

还有很多其他可以考虑的手段，在此不再一一列举。总而言之，缺陷预防法的本质是一种低成本改进质量的方法，它可以从服务提供者和客户两个不同的角度出发来考虑，也可以从客户和服务提供者的接触过程来考虑。

（二）全面质量管理（TQM）

美国经济学家菲根堡姆的全面质量管理（TQC）概念，提出“全面服务质量管理”，它是指由企业所有部门和全体人员参加的，以服务质量为核心，从为客户服务的思想出发，综合运用现代管理手段和方法，建立完整的质量体系，通过全过程的优质服务，全面满足客户需求的管理活动。

1. 理解全面服务质量管理

（1）全企业的服务质量管理。每个企业的服务质量管理都可以分为上层、中层和基层管理，涉及整个企业。上层管理侧重于服务决策，并统一组织、协调各部门、各环节的服务质量管理活动；中层管理则要实施领导层的服务决策，对基层工作进行具体的业务管理；基层管理则要求员工按标准进行操作，严格检查实际操作情况。

（2）全员性的服务质量管理。由于现代工业产品具有结构复杂、技术密集的特点，客户对服务有越来越多和越来越高的要求，使服务工作向综合性发展。综合性要求技术服务由具有机械、电子、光学、电气、化工等专门知识的成套人员进行，要求业务服务由具有营销、管理、公关、财务知识的人员进行。因此服务绝不仅仅是销售部门的事，它要求企业的生产、技术、采购、保管、财务、人事等部门人员都关心服务质量，参与服务质量管理。

（3）全过程的服务质量管理。现代的服务工作也具有全面性的特点，它要求从设计、制造、成套供应、安装、调试到使用过程中故障的排除、维修等，为用户提供从售前到售后的长期服务。实施服务质量管理，必须把服务质量产生的全过程管起来，才能保证和提高服务质量。

2. 搞好全面服务质量管理，提高服务质量，必须有赖于加强和健全各项服务管理工作

（1）建立服务的计划制度。计划制度是实现营销服务工作正常化、制度化的重要手段。企业每年要制定年度的各项服务计划，如技术服务计划、客户访问计划、客户技术培训计划、备品配件供应计划等，以保证服务工作有目的、有节奏地进行。

（2）建立服务质量责任制。服务质量责任制是企业各部门、各岗位和个人在服务质量管理工作中为保证服务质量所承担的任务、责任和权利。建立服务质量责任制使企业内部各管理部门间、各业务部门间明确职责范围、工作或服务标准，把服务的各项工作同员工的积极性结合，形成严密的质量体系，保证服务质量的提高。

（3）制定服务工作标准。就是根据服务质量责任制的要求，制定各项服务工作标准，如接待客户工作标准，访问客户工作标准，检修、安装、调试服务工作标准，质量三包服务工作标准，技术培训工作标准等，以便

根据标准来检查、考核服务工作质量，根据工作质量来决定服务人员的奖酬。

(4) 建立服务的信息管理制度。客户信息的收集和反馈，对提高产品质量、发展新产品、提高服务质量有重要作用。因此，要建立服务信息管理制度，如客户档案制度、产品档案制度、客户服务信息传递等，以利于实现服务工作的连续性和为营销决策提供依据。

(5) 做好服务决策工作。服务决策是整个服务工作的基础。服务事项、服务水平、服务形式决策的优劣决定着服务质量的高低。企业领导者必须在客户意见和本企业服务质量与竞争者的服务质量相比较的基础上作出最佳决策。在服务事项决策中，由于售后服务是最重要的服务工作，所以要特别注意建立什么样的售后服务体系，既要满足客户要求，又要考虑到经济性，尽量降低企业的服务成本。在此原则下决策是否提供送货上门、安装调试、人员培训、维修保养、事故处理、零配件供应、产品退换等售后服务事项。

(6) 建立服务的统计和分析制度。对服务工作的情况要按时进行分类统计，定期进行认真分析，写出分析报告，以供企业领导和有关部门作为检查服务计划执行情况的依据和改善经营管理的参考。

(三) 国家质量奖

美国 Malcolm Baldrige 国家质量奖和欧洲质量奖，是评价制造业企业和服务业企业质量管理好坏的权威性奖项。这两个奖项揭示了什么是质量和如何获得高质量的概念和理论，对于各类型的企业都具有可操作性。

1. 美国 Malcolm Baldrige 国家质量奖

该奖项创立于 1987 年，它是以美国的一位已故的商务部长的名字命名的。这个奖项类似于日本的戴明奖，从 1988 年起就成为美国企业追求的目标。美国 Malcolm Baldrige 国家质量奖分三类：制造业企业奖、小企业奖和服务业企业奖。每类奖每年最多有两个名额，但也可能空缺。

美国 Malcolm Baldrige 国家质量奖包括 7 个基本要素标准，每一个要素代表一定的分数，总分为 1000 分。独立的评审委员会首先对提出申请的企业提交的申请材料进行评分。然后再从中选出最有希望获奖的企业进行现场考察。评奖标准每两年修订一次，1994 年的 7 个要素标准和每个要素的分数如下：

(1) 领导（100 分）：企业的高层领导如何在企业的各个领域创造和保持质量价值。

(2) 信息和分析（60 分）：所使用数据的范围（内部、客户、供应商）、有效性和时间性、所使用的统计分析、是否寻找根源、确定对策等。这一标准实际上是衡量企业是否是“用事实来管理”。

（3）质量战略计划（90分）：如何把质量集成到企业的经营战略中去，是否与竞争对手和世界级企业进行对比，如何对比。

（4）人力资源利用（150）：企业致力于全员参与的努力的有效性。其中包括员工授权、连续改善和组织成长（教育、培训、表彰、工作生涯质量）等问题。

（5）产品和服务的质量保证（150分）：在产品设计、试验、物料供应、备件供应以及相关服务中是否使用全面质量控制，其中包括建立标准、能力规划、指定关键流程、实验设计、质量评审、文件化和外部质量保证等问题。

（6）质量结果（150分）：质量保证活动的结果如何。应基于客户和竞争者的独立评价。

（7）客户满意度（300分）：企业对客户的了解程度以及快速提供给客户服务的绩效，其中包括对客户承诺、邮购服务、投诉处理以及客户意见反馈等方面的评价。

这些要素标准被很多企业看做进行自我评价的标准，并以此寻求进一步改进的目标，虽然这些企业并不一定都申请Malcolm Baldrige国家质量奖。Baldrige国家质量奖有助于企业的管理层把注意力放在质量以及提高质量的机制上。到1994年为止。共有三家企业获服务业企业奖：联邦快运、AT&T通用卡（Universal Card）和位于亚特兰大的Ritz-Calton饭店。

2. 欧洲质量奖

欧洲质量奖是个设立得更晚的奖项。1992年才首次颁奖。该奖项由欧洲质量管理基金（EFQM）负责管理，并由欧共体和欧洲质量组织提供支持，其中欧洲质量组织是由25个国家的质量管理组织所构成的联盟。欧洲质量奖每年颁奖一次，每次只有一个获奖名额，但有若干等外奖（提名奖）。

相对于美国Malcolm Baldrige国家质量奖的7个要素标准，欧洲质量奖有9个要素标准。虽然这两种奖项从本质上来说有很多类似的地方，但欧洲质量奖还是有其鲜明特色的。

特色之一是它对因果关系有明确的要求。也就是说，一个具有世界级质量的企业，应该能够清楚地表示出其方针和实际所采取的行动之间的关联，以及由此而取得的结果。这些结果不仅只是质量的结果，而且应该是经营结果，其中包括财务绩效。美国 Malcolm Baldrige 质量奖对质量方针和财务绩效之间的关联没有硬性要求，它所要求的关联只是希望每一个管理者都关心质量。在这样的指导思想之下。欧洲质量奖的前 5 个要素标准是关于方针和措施的（占总分的 50%），后 4 个要素标准是关于结果的（占另外的 50%）。这 9 个要素标准如下：

（1）领导（10%）：这个要素与美国 Baldrige 质量奖的要素 1 非常类似。重点是高层管理者应做的可度量的事情：价值和所公布的计划，他们给予下属、客户和供应商的感觉，要使这些人能够感觉到，企业领导愿意与他们讨论质量问题。

（2）方针和战略（8%）：这个要素与美国 Baldrige 奖的要素 3 类似，它衡量企业的基本方针和战略是否反映了全面质量管理的内容，是否是企业经营计划的一个重要组成部分。

（3）人员管理（9%）：这个要素与美国 Baldrige 奖的要素 4 类似，是与企业员工有关的。即企业是否致力于从聘用、培训、职业生涯设计、绩效评价等多方面来发挥员工的潜能。

（4）资源（9%）：这个要素与美国 Baldrige 奖有些不同，它衡量企业是如何将它的资源有效使用在质量管理上的，这里所指的资源包括资金、信息、物料和技术。

（5）流程（14%）：这个要素与美国 Baldrige 奖类似，考察企业中各种不同的流程（如接收订单、记账、提供各种服务、开设新服务等）是如何被定义、评审和改进的。这一要素中还包括全面质量管理的统计工具以及这些工具是如何被使用的。

（6）客户满意度（20%）：这是与结果有关的要素标准中最重要的一个标准。它衡量客户到底是否满意、满意程度如何。企业需要出示外部客户对其公司、产品和服务的感受和评价，需要提出证据。

（7）员工满意度（9%）：这个要素考察企业内部的人员是如何看待企业给予他们的待遇的，企业是否满足了他们的期望和要求。这个要素也要求出示证据。

（8）社会影响（6%）：这个要素考察企业在社会上的形象如何，包括企业在提高生活质量和环境保护上所采取的措施和所做的贡献。

（9）经营结果（15%）：这个要素是美国 Baldrige 质量奖要素 6 的扩展，因为这个要素不仅包括了企业及其供应商的有关质量的硬数据，也包括了企业财务绩效的硬数据。

附：专论摘要

一汽在“感动”中超越“满意”

一汽贸易总公司副总经理　姜立堂

中国一汽的售后服务，是伴随着第一辆解放牌汽车的诞生而孕育发展起来的，至今已有49的历史。它确保了“解放”产品的市场保有量、独占中国卡车市场半壁江山，并创立中重型卡车世界第一的销量。它的售后服务曾经历了被动服务、主动服务到满意服务等阶段，今天一汽已进入感动服务新时期。

一、什么是“感动服务”

“感动服务”是建立在“满意服务”基础上一对一的人性化互动服务，它是企业以服务为舞台，以商品为道具，围绕着消费者，创造出值得消费者回味的活动，通过触及客户的心灵共鸣来实现。这其中，商品是有形的，新创造出的服务过程体验是客户难忘的。

感动服务是以精益思想为指导，更加注重服务的每一“过程”，追求的是尽善尽美的最高境界。它是因人而异，因情景而异，“以人为本”的无止境的创新服务。感动是无标准的，靠自身的感悟，正如道家所讲“道可道，非常道”，这也正是感动服务区别于其他服务的根本所在，是其竞争者无法简单模仿和替代的。

很多企业都带着极大的热情去青岛学习海尔，希望取得“服务真经”，但又有多少企业真正学习到了“海尔服务”的真谛？因为它是一种思想、文化、理念，是融化在心灵深处的信仰，我们看到的是表皮，而实质的东西是无法用语言表述清楚的，这就是“悟”。

二、一汽为什么提出“感动服务”

今天的市场已经不再是昔日的“一花独秀”。老的竞争伙伴在不断壮大，新生的竞争伙伴又充满活力，要在市场中立于不败之地，就必须比竞争伙伴做得更多、更好。汽车行业的竞争环境异常激烈，产品的有形竞争已经趋向同质化，支撑企业发展的核心竞争力，实际已经从有形向无形转变；社会经济生活也已经从产品经济、服务经济向体验经济过渡。

如何支撑世界卡车第一销量的解放卡车的服务工作？其实业内都知道，满意服务是远远不够的，但有谁愿意把服务的境界无限拓展呢？因为这与企业将承担的风险并存。然而市场就是市场，谁将市场理念提升了，谁就会在市场竞争中更具有生命力。2002年的一汽服务年会上，我们提出了超越满意服务，创立“感动服务品牌”。其依据是：

（一）一汽的经营理念是“用户第一”。这是一个动态理念，它要求解答好四个问题：“谁是我们的客户”、“客户的需求是什么”、“我能为客户做些什么”、“我还能为客户做些什么”。企业要生存就必须回答前三个问题，而企业要发展就要回答第四个问题。应该讲，“感动服务”正是在企业“用户第一”理念指导下体现服务的“差异化”，使用户更满意而形成自己服务品牌的必然结果。

（二）近时期，一汽的竞争伙伴都相继打出了服务品牌的旗帜，以强化服务功能，如东风的“易行服务”、重汽的“亲人服务”等。一汽在多年的服务基础上，只有提升服务水准，超越客户的需求和期望，才能在竞争中取得主动，形成自己独特的感动式服务，这是竞争的需要。

（三）WTO已经迫近汽车业，怎样与国际化接轨，使我们的服务更加规范、标准？对于一个企业来说，达到客户满意是基本任务，否则产品是卖不出去的；而获得客户的忠诚，则是在竞争中取胜的保证。

（四）如何使客户从满意到忠诚？惟有你感动了客户，才能抓住客户的心，并拥有客户的忠诚。最终客户会抗拒竞争对手的“价格折扣”，经常购买你的产品和服务，甚至向其朋友或同事推荐。“感动服务”正是实现客户由满意到忠诚的一个服务举措。

要不断地给客户提供“惊喜”，使他们的需求和期望得到超越。这种惊喜不一定仅仅体现在产品本身上，更多的还要在情感服务上下工夫，用情感去赢得客户，使客户感到愉悦。

正是基于对客户忠诚度的追求，从而要求一汽的服务必须向更高的目标迈进。为此，创“感动服务”品牌，以感动服务去赢得客户，是做大企业，做强服务的必然要求。

三、怎样做好“感动服务”

做好“感动服务”最重要的就是要深刻理解感动的内涵：市场就是舞台，企业与客户就是这舞台上的演员，服务过程就是一部“即兴小品”。小品是否感人，重要的是演员对剧情的把握。另一方面，从理论上分析，如果把服务过程分为三个部分（如图6－9所示），我们可以看到：

（一）满意服务：它被画成直线，客户需求和客户满意度之间是一种正比例关系，客户得到自己想要得越多，就会越满意。

（二）次感动服务：它是一条曲线，而且从不高过横轴。这意味着即使客户所假定要求都得到满足，他们达到的满意程度最多也只是中性的。

但从另一方面，如果你无法满足客户这类要求，他们的满意程度就会大打折扣。例如：代理商、服务站的环境形象建设的优劣，服务人员的服饰、礼仪等均对用户产生影响。

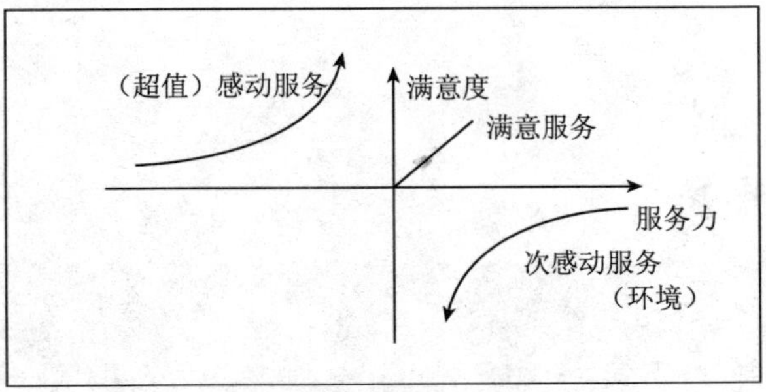

图 6-9　满意度与服务力的关系

（三）感动服务：它也是一条曲线，这表明通常"感动"并不在客户的要求范围内，它甚至可能不是客户的需要，因此如果你没有这项服务客户的满意度不会降低，所以这条曲线永远也不会低于横轴；然而，如果这一服务做到了，客户的满意程度会很高，曲线也会向上弯曲。例如：有些服务站在向用户售车后，为用户及所购新车一起留一个纪念照片（一次成像），献上一束鲜花，并给用户车披上"吉祥条"，为用户祝福。虽然这些并非用户所要求的，但由此产生的效果却是不同凡响的。

公式：用户感觉度＝用户体验－用户期望

当其值＜0 时，用户不满意；

当其值＝0 时，用户满意；

当其值＞0 时，用户感动。

因此做好感动服务可以从三个方面考虑：

1. 用户没想到的，我们能为用户想到、做到；
2. 用户认为我们做不到的，我们却为用户做到了；
3. 用户认为我们已经做得很好了，我们要做得更好。

——节选自《中外管理》2002 年第 10 期
《一汽在"感动"中超越"满意"》一文

第七章　物流企业的业务服务

本章提要

1. 运输业务服务
2. 配送业务服务
3. 保管业务服务
4. 包装业务服务
5. 装卸业务服务
6. 流通加工业务服务

物流服务是客户服务的内容之一。物流服务是物流业为他人的物流需要提供的一切物流活动。它是以货主的委托为基础，进行独立的物流业务活动。也可以说，物流服务是按照货主的要求，为克服货物在空间和时间上的间隔而进行的劳动。

物流服务的内容是满足货主需求，保障供给，而且无论是在服务的量上还是质上都要使货主满意。在量上满足货主的需求主要表现在适量性、多批次、广泛性（场所分散）；在质上满足货主的需求主要表现在安全、准确、迅速、经济等。具体来说，为满足货主的需求，物流服务的基本内容应包括运输与配送、保管、装卸搬运、包装、流通加工等以及与其相联系的物流信息。

第一节　运输业务服务

运输是物流系统的重要支柱之一，物流运输服务在物流服务中占有重要的地位。它是指将货物大批量长距离地从生产工厂直接送达用户或配送中心的一种行为。从物流系统来讲，运输是实现物品空间位置的物理性转移，它联结生产和消费，在产地和销地之间架设桥梁，从而创造商品的空间效用，实现其使用价值，满足需要，如啤酒工厂生产的啤酒，如果啤酒只是存在于工厂的仓库里，则它的功能与价值丝毫没有实现，只有当需要啤酒的人把它买来饮用，才实现其功能和价值。同样，也只有把清凉的饮料，由山下运到山顶才能滋润爬山人的喉咙。从整个国民经济来讲，运输业是国民经济的一个重要经济部门，是实现物流系统输送功能的产业。因此，加强运输活动的研究，实现运输合理化，无论对物流系统整体功能的发挥，还是对促进国民经济持续、稳定、协调的发展，都有着极为重要的意义。

一、运输的作用

由于漫长的距离将生产厂商和消费者分离开来，因此，运输活动及其载体所构成的运输系统是物流管理系统中的重要组成部分。物流过程的其他各项活动，诸如保管、包装、装卸等都是围绕着运输进行的。所以，运输是物流过程各项业务活动的中心活动。可以说，在科学技术不断进步、生产的社会化和专业化程度不断提高的今天，一切物质产品的生产和消费都离不开运输。物流合理化，在很大的程度上取决于运输的合理化问题。所以，在物流过程的各项业务活动中，运输是关键，起举足轻重的作用。

（一）运输是物流的主要功能之一

物流是物品实体的物理性运动。这种运动不但改变了物品的时间状态，也改变了物品的空间状态。运输完成物品的空间位置上的移动，克服产地与需求地之间的空间距离，实现物流的空间效益，实现其使用价值，以满足社会的需要。运输再配以搬运、配送等活动，就能圆满完成改变空间状态的全部任务。在现代物流观念未诞生之前甚至就在今天，仍有不少人将运输等同于物流，其原因是物流中很大一部分责任是由运输承担的，所以说运输是物流的主要功能之一。

（二）运输是社会物质生产的必要条件之一，是国民经济的基础和先行

马克思曾经指出，交通运输是社会生产过程的一般条件。为了完成货物运输，就要投入人类的劳动，包括活劳动和物化劳动。例如，运输工具、运输用能源以及道路、港口、码头、机场、输送管道的建设等，还有活劳动的消耗。这就是说，为了促使物质产品使用价值的最终实现，必须要有运输这种追加劳动，它表现为一种生产性的劳动，是生产过程在流通领域内的继续。

（三）运输可以创造“场所效用”

场所效用的含义是：同种物品由于空间场所不同，其使用价值的实现程度不同，其效益的实现也不同。由于改变场所而最大地发挥使用价值，最大限度提高了产出投入比，因而称之为“场所效用”。通过运输，将物品运到场所效用最高的地方就能发挥物品的潜力，实现资源的优化配置。

（四）运输是“第三利润”的主要源泉

在物流过程中，直接耗费活劳动和物化劳动，它所支付的直接费用主要有运输费、保管费、包装费、装卸搬运费和物流过程中的损耗费等。其中，运输费用所占的比重最大，是影响物流费用的一项重要因素，特别在我国交通运输业还不很发达的情况下更是如此。因此，在物流各环节中，如何搞好运输工作，开展合理运输，不仅关系到物流时间占用的多少，而且还会影响到物流费用的高低。不断降低物流运输费用，对于提高物流经济效益和社会效益，都起着重要的作用。所谓物流是“第三利润的源泉”其意义也在于此。

二、运输方式及其选择

（一）运输的七种方式

运输的五种基本方式是铁路运输、公路运输、水上运输、航空运输和管道运输。另外，为了提高运输效果，在五种基本运输方式的基础上，还形成了联合运输、散装运输、集装箱运输等具有特殊功能的运输方式。每一种方式都各有其特点和优势，也各有所短，它们彼此之间既存在着竞争的关系，也有着取长补短的互补协作关系。

1. 铁路运输

铁路运输是使用铁路设备、设施运送旅客或物品的一种运输方式。这种运输方式的最大特点是适于长距离的大宗货物的集中运输，并且以集中整列为最佳，整车运输次之。

（1）铁路运输的优点

①运载能力大。随着与铁路运输密切相关的技术革新和发展，铁路列车的运载量越来越大。

②速度较快。铁路和机车的内燃机化和电气化、日益兴起的高速铁路，使得铁路列车的运行速度不断提高，如果将起讫地所耗费的时间计算在内，较短距离内的铁路运输速度甚至可以超过飞机。

③污染少。相对于汽车运输，铁路运输有专用路线，不存在拥挤问题，铁路运输造成的废气、噪音、能源消耗等其他公害也比公路运输少。

④受天气条件限制少、安全可靠。铁路运输是全天候、四季皆宜的运输方式；在固定的专有线路上运行，可以准确地估计运行时间。

(2) 铁路运输的局限性

①灵活性差。铁路运输受固定线路限制，门到门运输还必须借助汽车运输实现。

②对包装的要求较高。

③存在货物被偷盗的危险。

④铁路设施修建成本较高。

⑤近距离运输，其运输费用也较高。

铁路货物运输，按照货物的数量、性质、形状、运输条件可区分为整列运输、整车运输、集装箱运输、混装运输（零担货物运输）和行李货物运输等形式；按铁路的属性，可分为中央铁路运输和地方铁路运输；另外还有营业性线路运输和专用线路运输等。

2. 公路运输

公路运输是使用公路设备、设施运送物品的一种运输方式。是我国货物运输的主要形式，在我国货运中所占的比重最大。其特点是机动、灵活、投资少，受自然条件限制小，能够取货（接货）到家，为铁路、水运、空运起集散作用。

公路运输的工具主要是汽车和畜力车，而以汽车为主，它主要承担短途运输和无铁路可通的长途货物的运输任务。

(1) 公路运输的主要优点

①普遍性。目前全球公路网的密度堪称各运输方式之首，许多国家的公路可通达各个乡村甚至各个家庭的门口。我国现有公路总里程 104 多万公里，全国 95%以上的乡镇都通公路，利用公路运输几乎可以运输任何货物到达任何地点。

②灵活性。完善的公路运输网以及相对较小的单位汽车运量使其具有灵活的优势，绝大多数情况下能实现从托运人到收货人的门到门运输。

③快捷可控。汽车运输与铁路运输不同，货物在运送过程中一般无需中转，从发站装运至到卸货的运输速度较快，从而可以更精确地控制运输时间。该特点对实施适时（Just In Time，JIT）生产战略的企业十分重要，适应 JIT 方式的运输必须精确地安排货物装卸、到达、配送时间及货物的数量。由此，公路运输以其得天独厚的优势成为配合 JIT 策略的首选运输方式。

④运货车辆的资金投入较低，一辆车通常可以用来运载多条公路上的

不同货物。

⑤包装成本低。与其他运输方式比，公路运输通常不需要特别的或精细的包装。

公路运输的优点，使其成为物流运输活动中适用面最为广泛的一种运输方式。在运输中转、不同货运方式的交接、货物到达最终用户等环节中，几乎都需要公路汽车的配合。

(2) 公路运输的局限性

①运输能力低。与铁路和水运相比，公路与汽车载重能力较低，因而，在铁路或水上运输较方便时，公路运输往往失去竞争力。

②单位运费高。由于单位运载能力较低，每车次运货的总成本分摊到每单位货物上的成本就偏高。

③货物遭受偷盗的风险大。公路（尤其是在开放的普通公路）上的车辆更容易遭到偷窃和抢劫。

④公路拥挤与污染。日益严重的公路拥挤和汽车污染对公路运输的未来发展也是不容忽视的挑战。

汽车运输按属性可分为：营业性汽车运输，主要目的是为他人服务；自备汽车运输，主要目的是为自己服务。从公路运输业的角度划分，可分为汽车货物运输业、汽车公路业、汽车运输管理业、轻型车辆运输业以及人力、畜力运输业。汽车货物运输业又可区分为普遍货物汽车运输业、特殊货物汽车运输业和无偿货物汽车运输业三类。

3. 水路运输

水路运输又称为船舶运输，简称为水运。它是利用船舶运载工具在水路上的运输。水运在我国运输业中也占有重要地位。

(1) 水运的优点

①高运输能力。在目前最普遍使用的五种运输方式中，船舶的运输能力高居首位。

②低廉的单位运费。由于运输能力高，而且水上运输主要运用天然水道或天然水道稍加改良，线路建设成本很低。因此，在各种方式都可行的情况下，水运（尤其是远洋运输）通常是成本最低的运输方式。

(2) 水运的局限性

①运输速度比较慢。是常用运输方式中最慢的一种。

②港口设施需要高额费用，并且搬运费用偏高。

③易受天气影响。尤其是海运，极易受风浪和恶劣天气的影响。

④货物破损较多。船舶在行驶过程中受风浪的影响，容易颠簸、摇

晃，造成货物受损。

⑤运输时间难以保证准确。船舶在运输途中受天气、港口等多种因素影响，可靠性差。

水上运输按船舶航行的路线划分，可以分为利用海洋的海上运输和利用河川、湖泊等内陆水域的运输，即内河运输。海上运输又称为远洋运输，或简称为海运。海上运输业按业务内容可以分为船舶航运业、船舶租让业、海上运输管理业和海运代理业等。

从水运业务来讲，它可以分为定期水路运输和不定期水路运输两类。

4. 航空运输

航空运输又称为飞机运输，它是在具有航空线路和航空港（飞机场）的条件下，利用飞机运载工具进行货物运输的一种运输方式。航空运输在我国运输业中，其货运量占全国货运量的比重还不是很大，目前主要承担长距离的客运业务。

（1）航空运输的优点

①运送速度快。为五种运输方式之首。

②受地形条件限制小。只需修建两端点的飞机起降设施，而不需在地面修建线路设施。

③航空运输服务质量高、安全可靠。各航空公司对航空飞行实行严格管理，有较好的服务保障措施，货物破损少，货物保险费用较低。

④货主使用航空运输，可以节约大量运输时间，获得更高的市场灵活性，对市场变化进行快速反应。

⑤包装简单，节省包装费用。

（2）航空运输的局限性

①运费偏高。

②航空运输的载重量仍相当有限，空运货物的体积和重量限制较多。

③受天气影响较大。

5. 管道运输

管道运输是近几十年发展起来的一种新型的运输方式。我国在 1971 年才开始有管道运输。目前，我国管道运输主要是对原油、成品油、天然气和其他气体的运输。与其他运输方式的主要区别在于管道设备是静止不动的。

（1）管道运输的优点

①不受地面气候影响，可以全天候 24 小时、全年 365 天连续作业。

②货物不需包装。

③货物在管道内移动，货损率很低。

④单向运输，没有回空问题。

⑤耗用能源少，占地少，安全，公害少。

⑥经营管理相对简单。

⑦单位运营成本低，管道运营仅需气泵站的极少数维护人员，人工成本很低。

（2）管道运输的局限性

①仅限于液体、气体和少数同质固体货物的运输，过于单一。

②机动灵活性小，局限于固定的管道内运送货物，且为单向运输。

③管道建设的初期固定投资成本大。

6. 联合运输

联合运输是一种是多种运输方式联合为一体，实行多环节、多区段相互衔接的接力式运输。联合运输简称为“联运”，国外称之为协同直达运输，并以集装单元作业作为配合的手段。

联合运输有多种形式，其优点如下：①缩短了货物运输的在途时间；②加快车船的周转，提高了运输工具的利用率；③简化了托运手续，方便了用户；④有利于开展集装单元化运输，使集装单元化技术得到充分的发挥。

联合运输虽然具有许多优点，但不是在任何地方和任何情况下都可以实现。联合运输必须具备一定的条件，例如，联合运输路线上必须建立有“联运”的车站、码头，车站、码头应具有足够装卸搬运能力等。在组织联合运输中，运输途中的换乘、转乘是一个非常关键环节。因此，加强中途换乘、转乘管理，是提高联合运输质量、发挥联合运输作用的重要手段。

7. 散装运输

散装运输是指物质产品直接通过专用的运输工具，不需要进行产品包装的一种运输方式。目前，我国主要对水泥、石油、粮食等货物采用散装运输。散装运输是以机械化装卸作为配合手段，从而促进了散装运输业的发展。

散装运输的特点是：①由于采用了机械化装卸技术，减轻了装卸搬运过程的劳动强度，从而提高劳动生产率；②节约包装材料，降低物流成本；③途中损耗少，有利于提高运输工作质量等。

（二）运输方式的选择

火车、汽车、船舶、飞机等各种运输方式都有各自的特点，不同类物品对运输的要求也不尽相同。使用哪种运输方式为宜的问题，即运输方式的选择，对于物流运输服务，具有重要意义。

总的来说，运输方式的选择，应该在考虑物流系统对物流服务的要求和允许的物流费用的基础上作出决定。具体地选择运输工具时，必须很好地了解各种运输工具的优缺点，根据具体条件加以研究，作为这些具体条件的基础，大体可以从运输物品的种类、运量、运输距离、运输天数、运输费用五个方面来考虑。因此，运输方式的选择，应该是在综合考虑上述各种因素后确定运输方式或运输工具。

运输工具的选择，既可以单独地选用一种运输工具，也可以选用相互衔接的不同种类的运输工具。

在考虑运输物品的种类时，应从物品的形状、单件重量和容积、物品的危险性和易腐性，尤其是要从物品对运费负担能力等方面研究。

关于运量，要考虑运输批量的大小。运输批量大小不同，所选择的运输工具也应不同。

关于运输距离，应是选择运输工具时重点考虑的一个方面，根据运输距离的长短，选定不同的运输工具。通常，在运输距离为 300km 以下，使用汽车运输，但是，由于铁路运输的运价上涨，这种说法已经有所改变，其距离有延长的趋势；300～500km 时，使用铁路运输；500km 以上时，利用水运最为经济。

至于运输天数，则与物品的到货期有关，按期运到是很必要的，因此，这个天数为商流中的交货时间所左右。

当然；运输费用是应该着重考虑的重要问题。特别是在运输费用和物流费用之间存在着优选的关系。由于这种关系的存在，在选定运输工具时，就不能只根据运输费用作出判断，而应该按照总的物流费用，作出决定。

三、货物运输的运作

（一）运输的关系方

运输服务与普通商品的买卖关系不同，往往涉及更多的关系方，包括：托运人（发运地）、收货人（目的地）、承运人、政府和公众。有时还涉及到联系托运人与承运人的运输代理人。物流运作过程中运输决策的制定，受到直接参与或间接影响运输活动的各关系方的影响。

1. 托运人和收货人（Consignor & Consignee）

托运人和收货人作为运输合同的一方，他们的目的是相同的，就是在规定的时间内以最低的成本将货物运送到目的地。托运人和收货人在选择运输服务时考虑的因素包括预计的移交时间、运输频率、货物运送时间、货物损失比率、装运信息的可得性和运输单证等。

2. 承运人（Carrier）

承运人作为运输合同的另一方，其目的是以最低的成本提供运输服务，并能获得最大的运输收入。因此，在进行运输服务时，需要收取托运人（或收货人）所愿意支付的最高费用，并尽量降低运输成本。

承运人可分为自营承运人（Private Carrier）、公共承运人（Public Carrier）、契约承运人（Contract Carrier）。公共承运人在经营权范围内运输货物，并有责任以非歧视价格面向社会公众提供服务；契约承运人则仅向与其订有契约的客户提供合同规定的运输服务，且可以按合同向不同的客户索取不同运价；自营承运人是自己拥有运输工具运输自己产品的企业。

3. 货运代理人（Freight Forwarder）

货运代理人是接受贸易双方的委托，代表他们进行与货物移动相关的活动并负责相关程序或单据手续（装卸、储存、订舱、清关等）的代理服务机构。货运代理人既可以代表收货人，也可以代表托运人。服务的内容主要包括：组织货物运输（包括选择运输路线、方式、承运人等）；全程监控货物运输；提供相关方面的咨询；为市场销售提供建议等。货运代理人在承运人与货主之间起着重要的桥梁作用。

常见的货运代理主要有：货物报关代理、转运及理货代理、租船订舱代理、仓储代理、集装箱代理、多式联运代理等。

4. 政府机构

与货物运输有关的政府机构主要是通过制定各种规章制度和法律对运输各关系方加以管理，维护运输行业正常的竞争秩序。此外，世界许多国家的运输设施仍然是主要由政府提供，一些公共运输的经营也由政府负责。

5. 公众

公众对货物运输的影响通过两方面来体现：①公众对商品需求产生影响，最终影响运输需求；②公众对环境、安全的关注，并通过影响有关法律法规的制定对运输行业产生影响。总的来看，公众对运输的影响都是间接的，但其影响力却不容忽视。

（二）货物运输的运作形式

在物流运作过程中，货物运输因所运货物的类型或批量不同，在具体运输运作中的特点也各不相同。常见的几种货物运输的运作形式包括：包裹、零担和整车运输；散货运输；超大货物、危险货物、项目货物的运输。

1. 包裹（Parcel）运输

最小的货物运输恐怕当属信件、包裹的运输。目前，世界各国的包裹运输服务主要可分为两类：普通包裹运输服务和快递服务。

包裹运输比较简单，客户只需将包裹送到邮局或邮局遍及各地的营业点，填写一张委托单，就可将包裹运到指定的地点，并且是门到门的运输。通常对包裹的重量及体积有一定限制。除此之外，许多客运公司为旅客提供的随行包裹托运业务也属该类运输。一般各运输公司对旅客随身携带的行李托运都提供一定量的免费服务，超过免费部分则向旅客收取费用(通常也是按重量计算)。

快递业务对包裹一般也有一定要求，但随着快速行业竞争加剧，各公司为吸引客户，对包裹大小要求有所放松，提供的业务种类也越来越多。

2. 零担（Less-than-Truck Load，LTL）运输

零担运输的货物较包裹运输的货物体积和重量要大，通常重量从几十公斤到几百公斤不等。这些货物体积较大，通常需要专门的搬运装卸工具来搬运，但货物的数量往往不足以装满一卡车，相对于整车运输，是零散的运输，承运人常将多个零担托运者的货物合并在一起进行运输。

随着生产方式逐渐向小批量、多品种转变，物流运输中的零担货物也越来越多。零担运输主要使用的方式有：航空、公路（卡车）、铁路。与整车运输相比，其货物特点是：小批量、单位价值高、时效性较强。主要货物包括各地特产的新鲜蔬菜、水果、鲜花、鲜活水产品等鲜活易腐货物，以及服装、电子元配件、照相器材、唱片、磁带等。距离较远的运输常用航空运输，而较近距离的地区则多使用卡车或铁路运输方式。

3. 集中托运（Consolidation）

集中托运是将几个托运人从同一发运地发往同一目的地的几个收货人、单独托运的小件货物集中起来进行托运。在零担运输的情况下，货主常会将零担的货物交给货运代理进行集中托运。

集中托运的关系人包括单个托运人（卖方）、货运代理（集中托运人）、承运人、收货人（买方）。通常，货主（托运人）仅需将货物委托给货运代理（集中托运人），由货运代理向每件货物的托运人签发运单或收货单，而货运代理则负责将货物运至机场或车站交付承运人，并办理托运、保险等一切手续，承运人将货物运至目的地时，由货运代理人在目的

地代理接货。单个托运人或收货人不直接与承运人联系。

提供集中托运服务的货运代理人从承运人那里“批发”舱位，然后“零售”给单个的货主。在“批发”交易中，他能够从承运人那里获得较低的费率，并将部分折扣利益传递给单个的货主。同时，集中托运可以节省货主和承运人双方的大量精力，使各方都能有所获益。

4. 整车（Truck Load，TL）运输

当企业需运输的货物数量较大，可以装满一卡车（或火车车厢、集装箱、飞机机舱）时，就可以采用整车运输的运作方式。

一般而言，整车运输的单位运输成本比零担运输要低。主要原因有：

企业的货物需要整车运输时，通常可选择采取两种方式：租车（车厢、集装箱、飞机）运输；自备工具进行运输。租车运输可以是程租（即承租方与出租方仅就一个车次或航次签订合同），也可以是期租（双方就运输工具和辅助设施的一段时间的租用签订合同）。通常，货主在租用运输工具的同时还要租用装卸设备。有些货量比较大的企业会选择自备工具运输自己的产品，大多数机械制造商（如汽车、农用机械、装卸设备等的生产商、燃料生产商以及一些家用电器、冰箱的生产商）常常自备专门的运输车辆和装卸设施为买方提供运输服务。有些大的买主（超级市场、百货商场）也自备车辆购买产品。

5. 大宗散货（Project Cargo）运输

散货因没有具体形状和特定的包装，所以，在运输过程中，散货的装卸、搬运都具有不同于其他货物的特点。如：搬运需使用专用设备，如气泵、挖斗、传送带等；体积会因包装或容器的变化而变化等。

散货可以使用卡车、火车、船舶、管道多种方式进行运输。卡车的散货运载量在几种方式中最小，通常在3～5吨之间。火车散货运载量大于卡车，最大运载量的铁路散货运输是使用单元列车进行运输，可以提高车厢利用率，可以用传送带搬运货物，运输服务更廉价、可靠。目前世界大多数国家的煤炭运输都使用单元化列车。水上运输因其低成本、大运量的特点成为最适合散货运输的运输方式之一。目前，世界各国大多数的内河运输网络每天穿梭往返着许多散货运输船。

6. 项目货物（Project Cargo）运输

项目货物运输是专门为完成一个大项目需要的所有货物进行的运输。例如：为建设水电站运输的发电设备、为建设炼油厂运输的管道设备等。

项目货物运输具有不同于其他货物运输的特点。比如，涉及的货物种类繁多，还常常涉及到国际运输，其运输线路、方式、单据、运输关系方

也繁多复杂，所以，承运人通常派专人对该类货物进行专项管理。

7. 超大货物（Oversize Goods）运输

所谓超大货物，是指重量或体积超过正常标准的货物。通常有两种情况：即超重和超高超长。超重货物可以采用重载汽车、火车进行运输。此外，运输线路选择过程中，还需考虑公路及经过桥梁的承重能力。超高超长货物是其高度和长宽超出正常，但并不超重的货物，例如大型管道、建筑模型等。在运输这类货物时则需考虑公路、铁路设施的空间通过能力，有时可能还需要与途经的公路、铁路管理部门进行协商。

精心选择运输工具和路线是成功运输超大货物的关键。有些产品（如一些大型机械设备）在生产地完成装配后就成为超大货物，传统的运输方式往往难以解决此类货物的运输问题。为了方便运输，有时不得不将其拆成小件，运到目的地后再将其组装起来。这样不但增加了其拆卸、装配成本，而且产品质量性能难以保证，成为传统运输方式难以逾越的一道难关。随着运输技术的迅速发展，已有一些运输公司为迎合客户运输需要，设计出了专门运输大型机械设备的新型运输工具，例如飞艇。这样，运输超重设备、超大机械不必再为方便运输而牺牲质量。

8. 危险品（Hazardous Goods）运输

易燃、易爆物品、剧毒品、放射性物品及需控温的有机过氧化物等危险品，可能对运输设备、其他货物、人与环境造成潜在危害的货物，我们将它们称为危险品。这类物品无论用何种方式进行运输，都需要注意各种限制条件。通常，危险品运输需要使用专用设备，采用特殊的运输包装。在运输过程中，首要考虑的是运输安全问题，因此，安全可靠性较高的铁路运输在危险品运输中占的份额较大。

第二节　配送业务服务

配送在英语中的原词是 delivery，是交货送货的意思。在日本工业标准 JISK 中，将配送定义为“将货物从物流结点送交收货人”，也强调了送货的含义。由于在市场竞争中，将货物送达收货人的活动需要逐步降低成本，提高效率，以达到占领和扩大市场、增加企业利润的目的，对运输车辆合理配置，科学地制订运输规划，确定运送路线，并且将运送的货物事先进行配货，配装的措施逐步完善，形成了现代的配送活动。

一、配送的类型

配送可以按不同的标志进行不同的分类。

按实施配送的结点不同可以分为配送中心配送、仓库配送、商店配送和生产企业配送；按经营形式不同可以分为销售配送、供应配送、销售—供应一体化配送和代存代供配送；按配送商品的种类和数量的多少可以分为单（少）品种大批量配送、多品种小批量配送和配套成套配送；按配送时间和数量的多少可以分为定时配送、定量配送、定时定量配送、定时定路线配送和即时配送；按加工程度的不同可以分为加工配送和集疏配送、按配送企业专业化程度可以分为综合配送和专业配送等等。

此外，还有由多个企业联合组织实施的共同配送活动。

共同配送是为了提高物流效益，对多个用户一起配送，以追求配送合理化为目的的一种配送形式。它主要是针对某一地区的客户所需物品数量少而使用车辆不满载、配送车辆利用率不高等情况。共同配送可分为以下几种形式：

第一，由一个配送企业综合各用户的要求，在配送时间、数量、次数、路线等方面的安排上，在用户可以接受的前提下，作出全面规划和合理计划，以便实现配送的优化。

第二，由一辆配送车辆混载多货主货物的配送，是一种较为简单易行的共同配送方式。

第三，在用户集中的地区，由于交通拥挤，各用户单独配置按货场或处置场有困难，因而设置多用户联合配送的接收点或处置点。

第四，在同一城市或地区中，有数个不同的配送企业，各配送企业可以共同利用配送中心、配送机械装备或设施，对于不同配送企业的用户共同实行配送。

二、配送的作用

配送是物流的一种基本功能，在物流活动中发挥着重要的作用。突出地表现在四个方面：

（一）促进物流活动的社会化和合理化

作为一种物流方式，配送不仅能促进物流的专业化、社会化发展，还能以其特有的运动形态和优势调整流通结构，促使物流运动演化为“规模经济”运动。从组织形态上看，是以集中的、完善的送货取代分散性、单一性的取货。在资源配置上看，则是实行社会集中库存、集中配送，可以从根本上打破流通分割和封锁的格局，能够很好地满足社会化大生产的发展需要，有利于促进物流活动的社会化、产业化和合理化。

（二）有利于实现物流资源的合理配置

在库存分散的状态下，经常会出现物资超储积压和设备闲置现象，而将分散的库存和库存物资集中配送以后，有利于实现价值。开展配送，建立起合理的库存结构和运输结构，能够提高物流设施的利用率和物流设备的工作效率，实现物流资源的合理配置。

（三）有利于开发和应用新技术

开展配送活动，必须相应地配备各种物流设施和设备，提高配送的作业效率。配送的发展过程就是现代高新技术的应用和配送设施、设备的更新改造过程，不断促进高新技术的开发与应用。

（四）有利于提高物流效率

配送是专业化的活动，是一种库存、运力、信息等物流资源相对集中的综合性的经济运动，可以优化库存结构和运输结构，提高设备、设施的利用率，有利于大大降低物流成本和生产成本。采用配送方式，批量进货、集中发货以及将多个小批量集中一起大批量发货，都可以有效地节省运力，实现经济运输，降低成本，提高物流效率。

三、配送的作业程序

（一）配送的工作步骤

1. 制定配送计划

配送计划的制定应以市场信息为导向、以商流为前提、以物流为基础，并且还要考虑以下因素：

(1) 用户的订货合同。订货合同包括了用户订货的品种、规格、数量、用户的送达地、接货人、接货方式，以及送货时间和其他送接货的要求等，所提供的信息是制订配送计划的重要依据。

(2) 配送的货物的性能。研究分析所需配送的各种货物的性能以及运输条件，并在考虑需求数量的条件下，确定运输方式及相应的运载工具等。

(3) 运力配置情况。根据交通条件、道路等级以及运载设备、工具等条件，研究分析运力配置能力，这对充分发挥运载设备、工具效率，制定合理的配送计划起着重要的作用。

考虑上述因素，按用户所在地点和所需要的货物的品种、规格、数量以及时间和其他要求，编制配送计划。

2. 执行配送计划

配送计划确定后，就要组织实施。通常要做好以下工作：

(1) 将配送计划所确定的到货时间以及到货品种、规格、数量通知配送点和用户，以便使配送点按计划准备发货，使用户按计划准备接货。

(2) 核实各配送点的库存货物保证配送能力。根据计划确定需要的货物配送量，对各配送点的库存货物情况进行统计，如果不符合配送计划要求，如数量不足或品种不齐等，需要组织进货。

(3) 各配送点接到配送计划后，向其运输部门、仓储部门、分货包装部门以及财务等部门下达具体的配送任务，并由各部门自行制定配送的各项准备工作等。

3. 配送发运与送达

(1) 配送发运。这是理货部门的工作，首先按要求将各用户所需的各种货物进行分货与配货，然后进行适当的包装，并印制包装标记和标志，包括用户名称、地址、配送时间、货物明细以及输送装卸搬运过程应注意的事项等。同时，还要按计划将用户货物组合、装车，并将发货明细表交于随车送货人或司机。

(2) 送达。按指定的路线将货物送达用户，并由用户在回执上签字。配送工作完成后，通知财务部门结算。

(二) 配送方法

配送方法是指为完成配送任务所采用的具体工作方法，包括配货作业方法、配装、配送路线的选择等。

1. 配货作业方法

配货作业是将货物按发货要求分拣出来，放到发货场所指定位置的作业活动的总称。配货作业可以采用机械化、半机械化或人工作业，常采取“挑选方式”或“播种方式”完成配货作业。

挑选方式适宜于不易移动或每一用户需要货物品种多而数量较小的情况；播种方式适宜于较容易移动的货物，即储存货物的灵活性较强，以及需要量较大的货物。

2. 车载货物的配装

合理配装是充分利用运输车辆容积、载重量和降低物流成本的重要手段。采用的基本方法是以车辆的最大容积和载重量为限制条件，并根据各种货物的容量、单件货物的体积建立相应的数学模型，通过计算求出最佳方案。这里要注意以下两个问题：①在货物种类不多、车辆类型单一的情况下，可直接采用手算方式确定；②在配装货物种类较多、车辆类型也较多的情况下，可采用计算机实现优化配装目的。

3. 配送路线的确定

配送路线的确定，直接影响到配送效率和配送效益。确定配送路线所涉及的因素较多且较为复杂，包括用户的要求、配送资源状况、道路拥挤情况等等。配送路线的选择，应将配送要达到的目标和为实现配送目标的各种限制条件结合起来考虑，选择最佳的方案。

(1) 确定路线的原则。配送路线确定是为配送目标的实现服务的，因此，确定路线的原则与配送目标的确定原则是一致的，即低成本、高效益、短路线、小吨公里、高准时性、少劳动消耗、合理运用运力等。

(2) 限制条件。配送目标的实现，总是要受到许多条件的约束和限制。包括所有用户对货物品种、规格、数量的要求、时间的要求，车辆载重量和容积的限制，以及配送能力的约束等。

(3) 确定方法。配送路线的确定方法很多，诸如方案评价法、线性规划法、经验法、节约里程法等，应根据具体问题具体选择。

(三) 配送作业流程

1. 配送服务的一般流程

这种配送服务以中小件杂货配送为主，由于货物较多，为保证配送，需要有一定的储存量，属于有储存功能的配送服务，对于理货、分类、配货、配装功能要求较强，很少有流通加工的功能。其流程如图 7－1 所示。

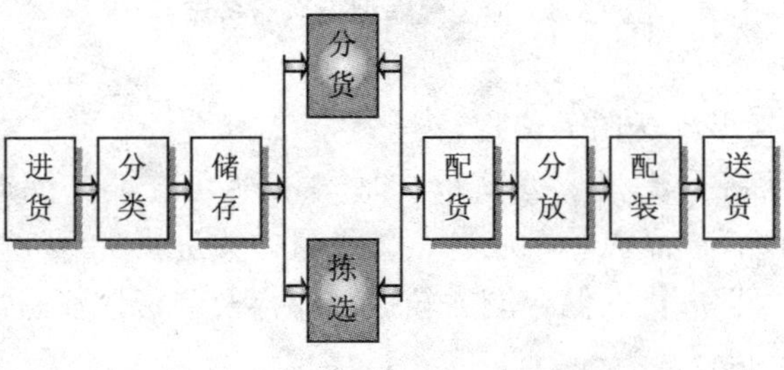

图 7－1 配送服务的一般流程

这种流程也可以说是配送服务的典型流程，其特点主要是有较大的存储、分货拣选、配送场所，作业装备也较大。

2. 不带存储库的配送服务流程

这种配送服务专以配送为工作，只有为一时配送备货的暂存，没有大量储存，配货场地设有暂存区，配送作业场所中不单设储存区。其流程如图 7－2 所示。

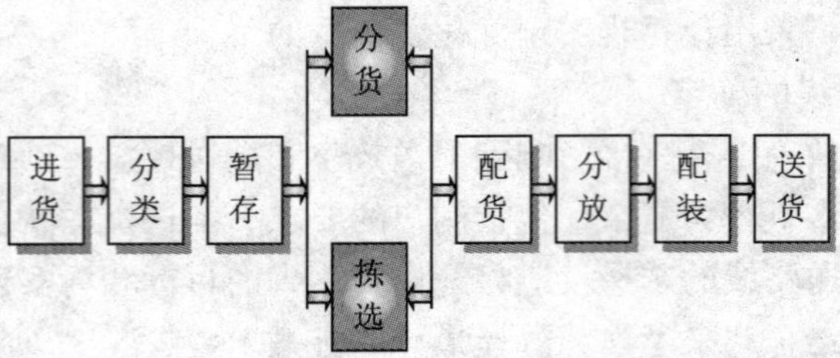

图 7-2　不带存储库的配送服务流程

这种配送服务的主要场所都用于理货、配货。

3. 加工配送型配送服务流程

这种配送服务的特点是：进货商品大批量、单（少）品种、分类工作不重或基本上无需分类；储存后进行的加工，一般按用户要求进行，加工后产品直接按用户分放、配货，有的配送中心不单设分货、配货或拣选环节。加工或加工后分放部分占配送中心较大面积。

加工配送型配送中心不只一种模式，随加工方式不同，中心流程会有所区别。典型流程如图 7-3 所示。

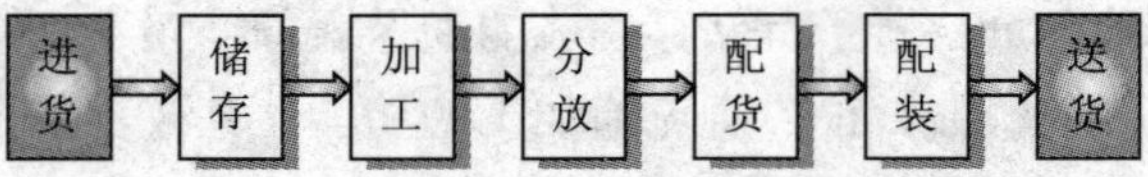

图 7-3　加工配送型配送服务流程

4. 批量转换型配送服务流程

这种配送服务，流程十分简单，基本不存在分类、拣选、分货、配货、配装等工序；产品以单一品种、大批量方式进货，但发货时需转换成小批量。由于大量进货，储存能力较强，储存及装货作业是最重要的。其流程如图 7-4 所示。

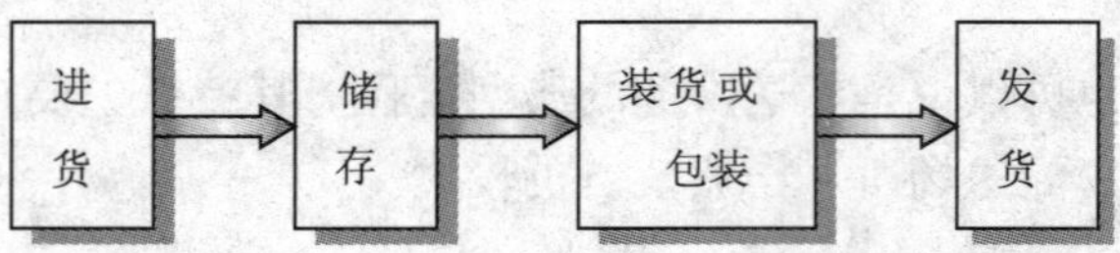

图 7-4　批量转换型配送中心流程

第三节 保管业务服务

在物流系统中，保管和运输是同等重要的构成要素。保管连接生产和消费的时间间隔，产生时间功效，是为调整物品的需求与供给而对物品实行保存与管理的一种服务活动。具体来说它是在保证物品的品质和数量的前提下，依据一定的管理规则，在一定的期间内把物品存放在一定的场所的活动，是物流服务系统一个重要组成部分。

一、保管的作用

从保管的词义来看，保管的作用是储藏和管理。即对物品（商品、货物，零部件等）的保存与管理。但它并不仅指物品的储藏，而是对其实行物理性管理，把维持物品的价值作为储藏的真正内容。把保管置身于经济生活之中，它起着调整生产和消费的时间差的作用。例如，季节性生产但全年消费的产品，在生产和消费之间就产生了时间的不吻合。为了调整这种时间差，就需要在仓库进行保管，并调节供给和需求。也就是说，保管具有对供给和需求之间的时间进行调整的作用。除此之外，在物品丰富的时候，需要储藏，而在有需求时进行供给，所以，保管还具有防止一时充斥市场，超过对该物品需求而引起的市场价格不正常波动的作用。所以说，保管具有以调整需求为目的的调整时间和调整价格的双重作用。

保管服务活动主要是在仓库内进行的，但也在仓库之外的配送中心或中转货物等处进行。另外，在仓库工作中，也有包装、分录记载、标价等保管服务工作以外的工作。因此，保管和仓库之间也有完全不同的工作内容，但通常二者又有密不可分的关系，在很多场合，一般被认为二者有相同之处。

由于需求的个性化、多样化、特色化的趋势越来越明显，生产方式相应地变为多品种、小批量的柔性生产，物流也由少品种、大批量方式进入多品种、少批量或多批次、小批量时代。这样，保管已从储存着眼的被动观点向从流通着眼的主动观点转变，仓库的功能从重视保管效率逐渐变为重视如何更顺利地完成发货和配送作业。

仓库作为物流服务的据点，在流通过程中发挥着重要的作用，它将不再以储存保管为其主要目的，而应包括拣选、配货、检验、分类等作业，并具有多品种、小批量或多批次、小批量等配送功能以及附加标签、重新包装等流通加工功能。

仓库设置地点受干线道路、铁路、港湾等以及通信状况、供需地便利程度、地价等因素的影响。对于用于生产的以材料为保管对象的材料型仓库的设置，一般要选择与生产有关的材料的装卸搬运能经济合理进行的位置；对于以向用户流通成品或商品等为保管对象的流通型仓库，应选择方便接收、保管、出库以及能够提高客户服务水平的位置。至于具体位置的决策，要根据仓库的种类，充分研究各项条件，还要考虑仓库的发展规划、城市规划及环境等问题加以确定。

二、保管服务的原则

（一）面向通道原则

为了方便物品的出入库及在库内的移动，需将物品面向通道保管。

（二）分层堆放原则

为了有效地利用库内容积，同时也为了保证作业的安全性、防止物品受损，需要利用货架等保管设备进行分层堆放保管。

（三）周转频率对应原则

它是指依据物品进货发货的频率来确定物品的存放位置。比如出货和进货频率高的物品应放在靠近出入口、易于作业的地方；流动性差的物品放在距离出入口稍远的地方；季节性物品则依其季节特性来选定放置的场所。

（四）同一性原则

员工对库内物品放置位置的熟悉程度直接影响着出入库的时间，从而影响作业效率。同一性原则指的是同一物品或类似物品应放在同一地方或相邻的地方保管，这样便于提高物流的效率。

（五）重量对应原则

它是指根据物品的重量确定物品存放的位置和保管方法。具体地说，比较重的物品应放置在地上或货架的底层，比较轻的物品应放置在货架的上层。这对于提高效率、保证安全是一项重要的原则。

（六）形状对应原则

它是指根据物品的形状确定物品存放的位置和保管方法。如标准化的商品应放在托盘或货架上来保管，非标准化的物品对应于形状进行保管。并可通过特殊的保管机械或设备尽量使非标准化物品（特殊形状的物品）成为标准化物品（包装上的标准化），以便提高保管效率。

（七）先进先出原则

这一原则要求先入库的物品应先发货送出。先进先出原则是为了防止库存物品因保管时期过长而发生变质、损耗、老化等现象，特别是对于一些易变质、易破损、易腐烂和机能易退化、老化的物品来说，这一原则非常重要。

（八）明确表示原则

它是指对物品的品种、数量及保管位置（如货架编号、层次等）清楚明晰地表示。这样便于作业人员的作业，从而提高物品存放、拣出等作业的效率。

三、保管服务作业

物流保管服务作业按业务活动的内容分为四个阶段：物品的入库阶段、保管养护阶段、供应发放阶段和清仓盘点阶段等。

（一）物品入库阶段

物品入库阶段，是根据物品入库计划和供货合同的规定进行作业的。在接收物品入库时，需要进行一系列的作业活动，如接货、验收、办理入库手续等。物品的验收入库既是物品进入仓库的第一个环节，也是仓库管理工作的基础。

1. 入库前的准备

（1）经常与采购、运输部门联系，及时把握入库物资的品种、数量和时间。

（2）接到入库通知后，要针对入库物品的性质、特点和数量，确定其存放地点、垛形，准备装卸工具、检验工具和铺垫材料，组织人力，对有毒物资要准备好防护用品。

2. 货物接收

（1）接货手续清楚，准确及时，责任分明。

（2）货物接收的方式主要有：到库内接货，到供货单位提货，到车站码头提货等。不管是哪一种提货方式，都要当场核对物品的名称、规格、数量，查看包装及封印是否完好，做好接货记录。

3. 验收入库

（1）物品验收要做到及时、准确，按规定程序和期限进行验收。不经过认真验收的物品不能入库。

（2）核对证件。包括供方的发货票、订货合同或供货协议、有关说明书、图纸、化验单及装箱单、磅码单、发货明细表、运单等。物资验收必须有凭证，没有凭证或凭证不全，一般不予验收。

（3）实物验收。核对相关证件后，再进行实物验收。实物验收包括数量、品种、规格验收和质量验收。目的是检查到货物品在数量、品种、规格上是否与运单、发票及合同规定相符以及检查到货物品在质量方面是否符合合同规定的标准和要求。

4. 记账、立卡、建档

（1）记账。除财务部门建立材料账外，仓库要建立保管明细账，详细反映物资进出结存情况。保管明细账应列出物资的品种名称、规格、数量、批次，库存物资都需用货位号和档案编号。要经常核对明细账，保证账、卡、物相一致。

（2）立卡。卡也称标签，它是直接挂在物资存放位置上面用来表明该处物资的名称、规格和编号的。卡片上要填写记录该物资的进出数量和结存数量，并要经常查对实物，做到卡物相符。

（3）建档。物品档案通常是一物一档，同规格、同批次、同厂出产者可列一档。档案资料主要包括：物品出厂时的各种凭证、技术资料；入库前的运输资料；验收记录、技术检验证明、磅码单；物资保管期间变动情况及其他资料。

5. 验收中发生问题的处理

（1）凡是必备证件不全，到货物品作待验物资处理，临时保管，等证件齐全后再进行验收。

（2）供货单位提供的质量证明书或规定的技术标准与订货合同不符，供需双方应协商解决。

（3）对于品种、规格、质量不合要求或错发的物资，可先将合格品验收，不合格品或错发物资单独存放。经核实和检验确认后，由供需双方交涉调换。因调换发生的损失应由供方负责。

（4）对于数量不符，损溢在规定磅差以内的物资，仓库可按实际验收计量入库；损溢超过磅差时，应核对查定，做好相关记录，由采购部门和有关单位协商解决。

（5）核对索赔。物资在入库前已有破损变质等情况，有核查记录证明时，可按实际情况查对记录证件。在证件范围以内者应按实际验收情况填写记录；在证件范围以外或无证明时，要查明责任，核对索赔。若到货物资的品种规格、包装与订货合同规定不相符，属供方责任；若由于装载不妥、车船漏水等造成的受损短缺，属运方责任；若是在装卸过程中操作不当引起的残损，属装卸部门的责任。属于哪一方的责任，企业就要根据原始记录、订货合同或其他协议，认真做好核对索赔工作。

（二）物品储存保管阶段

物品储存保管是物品在整个储存期间，为保持物品的原有使用价值，仓库需要采取一系列保管、保养措施，如货物的堆码，盖垫物品的维护、保养，物品的检查、盘点等。

物品保管是仓库业务管理的中心环节，也是仓库管理进行的一项经常性业务。保管的基本要求是：数量准确，质量不变，摆放科学，方便发货，确保安全，降低损耗。为此，物资保管要做好以下几个方面的工作：

1. 合理规划，分类保管

根据企业的具体情况和条件，结合保管物品的材质、形状等把库房分为若干保管区，合理规划各类物品摆放的固定区域，实行分区分类保管，这样既提高了仓容的利用率又方便物品的维护保养。

另外，还要对货位进行规格化设计以及进行货位编号，使保管规格化。

货位规格化，就是运用科学的方法，通过周密的规划设计，实行“四号定位”（库房号、货架号、层次号和货位号），使库内物品的货位排列系统化、规范化。实行货位规格化的主要依据是物品分类目录、物品储备定额以及物品本身物理的、化学的等自然属性。

（1）物品分类目录。为使仓库管理适应计划管理、业务管理和统计报表的需要，并同采购环节相衔接，采用按供应渠道的物品分类目录分类较为合适。在货位排列上，对不同类的物品，在货架和层次安全上，都应另起货架或另行存放在一层上。

（2）物品储备定额。要按储备定额中的规定规划货位。如果无储备定额，可根据常备物品目录进行安排，并在货架上留有适当空位。

（3）物品本身的自然属性。物品本身的物理、化学性质相抵触，温湿度要求不同，以及灭火方法相抵触等，这些不同物品不能安排在一起存放。

货位安排好之后，需要进行编号。编号时应注意：编号应尽量简洁，便于记忆和使用；编号应有通用性，考虑到各方面的需要；编号要按物品分类的顺序分段编排，且号码不能重复。

2. 采用科学保管方法，实行物品储存规范化

物品的科学保管方法除了分区分类、货位编号外，还包括分批保管法、成套保管迭、五五摆放、架子化等。

分批保管法，就是贯彻先进先出的发放原则，按物品的批次分别存

放；成套保管法，就是将使用中相互关系密切的物资配套存放；“五五摆放”，就是根据各种物品的特性和形状，以“五”为基本计量单位，做到“五五成行，五五成方，五五成串，五五成包，五五成层”，合理摆放物资的方法。这种方法可使库存物品堆放整齐，便于清点，便于收发，提高工作效率；“架子化”是根据仓库的负荷能力，尽量向高空发展，做到既充分利用仓库空间，又便于物品的维护保养。

3. 注意物品的维护保护

物品在仓储过程中，为了保持物品的原有使用价值不至于在储存保管中受到损害，就需要根据物品的性能、特点，采取不同措施，分门别类地对各种物资进行维护保养。开展物品的维护保养工作，必须坚持“预防为主，防治结合”的原则，积极采取预防性措施，采用先进的仓储保管技术，认真做好防锈、防尘、防潮、防腐、防磨、防震、防水、防爆、防变质、防漏电等工作。

（三）物品发放阶段

物品的发放阶段是根据货主开具的出库凭证，为使物品准确、及时、安全地发放出去，所进行的一系列作业活动，如备料、复核、装车等。

发放物品时应做到以下几点：

1. 做好发货前的准备工作，把该分装的、分割的、过磅的物品事先准备好，以保证及时迅速地发放。

2. 根据发料单进行发放。要认真审核发料凭证，检查发料手续是否完备，防止发货差错。

3. 坚持先进先出原则。根据先进先发、易损先发、有期限的先发的原则，开展物品发放工作。

4. 提高服务质量。应做到方便生产，随需随发，热情接待，送货上门。

5. 物品发放后，保管人员要及时进行物资盘点，做到账、卡、物、资金“四对口”。

6. 坚持退库制度。若由于材料节约、计划变更等原因产生余料时，必须办理退库手续。

（四）清仓盘点阶段

清仓盘点，就是摸清仓库的物品数量、质量、规格和用途，做到账物相符，有据可查。

1. 清仓盘点的主要内容

账物是否相符，即核查物品的账面数与实际数是否一致；核查各类物品的状况，即有无积压、短缺、变质、损坏的情况；核查各类物资在收发方面有无差错；检查仓库设备、储存容器、安全设施等是否损坏。

2. 清仓盘点的方法

清仓盘点分为经常盘点和定期盘点。经常的清仓盘点是仓库保管人员随着每日物品的流转情况及时检查库存物品的账卡物是否相符，每月对发生变动的物品进行复查或轮番抽查。定期的清仓盘点，是由有关部门专门组织成立的清仓盘点小组，按制度规定的时间（如年中、年末）对仓库所有物品进行全面清点。发现问题，查找原因，根据不同情况，采取不同措施，及时加以解决。

第四节　包装业务服务

包装是包装物和包装活动、包装手段、包装作业的总称。现代包装已不仅仅只是为了保护产品，而且是实现货物从生产领域向消费领域转移，保持物流系统的畅通不可缺少的环节，在物流中发挥着重要的作用，随着科学技术的发展，包装在整个物流系统中的作用也日益重要。

一、包装的作用

（一）保护作用

包装的保护作用是其能使产品在储存和交给客户之前不受损伤，它体现了包装的主要目的。具体来说有以下四个方面的作用：防止物品的破损变形；防止物品发生化学变化；防止有害生物对物品的影响；防止异物流入、污物污染、丢失、散失。

（二）便利作用

包装可以促进产品搬运和流动的有效性，使操作更加方便，提高物流作业的效率，具体来说有以下三个方面的作用：方便运输。如易碎的香水瓶可以放在较大的货运容器中，以代替独立的商品小包装，再将这些大容器放在托盘上，然后就可以方便地用卡车或集装箱进行运输；方便装卸；方便储存。

（三）销售作用

合理的包装有利于促进商品的销售，这是商品经济高度发展、市场竞争日益激烈的必然结果。在商品质量相同的条件下，精致、美观、大方的包装可以增强商品的美感，能唤起人们的购买欲望和购买动机，从而产生购买行为，起到“无声推销员”的作用。因为消费者购买商品，首先看到的并不是商品本身，而是商品的包装，它往往给消费者形成“第一印象”，在很大程度上决定消费者的购买决策。包装的销售作用在出口商品中更加重要，而且要求也更高。

（四）传递信息的作用

包装的信息传递，是以指导说明书的形式表达，即如何使用、储存、处理产品，甚至引导你如何在购买中挑选产品。在前一种状况下，信息往往是书面的表达形式，同时配以图例来解释一些搬运要求，如防止受到天气影响、堆垛高度的限制、轻拿轻放等。通常，法律要求包装信息必须提供产品的成分、制造地点以及销售日期和使用年限。

二、包装的分类

包装作为国民经济的一个重要产业部门，门类繁多，品种复杂，方法各异，因此很有必要对包装进行科学的分类。包装可以按照不同的标志进行分类。这里主要介绍按照功能分类，将包装分为工业包装和客户包装两大类。

（一）工业包装

工业包装又称外部包装，属于物流部门的责任。包装的主要目的是保护商品在物流渠道中顺利流动，提高运输效率。商品流通中，对工业包装的基本要求如下：

1. 要确保商品运输安全

工业包装的外径尺寸和外部结构必须具有抵抗外界因素损害的能力，一般采用瓦楞纸箱、木箱、托盘集装箱等容器，其构成材料强度要高，容品的结构要坚固结实，外部进行捆扎包裹。在包装外形设计及包装材料的选择上，要考虑商品的物理化学性质、物态、外形、体积、重量、结构，流通过程中的振动、冲击，装卸中的强度和次数，储存中的耐压、防雨、防潮等因素，确保商品在运输过程中不损坏、不变质、不变形、不变色、不污染，安全地到达消费者手中。

2. 要有明确的包装标志

工业包装的外形上一般都标有固定的储运标志，如“小心轻放”、“切勿倒置”等以及易燃易爆等危险品标志，用以提醒使用者，同时还标有发运地、到达地以及商品品名、规格、重量、件数、生产厂家等标志，便于商品的识别，并按流程有序地流动，正确无误地运往目的地。

3. 要采用先进的包装技术和包装材料

随着新技术、新材料的不断出现，工业包装正在不断地进行革新，逐步实现了包装的标准化、规格化；同时要大力提倡集装箱运输，提高运输效率，节约流通费用。

（二）客户包装

客户包装又称为内部包装或营销包装，这是因为客户能看到货架上商品的包装外表。客户包装通常属于营销部门的责任范围，主要是用来通知和吸引客户的注意力，以促进商品销售，提高作业效率。在商品流通中，要求包装要美观大方、醒目新颖，要突出商标并要有简单和必要的文字说明，以方便购买，促进销售，越是接近用户的包装，就越要求具有促进销售的功能，这就要求包装具有鲜明的特性。

客户包装可分为内包装和中包装两类。内包装即单个商品的零售包装，它同商品实体同时到达消费者手中，如工具、仪表等。中包装是将一个或几个商品再进行合并包装，即内包装的包装，便于保护商品质量和方便流通，如 10 把工具放入一个纸盒。

这里应注意在有些情况下工业包装同时又是客户包装，譬如装桔子的纸箱子（15 千克装）应属工业包装，连同箱子出售时，也可以认为是客户包装。为使工业包装更加合理并能促进销售，在有些情况下，也可以采用客户包装的办法来做工业包装，如家电用品就是兼有客户包装性质的工业包装。

三、物流包装设计

（一）影响包装设计的因素

1. 影响包装的环境因素

（1）物理环境因素。物理环境因素是指外力作用于包装物，对包装物产生的影响。从物理环境分析，在设计包装时要符合下列基本要求：

①堆码负荷产生的堆压力。堆压力一般发生在保管储存和运输环节。因此，在设计包装时既要考虑包装物所能承受的堆压力，又要考虑堆垛所采用叉车的工作高度和仓库堆垛的高度；在运输中，要考虑货车、卡车、集装箱的最高高度；船舶运输取决于船型，一般按 4～6 米确定堆压条件。

②装卸、运输、储存过程中产生的振动和冲击力。由于装卸形式和运输工具的不同，对包装物产生的振动和冲击力也不同。

（2）气象环境因素，主要指气候、温度、湿度等因素的变化对包装物产生的影响。可以从集装箱测定中看出环境对物质产品的影响。人们从经验和实测数据知道，金属制品一般在温度 30℃、相对湿度 70％时不会锈蚀，否则，金属产品将被锈蚀破坏。

(3) 生物环境因素，主要是指虫害、动物、霉变等对包装所造成的损害。

2. 物流的其他功能对包装的要求

(1) 运输对包装的要求。运输具有流动性，实现物流的空间效用，货物运输的基本要求是安全、迅速、准确、方便。包装直接关系着运输过程中商品的安全、装卸的便利和车船容积的利用。其设计必须和运输方式、运输工具、运输距离等相适应，才能满足货物运输的要求。

(2) 装卸搬运对包装的要求。在装卸搬运过程中，经常会因为包装材料选择不当或设计不合理等，造成包装的损坏，增大物流成本，给国民经济造成重大损失。因此，包装的设计要适应装卸工作中的装上卸下、搬运、挑选、分类等环节的需要，以防止商品的损坏。

(3) 保管对包装的要求。保管解决生产和消费之间的时间间隔，产生物流的时间效用。它是社会再生产顺利进行必不可少的条件。物品的任何储存方式都与包装有着密切的关系。例如，在如前所述的环境因素影响下，离不开包装对物品的保护，包装要适应储存的需要。

(二) 包装设计

包装设计需要运用专门的设计技术，将物流需要、加工制造、市场营销及产品设计等要求结合起来综合考虑，尽可能满足多方面的需要，是很复杂的。由于我们介绍的是物流包装，因此，设计中考虑的首要因素是货物的保护功能，包装设计基本上决定了货物的保护程度；其次，要考虑费用问题，过度的包装会增加包装费用，包装的尺寸大小会影响运输工具和仓库容积使用率，这也是一个重要的影响费用的因素。费用应以包装设计正好符合保护货物的要求为准。因为货物的流动范围很广，可达全国各地，乃至全世界，为了便于操作，统一标准，各国都制订了国家标准。我国制订的包装基础标准为 GB 1.7，GB 190，GB 191。其中 GB 191 是最新颁布的标准。从 1986 年起我国出版《包装国家标准汇编》，最新的版本由中国标准出版社于 1997 年 12 月出版，分上、中、下三册，共十四部分，收集标准 2812 项。

从前面我们介绍的包装的作用、影响因素以及设计中考虑的因素来看，包装的质量如何，取决于包装材料的选择与包装容器的设计是否合理。不同的包装容器，采用不同的包装材料，是为了适应不同货物包装的要求。所以，包装容器的设计、制作过程，也就是对包装材料选择的决策过程。

1. 木制包装容器

木制包装容器在包装容器中所占的比重最大，它具有抗弯曲破裂的功能。因为这种容器能抗压、抗冲击、机械性能较好；同时它便于商品在运输、储存中垛码，充分利用仓库容积，对商品起到良好的保护作用，所以，这种容器主要用于外包装。

木制包装容器主要有以下两种类型：

（1）木制箱。它是物品流通中广泛采用的一种包装容器，其用量仅次于瓦楞纸箱。木制包装箱主要有以下几种：

①钉板箱。用钉子订制而成的包装箱，可以装多种性质不同的商品。一般用于小型包装容器。这种包装具有良好的抵抗碰撞和冲击的性能；能耐较大的堆积负荷；制作方便；便于排列整齐和设置支撑。但箱体较重，体积大，不便回收，而且防水性能差。

②捆板箱。是一种轻量木制包装箱。箱的六面拆开时可以折合起来，两端用两块加强板为支撑，用其余四块板捆包起来，即成为一个六面体的捆板箱。这种木制箱可折叠，存放占空间小，质轻板薄，装载货物重量一般不应超过 150～200 公斤。

③框架箱。将木板条钉合成各种结构形式的框架，然后用这种框架再组合成包装箱。框架实质上成为箱子的骨架，因此具有较好的抗振和抗阻能力。适合包装的重量为 500～1500 公斤。框架箱按其外板的覆盖方法和组合方式可以分为密封式、密封胶合板式和条板式三种。

（2）木制桶。包括木桶、圆桶两种。

①木桶。一种传统的盛装液体的木制容器。其主要优点是耐盐碱的腐蚀，不变味，不变色。

②圆桶。圆形的木制包装容器。搬运时可滚动，减轻搬运人员劳动强度；成本低，可反复使用；有较强的化学抵抗力；有较强的耐冲击力，牢固耐用。但圆桶储运不便，空桶存放占空间大。

2. 纸制包装容器

纸制包装容器的主要材料是各种纸，它在商品包装中占很大的比重。纸包装可用于商品的内包装、中包装及外包装。

（1）纸板箱。它是一种按照国际纸板箱协会的规定，使用各种纸制成不同形状、规格的包装箱，用以包装不同的商品。国际通用统一编号的纸箱从 0200 开始到 0900，有几百种箱型。

（2）瓦楞纸箱。它是指用瓦楞纸板制成的箱型容器。其强度较大，一般用于商品外包装。在使用瓦楞纸箱包装时，应考虑包装容器所能承受的压缩强度，主要是通过压缩实验测定，或通过近似的计算方法求得。

(3) 纸盒、纸筒和纸罐。纸盒包装的功能主要有：①对商品的包装和保护作用；②对产品的宣传和促进销售的作用；③成本较低，便于推销。

纸筒一般分耐水（不漏水）型即作防水处理和不耐水（漏水）型即不作防水处理两种，以适应不同需要。

3. 塑料包装容器

塑料包装是随着科学技术的发展、新型材料的使用而出现的一种现代包装容器，主要采用各种塑料，如低密度聚乙烯、高密度聚乙烯、聚丙烯、聚氯乙烯、聚苯乙烯、乙烯—醋酸乙烯共聚物、热塑性聚脂等。塑料包装已经渗透到人们生活的各个方面，特别是在食品包装方面，日益广泛采用。从发展的前景来看，塑料包装容器仍然是大有前途的一种包装材料。

塑料包装容器有塑料袋类包装容器、塑料软管类包装容器、塑料瓶类包装容器。塑料袋类包装容器又包括塑料袋、集装袋、塑料编织袋等。

除以上几种，塑料包装还有塑料组合罐、小件塑料容器等。随着科技的发展和生活的丰富多彩，人们对塑料包装的需求量在扩大，而且在外型设计方面也将要求越来越高。

4. 金属包装容器

金属容器具有机械强度高、抗冲击能力强、不易破碎等优点。金属容器所用材料主要有马口铁、铝箔、焊接剂、内层涂料（防腐、防毒）、外层涂漆等。金属包装容器主要有马口铁罐、铝箔软管和金属桶。

马口铁罐可以较长时间保存食品，传统的马口铁罐是由罐身（筒型）、罐盖和罐底三片马口铁制成，所以又称“三片罐”；还有一种是“两片罐”即由一片金属（马口铁或铝箔）拉伸而成的俗称易拉罐，主要用来盛装饮料、啤酒，在市场上很受消费者欢迎。铝箔软管主要用于包装化妆品及膏脂的药品。金属桶主要用于以石油为主的非腐蚀性半流体、粉状、固体等的运输，容量一般为20～200升，如运输煤油、汽油及各种染料。

5. 玻璃包装容器

玻璃包装容器主要用于包装液体、固体药物及液体饮料类商品。玻璃材料本身具有原材料丰富、价格便宜、化学稳定性好、适宜于包装液体、可回收利用、透明度好、没有气味、不污染、没有透气性、坚硬而不变形等优点，所以在物流包装中被广泛使用。但同时也存在着耗能高、易破碎、重量重等不足。从国际市场来看，各国玻璃容器的销售呈稳定的逐年递增趋势。玻璃瓶罐的发展趋势是要逐步推广标准化、轻量化。

玻璃包装容器一般盛装下列产品：片状产品、半固体产品、黏性液态产品、自由流动的液态产品、含气体的液态产品、颗粒状产品、粉末状产品等。

四、成组化包装设计

成组化包装设计，有利于节约包装费用，提高物流运作的经济效率。

为了提高物流效率，在使用各种运输工具时，总希望货物的包装尺寸在装运时能够最大限度地利用装载空间。为此，专门设计一些器具，使器具的尺寸既能放下若干箱货物，又能较好地利用运输工具的空间，这项工作就称为成组化。成组化包装后的货物单位可称之为单位载荷，其实质是使货物的物流包装载荷的规格标准化。标准化载荷的优点如下：①减少装卸时间，降低人工作业时间；②方便运输与保管作业。如搬运、查验的手续被简化了；③配之以专门化的运输服务可以大大降低货物的损耗。

下面主要介绍三种器具形式：托盘、集装箱和集装袋。

（一）托盘

托盘，是指一种便于装卸、运输、保管、使用的由可以盛载单位数量物品的负荷面和铲车插口构成的装卸用垫板。因为它好似盘子可以托起食品一样，所以形象地称之为“托盘”。

现代托盘是随着集装箱和集合包装而出现的一种新的物流技术。托盘最早产生于美国、日本等发达国家。初期它是作为叉车的附属装卸工具与叉车配套使用，以便实现机械化作业。第二次世界大战后，托盘逐渐成为一种储存工具。至20世纪60年代，托盘已成为一种不可少的运输工具和销售工具。目前，托盘已渗透到整个物流过程，而成为一种物流工具，是实现物流合理化的一个重要条件。

托盘可以有效地保护商品，减少物品的破损；可以适应港口、货物机械化作业的要求，加快装卸、运输速度，减轻工人的劳动强度；可以节省包装材料，降低包装成本，节约运输费用；可以促进国际和国内港口作业的机械化，加快包装向规格化、标准化和系列化迈进的步伐。

托盘的种类和形式很多，分成用叉车或平板车装运的平托盘、柱式托盘、箱式托盘；有底部安装滚轮的、用人力推送的滚轮箱式托盘；滚轮保冷箱式托盘；板状托盘；有装运桶、罐等与货物外形一致的特殊构造的专用托盘。

（二）集装箱

集装箱是另一种成组化包装。集装箱是一种用于货物运输，便于使用机械装卸的组合包装容器。它的原意就是运输货物的容器，也称“货箱”。

国际上正式使用民用集装箱运输开始于 1955 年。近年来，集装箱运输得到了迅速发展，并且逐渐走向规格化、标准化和大型化。随着大型标准集装箱的发展，集装箱专用码头和专用船舶也出现了。在陆地，建立了集装箱陆上运输系统，还大量发展了铁路和公路专用车辆。

集装箱化包装运输是一种更大规模的成组化，几乎适用于所有货物的包装与运输。小至卷烟之类的商品，经成组包装（称为标准大箱）后，可用集装箱运输，大至汽车也可用集装箱装运。集装箱结构坚固，能长期反复使用，采用集装箱装运能够进行快速装卸，并且能够从一种运输工具上直接方便地换装到另一种运输工具上，既可以取得很高的作业效率，也可以起到非常好的保护作用，还能充分利用运输工具的装载空间，所以全球集装箱运输量持续大幅度增长。伴随着运输量的增长，带动了专用的运输工具发展，如集装箱船、集装箱车皮、挂车等。集装箱按用途分类，可分为铁路集装箱、船运集装箱、航空集装箱及其他集装箱。

铁路集装箱中除用于一般货物的普通型外，还有冷藏用、通用型、集装罐和底卸式的特殊集装箱。船运集装箱主要指国际贸易使用的大型集装箱和国内使用的内航集装箱。为了国际上装运的方便，ISO（国际标准组织）标准中规定了集装箱的外形尺寸和重量。此外，也有各种不同用途的集装箱，最普遍是杂货用集装箱，又称干式集装箱。按 IATA（国际航空运输协会）的规定，把用飞机运输的托盘和集装箱叫做集装方式，是指能直接固定在飞机货载坚固装置的集装设备，可看成是飞机构造的一部分，原则上必须有耐空性证明；也可用飞机集装方式以外的设备，这类设备不要耐空性证明。

（三）集装袋

集装袋是一种柔软、可曲折的包装容器，是由可折叠的涂胶布、树脂加工布及其他软性材料制成的大容积的运输袋。采用这种包装，不仅有利于提高装卸效率，特别适宜于散装粉粒状货物的包装，有利于促进散装货物包装的规格化、系列化，降低运输成本，而且还具有便于包装、储存及造价低等优点。因此，近年来世界各国都广泛地采用集装袋来运输粉粒状货物。集装袋的出现和使用，是粉粒状货物装运方式的一次质的革命。

第五节　装卸业务服务

装卸是物流系统的构成要素之一，是为运输和保管的需要而进行的作业。任何商品，不管它处于什么状态，当要对它进行运输、保管、配送、包装或流通加工时，都需要进行装卸作业，因此，装卸是物流各环节的结合部，是连接储运的纽带，它贯穿于物流的全过程。

一、装卸的类别

装卸作业可以按不同标准进行以下分类：

（一）按作业场所分类

1. 集散装卸。与汽车运输有关的装卸。
2. 车站装卸。与铁路运输有关的装卸。
3. 仓库装卸。与仓库保管有关的装卸。
4. 港湾装卸。与船运有关的装卸。
5. 厂内装卸。生产过程中的装卸。
6. 其他。在货主院内的装卸等。

（二）按装卸物品的属性分类

1. 成件包装物品的装卸。有些物品虽然并不需要包装，但为了方便作业，将它们临时捆扎或装箱，然后进行装卸。

2. 超大超重物品的装卸。在物流中，所谓的超大超重物品，一般是根据人力可以方便装卸的重量和体积来制定标准的。例如，单件物品的重量超过50公斤，或单件物品体积超过0.5立方米，都可算作超大超重物品。

3. 散装物品的装卸。散装货物本身是在物流过程中处于无固定的形态，如煤炭、水泥、粮食等。因此，对这些散装物品的装卸可以进行连续装卸作业，也可以运用装卸单元技术进行装卸。

4. 流体物品的装卸。流体物品是指气态或液态物品。如果对这些气体、液体物品经过包装，被盛装在一定的容器内，如瓶装、桶装，即形成成件包装物品；如果对这些物品采取罐装车形式，则需要采用相应的装卸作业。

5. 危险品的装卸搬运。危险品是指化工产品、压缩气体、易燃易爆物品。这些物品在装卸过程中有特殊的安全要求，如果装卸不慎，随时都有发生重大事故的危险。因此，对其的装卸作业有特殊要求，严格操作程序，确保装卸作业的安全。

（三）按装卸作业的特点进行分类

1. 装货卸货作业。向卡车、火车、船舶、飞机等运输工具上装货以及从这些运输工具上卸货的活动。

2. 搬运移送作业。对物品进行短距离的移动活动，包括水平、垂直、斜行搬运或由这几种方式组合在一起的搬运移送活动。

3. 堆垛拆垛作业（放置取出作业）。堆垛是把物品从预先放置场所移送到运输工具或仓库内的指定位置，再按要求的位置和形状放置物品的作业活动；拆垛是与堆垛相反的作业活动。

4. 分拣配货作业。分拣是在堆垛、拆垛作业前后或配货作业之前发生的作业，是把物品按品种、出入库先后顺序进行分类整理，再分别放到规定位置的作业活动。配货包括把物品从所定位置，按品种、下一道作业的内容和发货对象整理分类所进行的堆放拆垛作业，是把分拣出来的物品按规定的配货分类集中起来的作业和以一定的批量移动到指定位置的作业。

（四）按装卸的方法手段分类

1. 人力装卸。用人工进行装卸（肩扛装卸等）。

2. 机械装卸。利用装卸机械进行装卸（起重机械装卸等）。

二、装卸的原则

为了使装卸合理化，从而节省时间、节约劳动力和装卸费用，在装卸服务中。应遵循以下原则：

（一）避免多余作业

我们知道，装卸活动的本身并不增加货物的价值和使用价值，相反地却增加了货物损坏的可能性和成本。因此，首先应从研究装卸的功能出发，分析各项装卸作业环节的必要性，千方百计地取消、合并装卸作业的环节和次数，消灭重复无效、可有可无的装卸作业。必须进行的装卸作业，应尽量做到不停顿、不间断，程序化地进行。

（二）提高装卸“活性”

提高货物装卸搬运的灵活性，这也是对装卸搬运作出的基本要求。装卸搬运作业的灵活性是指货物的存放状态对装卸搬运作业的方便难易程度，亦称为货物的“活性”。在物流过程中，为了对货物活性进行度量，常用“活性指数”来表示，它表明货物装卸搬运的方便程度。为提高装卸活性，应当把货物整理归堆，或是包装成单件放在托盘上，或是装在车上，放在输送机上，不同的存放状态，活性指数是不同的，具体见下表。

货物的活性指数

序号	货物放置状态	活性指数
1	地上散放	0
2	装 箱	1
3	装托盘	2
4	装无篷货车	3
5	装传送带	4

（三）文明装卸，科学作业

坚持文明装卸，就是在装卸搬运作业中，要采取措施保证货物完好无损，保障作业人员人身安全。同时，不因装卸作业而损坏相关的设备和设施。

科学作业，就是在装卸作业时，按照一定的工艺要求进行；按劳动保护要求，体力劳动、脑力劳动强度和负荷都应控制在生理合理的范围内，并在组织装卸搬运作业时，其作业环境的色调、光线、温湿度、卫生状况等要符合人体工程学、劳动心理学的科学原理。

科学作业还包含了装卸搬运设备和设施的负荷率和繁忙程度要合理，应控制在设计的范围之内，严禁超载运转；设备与设施采用科学的综合管理和预修保养制度等。

（四）集中作业，集装散装化

在流通过程中，只要条件允许，装载点和卸载点应当尽量集中；在货场内部，同一类货物的作业尽可能集中，建立相应的专业协作区、专业码头或专业装卸线；一条作业线能满足车船装卸作业定时指标的就不采取低效的多条作业线方案；在铁路运输中，关闭业务量很小的中间小站的货运装卸作业，建立厂矿、仓库共用专用线等，都是采用集中作业的措施。

成件货物集装化作业以及粮谷、盐、糖、水泥、化肥、化工原料等粉粒状货物散装化作业，是装卸搬运作业的两大发展方向。

（五）兼顾协调，促使总体物流合理化

装卸作业既涉及它本身的工艺过程及装卸搬运系统各要素，又涉及物流过程的其他各环节。因此，装卸搬运作业本身各工序以及装、卸、搬、运之间和系统内部各要素之间，装卸作业与其他物流活动之间都必须相互兼顾、协调统一，这样才能促使总体物流合理化。

三、装卸作业方法

（一）单件作业法

逐件装卸搬运的人工方法，主要适用于下列三种情况：

1. 某些货物出于它本身特有的属性，采用单件作业法有利于货物的安全。

2. 在某些装卸搬运场合，没有或难以设置装卸机械时，采用单件作业法。

3. 对于体积过大、形状特殊的物体，采用单件作业法。

（二）机械作业法

采用各种机械，采用专门的工作机构，通过舀、抓、铲等作业方式，达到装卸搬运的目的。

（三）人力作业法

完全依靠人力和人工，使用无动力机械来完成装卸搬运的方法。

（四）重力作业法

利用货物的位能来完成装卸作业的方法，如重力法卸车。

（五）倾翻作业法

将运载工具载货部分倾翻而将货物卸出的方法。

（六）集装作业法

将货物先进行集装，再对集装件进行装卸搬运的方法。主要包括集装箱作业法、托盘作业法、滑板作业法等。

（七）气力输送法

利用风机在气力输运机的管道内形成单向气流，依靠气体的流动或气压差来输送货物的方法。

（八）间歇作业法

在两次作业中存在一个空程准备过程的作业方法，包括重程和空程两个阶段，如门式和桥式起重机作业。

（九）连续作业法

在装卸过程中，设备不停作业，物资可连绵不断，持续流水般地实现装卸作业的方法，如带式输送机、链头装载机作业。

四、单元装卸（unit loading and unloading）

单元装卸是把许多单件物品集中起来作为一个运送单位（集装单位），放置在集装设备上，进行一系列运送、保管、装卸的装载方式。它可以减少装卸损失、节省包装费用、提高装卸效率、提高客户服务水平。

单元装卸按照使用的装载工具不同，可以分为全程托盘物品装载方式、托盘物品装载方式和集装箱物品装载方式。

（一）全程托盘物品装载方式

这种方式是从物品出发地至货物到达地的整个物流过程中全部采用托盘进行装卸的方式。该种装载方式可以防止物品的破损，缩短装卸作业时间，减少物流成本；同时，也使装卸作业的标准化、机械化、自动化成为可能。但是，这种方式也存在一些急需解决的问题，如：增加运输成本；托盘规格急需实现统一化、标准化；托盘的回收效率需要提高；增加运输成本等。

（二）托盘物品装载方式

这种方式是将多个单件物品集中在托盘上作为运送单位的单元装卸方式。一般有整齐码放、砌砖式码放、交错码放、针轮式码放、裂隙式码放等。

1. 整齐码放：也称直装或顺装。是各层码放物品的形状和方向均相同的托盘码放方式。

2. 砌砖式码放：第一层将物品纵横交错摆放，第二层将方向转 180°码在上边，逐次向上码放的托盘码放方式。

3. 交错码放：第一层的物品均为统一方向，第二层将方向转 90°码在上边，互相交错，依次向上码放的托盘码放方式。

4. 针轮式码放：中间留出空隙，围着空隙按风车型码放的托盘码放方式。

5. 裂隙式码放：方式与砌砖式相同，只是相互间留有空隙的托盘码放方式。

托盘物品装载方式按使用的托盘形态来分有平板托盘和箱式托盘两种类型。平板托盘一般由叉车进行装卸，箱式托盘一般由托盘卡车进行装卸。

（三）集装箱物品装载方式

集装箱物品装载方式是把一定数量的单件物品集中装在集装箱内进行一系列运输、保管、装卸的装载方式。与托盘物品装载方式相比，这种方式可以使各种形状的物品实现集装化，它是一种经常使用的装卸方式。包括整箱货装箱方式（FCL）和拼箱货装箱方式（LCL）两种装箱方式。

FCL 是由发货人或承运人在发货时自行装箱，然后直接送往集装箱堆积场等待装运，或者由承运人在内陆货运站接箱。到达目的港后，收货人直接提走整箱货；LCL 是由发货人把物品送交集装箱货运站由承运人进行装箱，到达目的港后，承运人在目的港的集装箱货运站或港口外的内陆货运站打开拼装货集装箱，把货分送给不同的收货人。

第六节　流通加工业务服务

流通加工是物流系统构成要素之一。但是，由于它可以产生物品的形质（形体和性质）功效，有人把其归入生产领域，认为流通加工不属于物流。由于它处于不易区分是生产还是物流的中间领域，既可归于生产又可归于物流，介于两个活动领域之间，难免产生争议。但是，流通加工的目的是提高物流系统效率，尽管它也可以创造性质和形态的使用效能，但还是应该从物流机能拓展的角度将其看做物流的构成要素为宜。

一、流通加工的含义及作用

（一）流通加工的含义

流通加工是指商品在流通过程中，根据用户的要求，改变或部分改变商品的形态或包装形式的一种生产性辅助加工活动。其目的是为了克服生产加工和用户对商品要求之间的差异，更有效地满足用户需要，提高生产和流通的经济效益。通过集中化和专业化的流通加工活动，给流通带来一系列的方便，使流通加工在流通中的功能得到进一步的发挥。

与生产加工相比较，流通加工具有以下特点：

1. 流通加工的对象是进入流通过程的商品。而生产加工对象不是最终产品，而是原材料、零配件及半成品。

2. 流通加工程度大多是简单加工。一般来讲，如果必须进行复杂加工才能形成人们所需的商品，那么，这种复杂加工应专设生产加工过程。流通加工对生产加工则是一种辅助及补充。特别需要指出的是，流通加工绝不是对生产加工的取消或代替。

3. 从价值观点看，生产加工目的在于创造价值及使用价值，而流通加工则在于完善其使用价值并在不做大改变情况下提高价值。

4. 流通加工的组织者是能密切结合客户的需要进行这种加工活动的从事流通工作的人。从加工单位来看，流通加工由流通企业完成，而生产加工则由生产企业完成。

5. 商品生产是为交换和消费而生产的，流通加工一个重要目的，是为了消费（或再生产）所进行的加工，这一点与商品生产有共同之处；但流通加工有时候是以流通自身为目的，纯粹是为流通创造条件，在这一点上与生产加工有明显的区别。

（二）流通加工的作用

流通加工的作用主要有以下几个方面：

1. 可以提高原材料的利用率

下料环节的工作对产品消耗的高低有很大影响。实行集中下料、供应成材的方法，做到优材优用、小材大用、合理套裁，因此能提高原材料的利用率，降低产品的原材料消耗。例如，我国有些地区对平板玻璃实行集中裁制，玻璃的利用率由60%左右提高到90%左右，经济效果十分显著。

2. 由于按照用户要求对原材料进行初级加工，从而方便了用户

一般的生产企业所需要的原材料种类繁多，其中有许多是未加工的初级产品。通过流通加工环节，对某些原材料按用户的要求进行简单的初级加工，可使用户省去进行初级加工的投资、设备及人力。这种初级加工对那些本身没有能力加工的企业，以及虽然进行初级加工但经济上并不合算的企业更为重要。

3. 提高加工效率及设备利用率

在流通领域实行集中加工，可以采用效率高、加工量大、技术先进的专门机具和设备，不仅保证了加工质量，而且提高了设备利用率和加工效率。

4. 使物流更加合理

通过流通加工，改变了商品的形态和包装，更能合理地组织配送，提高物流效益。

二、流通加工的内容

由于具有不同的目的和作用，因而流通加工的内容呈多样化。

（一）为衔接不同输送方式的流通加工

现代社会，生产相对集中，而消费却相对分散，生产的大批量、高效率和消费的多品种、小批量、多户头需要之间，存在着很大的矛盾。通过流通加工的某些形式可以有效地解决这个矛盾。以流通加工点为分界点，从生产部门至流通加工点可以形成大量的、高效率的定点输送；从流通加工点至客户则可形成多品种、多批量、多户头的灵活输送。例如，散装水泥的中转仓库担负起散装水泥装袋的流通加工及将大规模散装转化为小规模散装的任务，就属于这种流通加工形式。

（二）以产品的有效保管为目的的流通加工

这种加工形式的目的是使产品的使用价值得到妥善的保存，延长产品

在生产与使用间的时间距离。根据加工的对象不同，可表现为消费资料的流通加工和生产资料的流通加工。

消费资料的流通加工是以服务客户、促进销售为目的。如水产品、蛋产品、肉产品等要求的保鲜保质的冷冻加工、防腐加工、保鲜加工以及丝、麻、棉织品的防虫、防霉加工等。生产资料与生活资料相比一般有较长的时间效能，但随着时间的推移，生产资料的使用价值也会不同程度地受到损害甚至会完全失去使用价值。所以，相应的流通加工也是完全必要的。如为防止金属的锈蚀而采取的喷漆、涂防锈油等。

（三）使消费方便、省力的流通加工

这种流通加工形式与上述相类似，只是在加工的深度上更接近于消费，使消费者感到更加省力、省时，更加方便。

（四）有效提高产品利用率的流通加工

利用在流通领域的集中加工代替分散在各使用部门的分别加工，可以大大提高物品的利用率，能产生明显的经济效益。集中加工形式可以减少原材料的消耗，提高加工质量；同时，对于加工后的副产品尚可使其得到充分利用。

（五）提高物流效率，降低物流损失的流通加工

对于一些物品，由于自身的特殊形状，在运输、装卸作业中效率较低，极易发生损失的情况，则需要进行适当的流通加工以弥补这些产品的物流缺陷。例如，自行车在消费地区的装配加工可防止整车运输的低效率和高损失；造纸用木材磨成木屑的流通加工，可极大提高运输工具的装载效率等。

（六）适应多样化需要的流通加工

生产部门的各种加工活动往往不能完全满足消费者对产品多样化的要求。为了满足消费者对产品多样化的需要，同时又保证生产部门高效率的生产，将生产出来的单调产品进行多样化的加工是流通加工中占有重要地位的一种加工形式。例如，对钢材卷板的舒展、剪切加工；平板玻璃按需要规格的开片加工等。

（七）支持配送进行的流通加工

配送中心通过对物品进行各种加工活动，满足客户对物品供应的数量、供应构成的要求，如拆整化零、定量备货、定时供应等。随着物流技术水平的不断提高，流通加工活动有时在配送过程中实现。如混凝土搅拌车。由于配送中心的形式多样，配送任务各异，所以，配送中心的流通加工活动各具特征。

第八章　第三方物流服务业务

本章提要

1. 第三方物流的产生
2. 第三方物流的概念和特征
3. 第三方物流的作用
4. 第三方物流的业务内容
5. 第三方物流的业务创新

第一节　第三方物流概述

随着现代企业生产经营方式的变革和市场外部条件的变化，企业为了达到快速响应市场需求的目的，将主要精力放在企业的关键业务上，将其非核心业务交给其他的专业企业。专门从事物流服务的“第三方物流”（Third Party Logistics，简称 TPL 或 3PL）企业应运而生，这种物流形态也开始引起人们的重视。

国际上第三方物流业是一个不到 20 年的相对年轻的行业。在美国，TPL 被认为处于产品生命周期的介绍——成长期；在欧洲，尤其是在英国，普遍认为 TPL 有一定的成熟程度。在欧洲，目前使用 TPL 服务的比例约为 76％，在美国约为 58％，且其需求仍然在增长。同样的研究表明，欧洲 24％和美国 33％的非 TPL 用户正在积极考虑使用 TPL；欧洲 62％（欧洲大陆占 94％，英国占 54％，英国比其他国家有一个更成熟的 TPL 市场）和美国 72％的 TPL 用户认为，他们将在三年内增加对 TPL 的运用。随着 TPL 需求的增加，该行业的观察家认为 TPL 供给的年增长率约为 20％～50％。

那么究竟何为第三方物流，第三方物流又能给企业带来什么好处呢？

一、第三方物流的概念和特征

第三方物流（Third Party Logistics，TPL）是指由物流劳务的供方、需方之外的第三方去完成物流服务的物流运作方式。第三方就是指提供物流交易双方的部分或全部物流功能的外部服务提供者。

第三方物流与传统物流比较有以下几个显著特征：

（一）第三方物流是合同导向的一系列服务

第三方物流有别于传统的物流外包业务，物流外包业务只限于一项或一系列分散的物流功能，如运输公司提供运输服务、仓储公司提供仓储服务，第三方物流则根据合同条款规定的要求，而不是临时需求，提供多功能、甚至全方位的物流服务。

（二）第三方物流是个性化物流服务

第三方物流服务的对象一般都较少，只有一家或数家，服务时间却较长，往往长达几年，异于公共物流服务——“来往都是客”。这是因为需求方的业务流程各不一样，而物流、信息流是随价值流流动的，因而要求第三方物流服务应按照客户的业务流程来定制，这也表明物流服务理论从“产品推销”发展到了“市场营销”阶段。

（三）第三方物流是建立在现代电子信息技术基础上的

信息技术的发展是第三方物流出现的必要条件，信息技术实现了数据的快速、准确传递，提高了仓库管理、装卸运输、采购、订货、配送发运、订单处理的自动化水平，使订货、包装、保管、运输、流通加工实现一体化；企业可以更方便地使用信息技术与物流企业进行交流和协作，企业间的协调和合作有可能在短时间内迅速完成；同时，电脑软件的飞速发展，使混杂在其他业务中的物流活动的成本能被精确计算出来，还能有效管理物流渠道中的商流，这就使企业有可能把原来在内部完成的作业交由物流公司运作。

（四）第三方物流与企业之间是联盟关系

依靠现代电子信息技术的支撑，第三方物流与企业之间充分共享信息，这就要求双方能相互信任，才能达到比单独从事物流活动取得更好的效果。企业之间只是在物流方面通过契约结成优势相当、风险共担、要素双向或多向流动的联盟关系。第三方物流企业同货主企业的关系应该是密切的，长期的合作关系，而不是零星的业务往来。通过第三方物流企业提供的物流服务，有助于促进货主企业的物流效率和物流合理化。第三方物流是第三方物流提供者在特定的时间段内按照特定的价格向使用者提供的个性化的系列物流服务。这种物流服务是建立在现代电子信息技术基础上的，因此，企业之间是联盟关系。

（五）第三方物流企业不利用或者只部分利用自己的资源为用户提供服务

第三方物流企业可以拥有自己的物质资源，也可以不拥有自己的物质资源。其实，即便是在发达国家，货主企业物流对外委托的内容大多还只是停留在物流作业活动上，物流系统可以委托物流企业来设计，但系统的运营、管理仍然由货主企业自己承担。标榜自己是第三方物流企业的也有各种各样的经营方式，能够站在货主角度提供系统设计、计划全部物流服务的真正意义上的第三方物流企业还不多。

（六）第三方物流企业是责任人，承担法律责任

第三方物流是至少两个以上的企业（多个法人）以多重合约的方式为供、需双方提供物流服务。在第三方物流服务网络中，物流的实际供给方或需求方可能是一个，也可能是多个。但是第三方与供、需双方的合约关系应当是一一对应的。由于第三方物流企业与物流的实际需求方是合约关系，因此，第三方物流企业是责任人，承担法律责任，而供需双方不直接承担法律责任。

二、第三方物流产生的原因

（一）第三方物流产生是社会分工的结果

在 Out-souring 等新型管理理念的影响下，企业要想在严峻的市场竞争环境下自下而上的发展，必须提高资源配置的效率，以赢得竞争的优势，而要提高资源配置的效率，必须让企业的竞争优势来源于比竞争对手更低的成本、更快的速度。由于任何企业所拥有的资源都是有限的，不可能在所有的业务上都获得竞争优势，各企业为增强市场竞争力，必然将企业的资金、人力、物力投入到其核心业务上去，寻求社会分工协作带来的效率和效益的最大化。专业分工的结果导致许多非核心业务从企业生产经营活动中出来，其中包括物流业务。将物流业务委托给第三方专业物流负责，可降低物流成本，完善物流活动的服务功能。

（二）第三方物流的产生是最新型管理理念的要求

进入 20 世纪 90 年代后，信息技术特别是计算机技术的高速发展与社会分工的进一步细化，推动着管理技术的迅速更新，由此产生了供应链、虚拟企业等一系列强调外部协调和合作的新型管理理念，既增加了物流活动的复杂性，又对物流活动提出了零库存、准时制、快速反应、有效的客

户反应等更高的要求，使一般企业很难承担此类业务，由此产生了专业化物流服务的需求。第三方物流的思想正是为了满足这种需求而产生的。它的出现一方面迎合了个性需求时代企业间专业合作（资源配置）不断变化的要求，另一方面实现了进出口物流的整合，提高了物流服务质量，加强了对供应链的全面控制和协调，促进供应链达到整体最佳。

（三）改善物流与强化竞争力相结合意识的萌芽

物流研究与物流实践经历了成本导向、利润导向、竞争力导向等几个阶段。将物流改善与竞争力提高的目标相结合是物流理论与技术成熟的标志。这是第三方物流概念出现的逻辑基础。

（四）物流领域的竞争激化导致综合物流业务的发展

由于科学技术不断进步和经济的不断发展、全球信息网络和全球化形成及技术变革的加速，围绕新产品的市场竞争也日趋激烈。随着经济自由化和贸易全球化的发展，物流领域的政策不断放宽，同时也导致物流企业自身竞争的激化。技术进步和需求多样化使得产品生命周期不断缩短，企业面临着缩短交货期、提高产品质量、降低成本和改进服务的压力。所有这些都要求企业作出快速反应，不断地开发出能够满足客户需求的、定制的个性产品去占领市场。物流企业不断地拓展其服务的内涵和外延，从而导致第三方物流的出现。这是第三方物流出现的历史基础。

三、第三方物流与一般物流的比较

第三方物流与传统的对外委托形态有着根本的不同之处。关键的问题不是如何称呼，而是其所从事的事业的本质特征和所提供物流服务的性质存在差异。

（一）第三方物流企业经营业务的出发点不同

传统的物流企业是站在自己物流业务经营的角度，接受货主企业的业务委托，以费用加利润的方式定价，收取服务费。那些能够提供系统服务的物流企业，也是以使用本企业的物流设施、推销本企业的经营业务为前提，而并非是以货主企业物流合理化为目的设计的物流系统。

第三方物流企业则是站在货主的立场上，以货主企业的物流合理化为设计物流系统运营的目标。第三方物流企业要站在货主企业的角度提供有利于物流合理化的综合物流服务，必须熟悉货主企业及物流活动的发展规律，具有物流系统开发和创新的能力。显然，这与只是受货主委托从事简单的运输、保管作业活动或管理活动是截然不同的。

（二）第三方物流是客户的战略同盟者，而非一般的买卖对象

第三方物流企业不是货运代理公司，也不是单纯的速递公司，在物流领域扮演的是客户的战略同盟者的角色。在服务内容上，它为客户提供的不仅仅是一次性的运输或配送服务，而是一种具有长期契约性质的综合物流服务，最终职能是保证客户物流体系的高效运作和不断优化供应链管理。从这个角度来看，第三方物流企业与其说是一个专业物流公司，不如说是客户的一个专职物流部门，只是这个“物流部门”更具有专业优势和管理经验。与传统运输企业相比，第三方物流的服务范围不仅仅限于运输、仓储业务，它更加注重客户物流体系的整体运作效率与效益。供应链的管理与不断优化是它的核心服务内容。它的业务深深地触及到客户企业的销售计划、库存管理、订货计划、生产计划等整个生产经营过程，远远超越了与客户一般意义上的买卖关系，而是紧密地结合成一体，形成了一种战略合作伙伴关系。

从长远看，第三方物流的服务领域还将进一步扩展，甚至会成为客户销售体系的一部分。它的生存与发展必将与客户企业的命运紧密的联系在一起。在西方的物流理论中非常强调“相互依赖”关系，也就是说一个企业的迅速发展光靠自身的资源、力量是远远不够的，必须寻找战略合作伙伴，通过同盟的力量获得竞争优势。而第三方物流扮演的就是这种同盟者的职能，与客户形成的是相互依赖的市场共生关系。

（三）第三方物流是客户的战略投资人，也是风险承担者

第三方物流公司追求的不是短期的经济效益，更确切地说它是以一种投资人的身份为客户服务的，这是它身为战略同盟者的一个典型特点。比如，为了适应客户的需要，第三方物流公司往往自行投资或合资为客户建造现代化的专用仓库、个性化的信息系统以及特种运输设备等，这种投资少则几百万元，多则上亿元，直接为客户节省了大量的建设费用，而这种投资的风险必然也由自身承担。所以，第三方物流服务本身就是一种长期投资。这种投资的收益很大程度上取决于客户业务量的增长，这就形成了双方利益一体化的基础。同时，随着我国资本市场的发展，法人企业作为战略投资人已经成为一类重要的资本市场投资主体，在业务关系上的紧密性为第三方物流企业与客户在资本市场上的合作创造了难得的条件，可以预见双方在股权、资本上的融合将更加紧密，第三方物流战略投资人的性质将更加明显。

（四）利益一体化是第三方物流企业的利润基础

第三方物流企业的利润从哪里来？第三方物流企业的利润不是来自运

费、仓储费等直接费用收入，而是来源于现代物流管理科学的推广所产生的新价值。从本质上讲来源于现代物流管理科学的推广所产生的新价值，也就是我们经常提到的第三利润的源泉。这也是第三方物流得以发展的根本原因。以美国为例，1980 年全美企业存货成本总和占 GNP 的 29%，由于物流管理中零库存控制的实施，到 1992 年这一比例下降到 19%，下降了近 10 个百分点。可以说这种库存成本的节约就是物流科学创造的新价值。这种新价值是第三方物流与客户共同分享的。这就是利益一体化，这就是我们强调的“双赢”。

所以，与传统的运输服务相比，第三方物流公司的利润来源与客户的利益是一致的，而不是矛盾的，并不是一方多赚一分钱，另一方就少赚一分钱的传统交易方式。所以，与运输企业相比，第三方物流服务的利润来源不是来自运费、仓储费用等直接收入，不是以客户的成本性支出为代价的，而是来源于与客户一起在物流领域创造的新价值。为客户节约的物流成本越多，利润率就越高，这与传统的经营方式有本质不同。

虽然，我国现有的物流企业在交易方式上还没有摆脱传统以运费、仓储费用为计量的结算方式，但以“降低客户经营成本为根本的经营目标”已经被中外运等物流企业明确地提出，这代表了我国物流业发展的方向，也是实现与客户的双赢、利益一体化的真实反映。这也是解除企业后顾之忧，真正实现战略合作的经济基础。

第三方物流与传统物流相比，除了以上几个方面的主要区别之外，还有以下几点明显优于传统物流作业的特征：

1. 第三方物流整合一个以上的物流功能，从而使物流成为一种集约化作业，提升了物流在企业管理和客户服务中的地位。

2. 第三方物流供应商一般不保有存货，但可以通过供应链优势将库存安排在运输途中，从而使供应链成为响应客户服务的流动仓库。

3. 运输设备、仓库等由第三方物流公司投资、管理和控制，提高了专业化服务程度，改善了双方的资产状况，为企业规避了重复投资所带来的资本风险。

4. 第三方物流可以提供全部的劳动力与管理服务。

5. 第三方物流还可以提供特殊服务，如存货管理、生产准备、组装、集运服务等，从而降低了企业人力资源成本，减少了管理环节，提高了管理效率。

第三方物流与一般物流的区别如表 8－1 所示。

表 8-1　　第三方物流与一般物流的区别

	第三方物流	一般物流
合约关系	一对多	一对一
法人构成	数量少（对用户）	数量多（对用户）
业务关系	一对一	多对一
服务功能	多功能	单功能
物流成本	较低	较高
增值服务	较多	较少
质量控制	难	易
运营风险	大	小
供应链因素	多	少

链接

3PL 与运输的区别

3PL 与运输的区别，具体表现在以下几个方面：

一、从它们的外在形式上看，3PL 所体现的物的流动属于“集中—分散，分散—集中”的有规律流动；而后者则往往是一种没有规律的无序流动。

二、从它们与客户企业的关系看，前者是一种长期、稳定的合作关系；而后者则大多是一种单纯的承托关系。

三、从客户企业对它们所提供服务的要求看，前者具有明显的刚性和弹性。所谓刚性，是指按照适时（Right Time）、适地（Right Place）、适质（Right Quality）、适量（Right Quantity）、适价（Right Price），即“5R”的要求为客户企业提供优质的 3PL 服务。所谓弹性，指的是 3PL 活动实时性、动态性和灵活性；而对运输所提供的服务显然不可能有如此高的要求。

四、从它们与客户企业合作的深度和广度来看，3PL 已渗透到客户企业的生产或销售领域，成为客户企业生产或销售活动在流通领域中的延续。同时，3PL 具有物流系统设计及开发、电子数据交换、货物运输、运输代理、仓储、咨询、运费谈判或支付等多种功能；而运输所具有的功能很单一，相比之下，其深度与广度要小得多。

五、从它们为客户企业提供服务的态度来看，前者是一种积极、主动的服务，它不仅努力做好已有的各服务项目，而且还积极主动地为客户企业提供物流系统设计、物流系统优化等相关服务，实际上，它们之间的关系已成为一种“共生、共栖”关系；而传统的运输仅仅是按照用户的要求被动提供服务。

四、各类第三方物流提供商优势与劣势比较

不同的第三方物流供应商，有着各自的优势与劣势，并设立了不同的目标和方向，如表 8－2 所示。

表 8－2　　各类第三方物流提供商优势与劣势比较

	传统的运输与仓储企业	新兴的物流公司	生产与流通企业内部物流部门	国外物流公司
优势	· 大型国有企业拥有全国性的网络和许多运输和仓储资产 · 与中央与地方政府关系良好	· 私有和合资企业，业务地域、服务和客户相对集中 · 效率相对较高，增长极快	· 主要为内部客户服务，具有专长 · 资产有限，但网络覆盖性良好	· 有很强的海外网络 · 有丰富的行业知识和实际运营经验 · 与国际物流客户有良好关系 · 先进的 IT 系统 · 有来自总部的强有力财务支持
劣势	· 冗余人员比例很高，效率低 · 注重内部的企业文化而不是以客户和绩效为导向	· 只拥有有限的固定资产 · 对市场扩张缺乏有力的财务支持 · 内部管理和体系是高速增长的主要阻碍	· 难于吸引更多的外部客户 · 战略和未来定位受到母公司的影响	· 在中国缺少网络系统，在中国的业务还很有限，且相对成本较高
目标	· 借用广泛的网络和资产优势加速物流增长 · 通过重组以增加功能，提高效率	· 依靠引入战略合作伙伴或投资者保持高增长率	· 或加强或剥离物流部门	· 通过收购或合作，加强在中国市场的地位

五、第三方物流的优越性

伴随着社会生产力发展水平的不断提高和企业内部生产水平的进一步下降，存货管理已经实现生产与分配间的“零库存”优化，这意味着原材料、部件与组件的备货时间应该大大减少。同时，为参与世界性竞争，企业必须降低产品的成本（包括生产成本和销售成本），降低库存（包括仓储和运送中的库存），增加效益。这就要求企业掌握准确及时的信息，增加整个供应链流程的可视性。第三方物流为企业解决了上述种种难题，体现了自身的优越性。

（一）第三方物流是差别化营销的重要方式和途径

在大众营销阶段，由于消费单一的特征，企业经营是建立在经济基础上的大量生产和销售，因而物流服务也就只停留在商品传递和保管等一般性业务活动上，物流从属于生产和消费。但进入细分化市场营销阶段，市场需求分散化多样化且不断发展变化，只有迅速有效地满足市场需求变化才能求得生存和发展。

第三方物流根据合同条款规定的要求，提供多功能、甚至全方位的物流服务，服务的对象一般只有一家或数家。而第三方物流服务是按照客户的业务流程来定制的，第三方物流供应商通过“量体裁衣”的设计，制定出以客户为导向，低成本、高效率的物流方案，使客户在同行者中脱颖而出，为企业在竞争中取胜创造了有利条件。所以个性化的第三方物流服务已成为企业销售差别化战略的重要组成部分，有助于提升企业的形象。

（二）物流服务水准的确立对经营绩效具有重大影响

在物流开始成为经营战略重要一环的过程中，物流服务越来越具有经济性的特征，市场机制和价格机制通过供求关系的变动决定了物流服务和价值，又决定了一定服务水平下的成本。所以，对于生产企业来说，物流服务的供给不是无限制的，否则，过高的物流服务势必损害经营绩效，不利于企业收益的稳定，第三方物流恰恰可以为企业分担这样的问题。

（三）物流服务方式的选择对降低流通成本具有重要意义

低成本从来是企业竞争的重要内容，除了生产资料、人力成本等各种有形的影响因素外，物流服务方式等软性要素的选择对成本也具有相当大的影响力。合理的物流方式已被公认为企业的“第三利润源泉”。特别值得注意的是，许多大型企业已经转而实行新型物流服务，以降低物流成本，降低经营和供应链成本。

在 1997 年的一项调查中，174 家公司中有 58%的公司外包运输业务，46%的公司外包仓储，31%的公司外包物料搬运系统。

（四）货主企业采用第三方物流方式对于提高企业经营效率具有重要作用

一方面，第三方物流可以使企业专心致志地从事主营业务，将资源优化配置在核心业务上，将有限的人力、物力、财力集中于核心业务，研发出新技术、新产品，更好地参与世界竞争。另一方面，第三方物流企业中的专家具有丰富的知识和经验，可以站在比单一企业更高的角度，制定合理的或企业预期的物流服务水准，有利于提高货主企业的物流水平。特别是对于一些例外运输、紧急运输等物流服务，需要考虑成本的适当化或者各流通主体相互分担的问题，第三方物流则更为有效。

除了有助于提升企业的形象，使企业集中精力强化主业，降低流通成本，提高企业经营效率之外，采用第三方物流还可以为企业带来许多其他方面的好处。如：扩大业务能力；缩短出货及交货时间；提高为客户服务的水平；提高专业知识；增强市场信息获取能力；增加车辆效率和减少油耗费用；彻底实施品质管理；降低员工基数，不用为旺季人手不够而到处招聘；降低投资费用；减少库存，减少资本积压以及增加柔性等。

事实上，第三方物流除了可以大大的改善服务，提高效益之外，据分析，实施第三方物流可以为企业带来如下利益：

作业成本降低 62%，服务水平改进 26%，集中核心业务 56%，雇员减少 50%，资本成本减少 48%。

这也可以从 2002 年《中国第三方物流市场调查报告》的调查中得以验证。报告中称：客户外包物流的原因，首先是为了降低物流成本，然后是为了强化核心业务，第三是为了改善与提高物流服务水平与质量。客户在选择第三方物流企业时，首先注重行业与运营经验即服务能力，第二注重品牌声誉，第三注重网络覆盖率，然后注重较低的价格。

第三方物流企业通过其掌握的物流系统开发设计能力、信息技术能力，成为建立企业间物流系统网络的组织者，完成个别企业、特别是中小企业所无法实现的工作。发展第三方物流事业无疑是促进企业物流活动合理化、效率化，进而提高整个社会物流合理化的重要途径。特别是在当今的信息时代，将先进的信息技术、网络技术应用到物流管理中，会极大地促进物流事业的发展。

第二节　第三方物流服务业务内容

一、第三方物流业务内容

最常见的第三方物流服务内容如下：

（一）基本业务

仓储、仓库管理、长途运输、车队管理、运费谈判、市内配送与装卸。

（二）附加值业务

选择承运商、订单履行、订单处理、货物验收、仓库再包装/加工、库存补充、客户备用零件、产品安装/装配、代理货物保险、送货代收款、货物回收/替换、进出口。

（三）高级的物流服务

物流计划、系统设计、库存分析报告、库存控制、物流信息系统、分销中心的建立、供应链的设计、建议。

根据国外有关人员对51家领先的第三方物流服务提供者的调查（如表8-3所示），第三方物流服务的内容不再集中于传统意义上的运输、仓储范畴之内，而是利用信息技术，将这些单项的服务内容有机地组合起来，提供物流运输的整体方案，即针对企业最佳经营战略设计物流系统，利用自己公司或其他公司的物流设备，提供解决问题的实施方案。

表8-3　　　　第三方物流服务内容

序　号	服务项目	服务提供者的百分比（%）
1	开发物流策略/系统	97.3
2	电子数据交换能力	91.9
3	管理表现汇报	89.2
4	货物集运	86.5
5	选择承运人、货代、海关代理	86.5
6	信息管理	81.1
7	仓储	81.1
8	咨询	78.4
9	运费支付	75.7
10	运费谈判	75.7

资料来源：中国物流与采购联合会和美国美智（Mercer）管理顾问公司联合调查2002年最新结果。

物流服务的构成要素如下图所示。

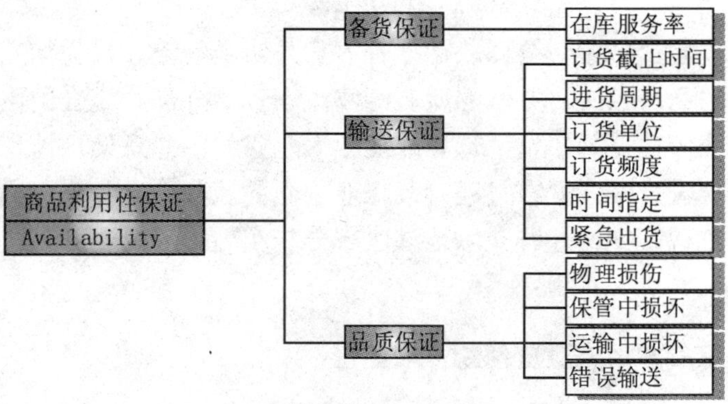

物流服务的构成要素

二、欧美发达国家第三方物流服务

近二十年来，欧美国家第三方物流服务已有了很大的改进。提供服务的标准已大大提高，作业效率也已大大提高，为客户需求定制的各类新型服务得到了发展。物流服务公司的营销也更强有力与熟练。

欧美许多运输与仓储公司已演变成了广泛物流服务的供应商。大多数国家，公路运输行业成为越来越具竞争性的行业，资金回报下滑，利润率降低。通过改造成综合物流公司，大承运人能对服务增加价值，形成进入门槛较高的细分市场，以保证与客户的长期合同。这使它们能增加利润并迅速成长。

表 8-4 是大型物流公司提供的增值物流服务的品种。

表 8-4　　增值物流服务种类

运输	车辆维护
存储	托盘化
分装	包装/重新包装
集运	贴标签
定单分拣	质量控制/产品试验
存货控制	客户化
分拣包装	售后服务
货物跟踪	咨询服务

在欧美发达国家，公司采用多种方式外协其物流。最为彻底的方式是关闭自己的物流系统，并转移所有的物流职责给外部物流合同供应商。对许多自理物流的公司，这一选择改变太大。它们不愿意处理掉现有的物流资产、去掉人员，去冒在过渡阶段作业中断的风险。有些公司愿意采取渐渐外协的过程，把责任移交以地理区域分步实施，或以业务与产品分步实施。

三、第三方物流服务创新：融通仓

如何与金融机构协作，进行第三方物流服务创新，满足中小企业对金融服务和第三方物流服务的迫切需求，促进中小企业发展，已经成为我国物流业界和研究人员关注的重要问题。

罗齐、朱道立、陈伯铭在《第三方物流服务创新——融通仓及其运作模式初探》（《中国流通经济》2002年，第2期）一文中提出了一种融通仓模式。融通仓是一个综合性的第三方物流服务平台，不仅为银行与企业间的合作架构新桥梁，帮助中小企业解决融资难题，而且能有效地融入中小企业供应链体系之中，为其提供高效的第三方物流服务。

广义的融通仓是指在工业经济和金融、商贸、物流等第三产业发达的区域创生的一种跨行业的综合性第三产业高级业态，以物流运作为起点，综合发展信用担保、电子商务平台、传统商业平台和房产开发；狭义的融通仓是指以周边中小企业为主要服务对象，以流动商品仓储为基础，涵盖中小企业信用整合与再造、物流配送、电子商务与传统商业的综合性服务平台。

融通仓首先是一个以质押物资仓管与监管、价值评估、公共仓储、物流配送、拍卖为核心的综合性第三方物流服务平台，它不仅为银企间的合作构架新桥梁，也将良好地融入企业供应链体系之中，成为中小企业重要的第三方物流服务提供者，其服务功能主要有以下两个方面：

第一，融通仓提供的一体化服务可以解决质押贷款业务的外部条件瓶颈。

融通仓对客户企业提供两种类型的服务：①对寄存在融通仓之仓储中心的物品提供仓储管理和监管服务；②对寄存在质押人经金融机构确认的其他仓库中的物品提供监管服务，必要时才提供仓储管理服务。

在中小企业的生产经营活动中，原材料采购与产成品销售普遍存在批量性和季节性特征，这类物资的库存往往占用了大量宝贵资金。融通仓借助其良好的仓储、配送和商贸条件，吸引辐射区域内的中小企业，作为其第三方仓储中心，并帮助企业以存放于融通仓的动产获得金融机构的质押贷款融资。融通仓不仅提供良好的第三方物流服务，同时融通仓也将商贸平台作为发展目标之一，借助“前店后仓”的运作模式，成为聚集区域内众多中小企业的采购与销售平台。

第二，信用整合与信用再造功能。

四、开展第三方物流服务要注意的几个问题

目前，国内货主企业中仅有为数不多的知名大企业、大公司自行拓展第三方物流业务，而大多数国内企业则由于种种原因，从事第三方物流服务还只是处在一个观望的阶段，并没有进行实际的尝试。那么，国内众多

公司如何应对货主企业的第三方物流服务需求，在为货主企业提供优质服务的同时自身也获得快速的发展呢？

（一）要拓展服务范围，突出服务特色，向服务多元化发展

不同企业在运输方式、业务方式、服务对象上的要求不尽相同。因此，第三方物流企业必须成为一个服务提供的多面手，同时结合这些企业的实际需要，为其提供有针对性的、个性化的特色服务，解决企业开展物流业务方面所遇到的种种难题。第三方物流应提供一个全套、完整的物流解决方案，通过合作、代理、联营等多种手段，为客户提供“一站式”物流服务，使货主企业真正感受到第三方物流带来的方便、快捷、高效。

（二）要认真研究所服务行业的特点，慎选服务对象

任何一个行业的 TPL 物流服务，都是建立在对这个行业深刻理解的基础之上的。因此，为了达到为货主企业提供物流服务的目的，在开展第三方物流服务业务时，必须对服务对象有所取舍，在对人力、财力、物力、服务水平进行综合考虑的基础上，选择能发挥自己最大长处的行业介入。

（三）要拥有一批物流专业人才，保持合理的人力资源配置结构

相对而言，第三方物流对人才的要求更高。第三方物流业务不仅需要从业人员熟悉物流业务，而且要求从业人员熟悉其所服务的行业情况，特别是具有将物流知识与具体相关业务紧密结合的能力。建立起一支高素质、高学历，具有多年物流工作经验的物流专业和信息技术开发人才队伍，已成为现在发展物流的瓶颈。因此，第三方物流企业一方面要加大对从业人员的培养力度，另一方面还要加快人才引进步伐，为货主企业提供切实有效的物流服务和解决方案。

（四）建立完善的信息交流系统和信息管理体系

在物流业务中，业务信息的及时、准确将直接影响物流服务的质量。因此，必须建立和开发一套合适的信息管理系统软件。第三方物流业务，对信息的准确性、及时性、顺畅性等提出了更高的要求，仅仅依靠电话、传真作为惟一的联系手段将无法跟上货主企业的实际需要。国际货代企业要加强自身的信息化建设，加强与客户的交流与沟通等。

（五）要有良好的公司信誉

货主企业愿意通过 TPL 公司开展物流业务，其目的无非是要减少运输成本，提高运输效率，提升为客户服务的质量。因此，TPL 公司若要从事物流业务，必须要有良好的市场信誉，才能获得货主企业的信任。要注意物流的品牌效应，一个良好的品牌将成为市场竞争的重要因素。

（六）要树立以客户为中心的物流服务意识

货主企业能够最终选择一家企业作为公司物流服务的提供商，一般都是经过严密的考察后才作出决定。由于物流服务相对运输来讲，具有更明显的长期性，物流服务提供者和接受者之间有更强的相互依赖性。更换物流服务提供者对生产企业和流通企业造成的影响将远大于更换运输服务提供者。从货主企业角度来看，是希望建立一种长期、稳固的合作关系，这样，货主企业与第三方物流供应商才能获得巨大的发展。

案 例

现代物流业的“中海模式”

每年的 8 月 18 日是中海物流的纪念日，但这个日子既不是公司开业的日子，也不是公司大厦竣工的日子。

日前，当记者带着这个疑问来到位于福田保税区的中海物流公司时，该公司总经理李川解释说：“这是中海物流的前身海福公司签约第一个客户的日子!”

1995 年 8 月 18 日，日本三井公司将第一批货物 SONY 电器 KV—2189TC 彩色电视机 10 个 40 柜存放海福仓。这既是海福公司，也是福田保税区第一单保税仓储业务。“这单业务对海福公司意义非凡，因此公司便把每年的 8 月 18 日作为成立纪念日。”李川说。

据李总介绍，中海物流的发展可分为三个阶段，首先是开业至 1997 年，那是公司的创业期，它的特点是以提供简单的仓储为主营服务，以追求收支平衡、满仓操作为主要目标，是属于传统型的仓储行业。

中海物流发展的第二阶段从 1998 年到 2001 年，是企业转型发展期。由于与 IBM 的牵手，使中海物流在全国物流行业首家开展高科技产品的国际配送业务，并促使公司完成了从传统仓储企业向现代物流企业的嬗变，实现了质的飞跃，构建了中海物流核心竞争力。

1994 年以来，中海物流进入其发展的第三阶段，即对外拓展期。李总认为，这一阶段，中海物流将面临中国入世后的巨大挑战，也将进入以投资来带动公司规模发展的时期。

四流合一

中海物流与 IBM 的合作，在全国 15 家保税区中率先开辟了在进口保税、监管环境下从事第三方物流服务的先河。不过，个中真正吸引客户的，是中海物流在国际精确配送业务上的优势。

李总告诉记者，中海物流在继携手 IBM 后，又与日本美能达合作开展物流配送业务。“这些业务的共同特点就是精确配送，而美能达业务的规模之大，精度之高，流程之复杂，均代表了当今国际精确配送的较高水准。”

为了实现精确配送的国际水平，中海物流在业务中实现了商流、物流、信息流、资金流的四流合一。

“目前，中海物流面对的境内外供应商达 160 多家，遍布世界各地。”谈到中海物流的商流、物流网络，李总如是说。据介绍，中海物流除利用自己的硬件和软件设施以外，还通过与陆路运输公司及海运、空运货代建立稳定的合作伙伴关系，使正向物流和反向物流通畅无阻，世界各地物料在到港后 24 小时内即可送达珠三角工厂生产线上，保证其在零库存状态下进行正常生产，同时使不合格原料在规定时间内准确无误地送达各境内外指定地点。

“物流未动，信息先行”。为了保证满足客户的需求和物流项目的顺利进行，中海物流自主开发了“中海 2000 物流管理信息系统”。该系统的应用，支撑了中海物流数百家客户、数千家供货商和数万种料件的第三方物流服务。

中海物流处于买方和卖方中间，是买卖双方完成商流的结点，同时也扮演了一个结算中心的角色。每个作业完毕，依据物流状况，按照中海物流与工厂以及供应商之间的服务合同，各种费用自动生成，准确无误。

独具特色的物流模式

经过七年的发展，中海物流的配送业务从无到有、从熟悉到成熟，逐步摸索出了一套与国际标准接轨而又符合中国国情的物流运作模式。

李总介绍说，中海物流探索出的这些模式包括“多对一”、“多对多”、信息系统支撑下的 5R 服务、物流服务的电子商务化、服务过程的流程化和可视化等。

以 5R 服务为例。中海物流承担着四种物流形式中最困难最复杂的生产型物流服务，这种服务要求必须要在无障碍的信息通信条件下才可以实现。正是在强大的信息支持系统下，中海物流真正实现了 5R 服务，即在正确的时间，以正确的方式，将正确的货物，送达正确的地点和正确的客户。

物流的首要目标是以低的成本和高效率的服务满足客户的需求，中海物流正是在不断地为接近这一目标而不懈努力。李总告诉记者，中海物流公司所有的物流运作均采用国际惯例，实现全程流程化管理，并不断根据运行情况实施流程重组和优化。公司的信息系统完整地覆盖了每一个物流操作流程，客户的任何一个作业指令都能通过信息系统对指令的操作进行实时跟踪，客户也可通过中海物流网完整地了解到整个物流过程，就像客户自己在进行物流操作一样，实现了整个物流过程的可视化。

经过七年多的努力和探索，中海物流已发展成为一个集储存、运输、报关、配送、货代和物流咨询、软件开发为一体的综合性第三方物流企业。

谈到下一步发展目标，李总表示："面对外资潮涌中国之势，未来几年中海物流将以深圳为依托，面向国际、国内市场，使中海物流成为具有服务功能健全、服务网络完善、国内一流、国际知名的物流服务商。"

中海物流已经摸索出一套与国际标准接轨而又符合中国国情的物流运作模式。

第九章　国际物流业务服务

本章提要

1. 国际物流的含义
2. 国际物流的特点
3. 国际物流系统
4. 国际物流业务

第一节　国际物流概述

一、国际物流的含义

国际物流就是相对国内物流而言的，是不同国家（地区）之间、跨国界的、流通范围扩大了的物品实际流动，是国内物流的延伸和进一步扩展。国际物流是国际贸易的一个必然组成部分，各国之间的相互贸易最终都要通过国际物流来实现。

对国际物流的狭义理解是：当为了克服生产和消费之间的空间隔离和时间距离，生产和消费分别在两个或两个以上的国家（地区）独立进行时，对物资进行物理性移动的一项国际商品贸易交流活动，从而完成国际商品交易的最终目的，即实现卖方交付单证、货物和收取货款，而买方接受单据、支付货款和收取货物的贸易对流条件。

二、国际物流的特点

（一）物流系统范围广

物流本身的功能要素、系统与外界的沟通已经很复杂，国际物流在这复杂的系统上又涉及了不同国家以及国际贸易的各种要素，不仅扩展了地域和空间的范围，而且涉及的内外因素更多，所需时间更长，带来的直接后果是难度和复杂性增加。

（二）物流环境的差异性

由于国际物流涉及到了不同的国家和地区，造成了国际物流环境尤其是国际物流软环境的差异。不同国家的不同物流适用法律的不同；不同国家不同的经济和科技发展水平会使国际物流处于不同的科技条件支撑下，甚至有些地区根本无法应用某些技术而迫使物流全系统水平下降；不同国家不同标准，也造成了国际间物流接轨的困难，使国际物流系统难以建立；不同国家的风俗人文也使国际物流受到很大局限。

国际物流必须有国际化的信息系统的支持，但建立国际物流信息系统有很大难度，主要是因为管理困难，投资巨大。同时世界上不同国家物流信息水平的不均衡也给物流信息系统的建立增加了困难。

（三）国际物流的标准化要求更高

随着对国际物流效率要求的提高，人们对国际物流标准化提出了更高的要求。把物流作为一个大系统，制定系统内部设施、机械装备、专用工具等各个分系统的技术标准；制定系统内各分领域，如包装、装卸、运输等方面的工作标准；以系统为出发点，研究各分系统与分领域中技术标准和工作标准的配合性，按配合性要求，统一整个国际物流系统的标准；研究国际物流系统与相关其他系统的配合性，进一步谋求国际物流大系统的标准统一。

三、国际物流的发展

虽然国际物流的概念最近才得到人们的重视，但国际物流活动是伴随着国际贸易和跨国经营的产生而产生的，并随着国际贸易和跨国经营的发展而发展。自第二次世界大战以来，国际物流分为以下几个阶段。

（一）第一个阶段：20 世纪 50 年代至 80 年代初

这是物流设施和物流技术得到极大发展的阶段，尤其在 70 年代的石油危机以后，国际间的贸易量已非常巨大，交易水平和质量要求也越来越高。在这种新情况下，原有的仅为满足运送必要货物的运输观念已不能适应新的要求，系统物流就是在这个时期进入到国际领域。同时，在这一时期里广泛地运用电子计算机进行管理，建立了配送中心，出现了立体自动化仓库，一些国家建立了本国的物流标准化体系等。但这一时期物流国际化的趋势还没得到人们的重视。

（二）第二个阶段：20 世纪 80 年代至 90 年代初

随着科学技术的发展和国际经济往来的日益增加，国际物流开始引起人们的重视。在这一时期里，出现了“精细物流”，物流的机械化、自动化水平提高。同时，伴随着新时代人们需求观念的变化，国际物流着力解决“小批量、高频度、多品种”的物流，出现了不少的新技术和新方法，这就是现代物流不仅覆盖了大量货物、集装杂货，而且也覆盖了多品种的货物，基本覆盖了所有物流对象，解决了所有物流对象的现代问题。这一时期另一大发展是出现了物流信息系统和电子数据交换（EDI）系统。

（三）第三个阶段：20 世纪 90 年代初至今

国际物流的概念和重要性已为各国政府和外贸企业所普遍接受。Internet、条形码以及卫星定位系统在流通领域得到普遍应用，这些高技术在国际物流中的普遍应用，极大地提高了物流的信息化和物流服务水平，物流呈现出综合运输加高技术的特点。同时由于国际贸易的全球化，物流领域的国际间合作加强，包括物流设施国际化、物流技术国际化、物流服务国际化、货物运输国际化等在内的物流国际化的趋势进一步凸显。

四、国际物流系统的组成

国际物流系统是由国际货物运输、外贸商品储存、进出口商品装卸与搬运、进出口商品的流通加工与检验、商品包装等子系统组成的。其中，储存和运输子系统是物流的两大支柱。国际物流通过商品的储存和运输实现其自身的时空效益，满足国际贸易的基本需要。

（一）国际货物运输子系统

国际货物运输子系统是国际物流系统的核心，通过国际货物运输作业使商品在交易前提下，由卖方转移给买方。在非贸易物流过程中，通过运输作业将物品由发货人转移到收货人。这种国际货物运输具有路线长、环节多、涉及面广、手续繁杂、风险性大、时间性强、内外运两段性和联合运输等特点。

（二）外贸商品储存子系统

外贸商品在其流通过程中处于一种或长或短的相对停滞状态，而这种停滞是完全必要的，所以必然存在外贸商品的储存系统。因为，外贸商品流通是一个由分散到集中，再由集中到分散的源源不断的流通过程。为了保持不间断的商品往来，满足出口需要，必然有一定量的周转储存。

（三）进出口商品装卸与搬运子系统

进出口商品的装卸与搬运作业，相对于商品运输来讲，是短距离的商品搬移，是仓库作业和运输作业的纽带和桥梁，实现的也是物流的空间效益。搞好商品的装船、卸船、进库、出库以及在库内的搬、倒、清点、查库、转运转装等，对加速国际物流十分重要，而且节省装搬费用，也是物流成本降低的重要环节。

（四）进出口商品流通加工与检验子系统

进出口商品的流通加工与检验的兴起，是为了促进销售，提高物流效率和物资利用率以及为维护产品的质量而采取的，能使物资或商品发生一定的物理、化学和形状变化，并保证进出口商品质量达到要求。

（五）商品包装子系统

商品包装和商标是一个企业的面孔，它反映了一个国家的综合科技文化水平。客户购买商品往往十分看重商标。国际进出口商品商标的设计要求有标识力；要求表现一个企业特色产品的优点，简洁明晰并易看、易念、易听、易写、易记；要求有持久性和不违背目标国际市场和当地的风俗习惯等等。

（六）国际物流信息子系统

该子系统主要功能是采集、处理和传递国际物流和商流的信息情报。没有功能完善的信息系统，国际贸易和跨国经营将寸步难行。国际物流信息的主要内容包括进出口单证的作业过程、支付方式信息、客户资料信息、市场行情信息和供求信息等。国际物流信息系统的特点是信息量大，交换频繁；传递量大，时间性强；环节多、点多、线长，所以要建立技术先进的国际物流信息系统。国际贸易中 EDI 的发展是一个重要趋势，我国应该在国际物流中加强推广 EDI 的应用，建设国际贸易和跨国经营的高速公路。

上述主要系统应该和配送系统、装搬系统以及流通加工系统等有机联系起来，统筹考虑，全面规划，建立我国适应国际竞争要求的国际物流系统。

国际物流系统把包装、储存、装搬和运输有机联系起来统筹考虑，全面规划，实现现代国际物流系统所要求的“包、储、运一体化”（如图 9-1 所示）。

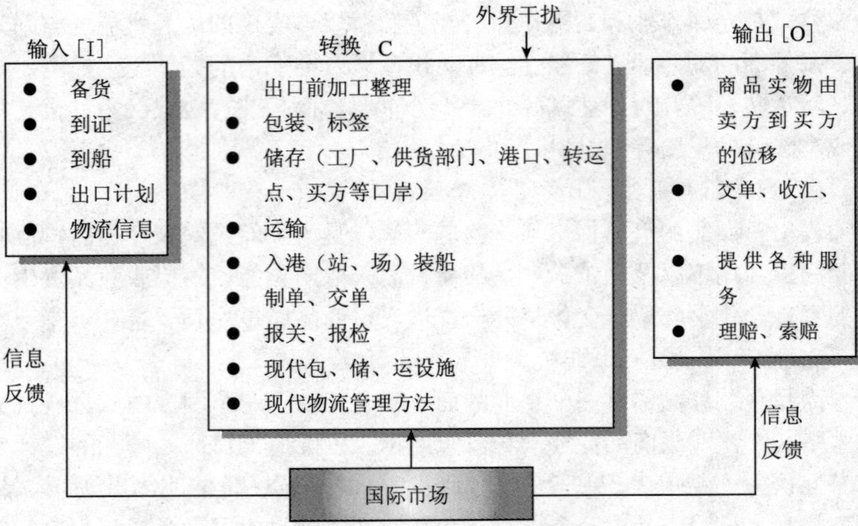

图 9－1　国际物流系统模式（出口）

国际物流系统，通过其所联系的各子系统发挥运输、储存、装搬、包装、流通加工、配送、商品检验以及信息处理等功能，共同协力实现国际物流系统要求，大大降低国际物流费用，达到较好的客户服务水平，从而最终达到国际物流系统整体效益最大的总体目标。

第二节　国际物流业务内容

一、国际物流与国际贸易的关系

国际贸易是指世界各国（地区）之间的商品以及服务和技术的交换活动，包括进口和出口两个方面。国际物流是随着国际贸易的发展而产生和发展起来的，并已成为影响和制约国际贸易进一步发展的重要因素。国际贸易与国际物流之间存在着非常密切的关系，主要表现在以下几个方面。

（一）物流是国际贸易的必要条件

国际间的商品和劳务的流动是由物流和商流组成的，前者由国际交易机构按照国际惯例进行，后者由物流企业按各个国家的生产和市场结构来完成。为了克服它们之间的矛盾，就要求开展与国际贸易相适应的国际物流。只有物流工作做好了，才能将国外客户需要的商品适时、适地、按质、按量、低成本地送到，从而提高本国商品在国际市场上的竞争能力，扩大对外贸易，更好地进行国际间合作。

（二）国际贸易促进物流国际化

第二次世界大战以后，出于恢复重建工作的需要，各国积极研究和应用新技术、新方法，促进生产力的迅速发展，国际贸易发展得尤为迅速。同时由于一些国家和地区资本积累达到了一定程度，本国市场已不能满足其进一步发展的需要，加之交通运输、信息处理及经济管理水平的提高，出现了为数众多的跨国公司。跨国经营与国际贸易的发展，促进了事物和信息在世界范围内的大量流动和广泛交换，物流国际化成为国际贸易和世界经济发展的必然趋势。

（三）国际贸易对物流提出新的要求

随着世界经济的飞速发展和政治格局的风云变幻，国际贸易表现出一些新的趋势和特点，从而对物流提出了更新、更高的要求。

1. 效率要求

国际贸易合约的履行是由国际物流活动来完成的，因而要求物流高效率地履行合约，才能提高国际贸易的效率。从输入方面的国际物流看，提高物流效率最重要的是如何高效率地组织所需商品的进口、储备和供应。也就是说，从订货、交货，直至运入国内保管、组织供应的整个过程，都应加强物流管理。根据国际贸易商品的不同，采用与之相适应的巨型专用货船、专用泊位以及大型机械的专业运输等等，这对提高物流效率起着主导作用。

2. 经济要求

国际贸易的特点决定了国际物流的环节多、备运期长。在国际物流领域，控制物流费用，降低成本具有很大潜力。对于国际物流企业来说，提高竞争力的有效途径是选择最佳物流方案，提高物流经济性，降低物流成本，保证服务水平。

3. 质量要求

国际贸易的结构正在发生巨大变化，传统的初级产品、原料等贸易品种逐步让位于高附加值、精密加工的产品。由于高附加值、高精密度商品流量的增加，对物流工作质量提出了更高的要求。同时由于国际贸易需求的多样化，造成物流多品种、小批量化，要求国际物流向优质服务和多样化发展。

4. 安全作用

由于国际分工和社会生产专业化的发展，大多数商品在世界范围内分配和生产。例如，大众汽车公司在全世界有13家生产性子公司，海外有7个销售公司，23个其他公司。国外主要有西班牙、墨西哥、斯柯达、桑塔纳、帕萨特、柯拉多、奥迪、奥迪科贝等。整个汽车集团产销能力在300万辆左右，出口到100多个国家。国际物流所涉及的国家多，地域辽阔，在途时间长，受气候条件、地理条件等自然因素和政局、罢工、战争的社会政治经济因素的影响。因此，在组织国际物流时，选择运输方式和运输路径，要密切注意所经地域的气候条件、地理条件，还应注意沿途所经国家和地区的政治局势、经济状况等，以防止这些人为因素和不可抗拒的自然力造成货物损失。

总之，国际物流必须适应国际贸易结构和商品流通形式的变革，向国际物流合理化方向发展。

二、国际物流业务活动

国际物流活动的构成除了包含与国内物流一样的运输、保管、包装、装卸、流通加工和信息等克服时间和空间的阻隔的基本活动之外，还有国际物流所特有的报关（包含检查、检疫等活动）及与之相关的文书单据制成等克服国界阻隔的活动。

（一）国际物流基本业务活动

1. 国际物流运输方式

（1）海洋运输，是指利用商船在国内外港口之间通过一定的航区和航线进行货物运输的一种方式。它是国际物流中历史悠久而重要的运输方式。海洋运输具有许多优点：不受道路和轨道的限制；运输能力大；万吨乃至数十万吨的船舶可以在天然的航道上消费较少的燃料拖载货物航行；运费一般比较低廉。但是，海洋运输也有不足之处，易受自然条件和气候等的影响，如海上出现暴风、巨浪和冬季港口封冻，运输遭受的风险也较大，而且普通商船航行速度也比较慢。对于不能经受长途运输的货物和易受气候条件影响以及急需的货物，一般不宜采用海洋运输。

（2）铁路运输，是指利用铁路进行国际物流运输的一种方式。在内陆国际间的物流，铁路运输显得更为重要。铁路货物运输的优点是：一般不受气候条件的影响，可保证全年的正常运输；速度较快、运量较大，有高度的连续性；货运过程遭受的风险较小。

（3）航空运输，是指利用飞机运送进出口货物。它是一种现代化的运输方式，其特点是：交货速度快、时间短、安全性能高、货物破损率小、节省包装费、保险费和储藏费；航行便利，不受地面条件限制，可以通往世界各地，将货物运至收货人所在地或接近收货人所在地的机场。特别是对鲜活商品、易腐易烂商品和季节性较强的商品的运送更为有利。

(4) 管道运输，是借助高压气泵的压力将管道内的货物运往目的地一种运输方式。其特点是：运输通道与运输工具合二为一；运量大；成本低；运输漏损小，安全性好；受气候影响小，便于长期稳定运营；劳动生产率高等。

(5) 联合货物运输，是指是用两种或两种以上的运输方式，完成一项进出口货物运输任务的综合运输方式。包括陆海联运、陆空联运、海空联运等。

国际物流运输，相对于国内来说，要复杂得多。例如在国内市场上，物流作业之需要与单一的或数量有限的承运人签订合同，这是相对比较简单的事；但在国际运输市场，需要从事的是全球化的物流作业，托运人很难与单一的承运人签订合同来有效管理其他承运人的服务，因此运输的复杂性大大加强了。并且，就目前来说，能达到或有实力来承担这一角色的承运人少之又少。又如一旦船舶处于运输途中，转移时间的范围在10～20天，海关清关手续至少要增加一天时间，使完成周期延长。虽然现在越来越普遍采用EDI传输技术，在产品还未抵达国际港口之前事先办好了产品装运交付的清关手续，但上述过程所消耗完成周期的时间依然很长。

2. 国际货物包装

按功能、性质的不同，国际货物包装可以分为运输包装和销售包装：

(1) 运输包装：又称为大包装或外包装。为了适应国际运输、装卸作业现代化的要求，主要有以下的组合包装：

①集装包和集装袋（Flexible container)：一般是只用合成纤维或复合材料编织成的圆形大口袋或方形大包。其容量一般为1至4吨，最高可达13吨。有一次性使用和可回收周转使用两种。

②托盘（Pallet)：只有木材、金属或塑料制成的托板。将货物堆放在托板上，并相伴之塑料薄膜或金属绳索加以固定，组合成一件托盘包装。每一个托盘的装载量为1吨到1.5吨。托盘也有一次性使用和回收周转使用两种。托盘的规格，按国际标准化组织（ISO）规定为三种：80×100；80×120；100×120。托盘的优点是便于使用现代化装卸技术、便于运输和储存报关。

③集装箱（Container)：是指一种用金属或木材、纤维板制成的长方形大箱，可装载6至40吨重的货物。可根据不同商品的要求，有的集装

箱内还装有空调与冷藏设备，并备有装有露出的孔道或管道，便于装载散装货物。它的规格是由国际标准化组织制定的，共分为 3 种系列、12 种箱型。目前世界运输上最通用的是 40 英尺和 20 英尺两种规格的集装箱。

(2) 销售包装

销售包装又称小包装或内保包装。一般说来，销售包装可以分为两类：中包装又称批发包装，这种包装要求便于储存、报关和批售，包装单位是应国外市场的需要而定，有的以打，有的以磅，有的以若干小包为单位；另一类则是为小包装，通常称为零售包装，这种包装直接与消费者或使用者见面，要求便于陈列展销，便于消费者选购。

国际货物包装的作用主要有三个方面：

第一，保护商品在流通过程中品质完好和数量完整。保护商品是包装的重要作用。国际货物买卖空间距离较远、时间较长、加之运输过程中气候变化多端，为了保障被运输货物的品质不受损和数量完整，避免微生物、害虫的侵蚀和破坏，防止如温湿度、光线、有害气体的影响，坚固的包装可以防盗和减少损失。应根据不同货物的性质和不同的运输，选择适当的包装。

第二，便于货物的储存、保管、运输、装卸、计数和销售。便利性是商品包装的另一重要作用。商品包装为运输、储存、装卸、堆垛和计数提供了方便，为商品分装和混装提供了可能性，有了包装可将相近性质的商品并装载一个包装容器内，既提高了工作效率，又节省了包装费用。商品包装具有商品性，有的包装要随商品一起销售，便于消费者对商品的选购和携带。包装上可注明各种标志、商品的性能和特点、使用方法等，帮助消费者正确使用商品。

第三，节省开支、扩大销售、增加外汇收入。商业性是商品包装作用越来越受到重视的一个方面。首先，包装具有美化商品功能，起到推销商品的广告作用。具有吸引力的包装可以诱导客户购买，对超级市场更为重要。包装的结构、设计、装潢等能唤起客户对商品产生购买欲望。品质再好的商品如果没有好的包装，也难以较好的价格成交。那种“一等原料、二等包装、三等价格”的现象，就会严重影响外汇收入。其次，包装的合理和科学，可以最大限度地合理使用运输工具的运输能力，减少运输舱容，节省运费，降低成本支出。

3. 国际货物的储存

由于外贸商品在其流通过程中处于一种或长或短的相对停滞状态，而这种停滞是完全必要的。因为，外贸商品流通是一个由分散到集中、再由集中到分散的源源不断的流通过程。为了保持不间断的商品往来，满足出口需要，必然有一定量的周转储存；有些出口商品需要在流通领域内进行出口商品贸易前的整理、组装、再加工、再包装或换装等，形成一定的贸易前的准备储存等情况，国际货物的储存、保管就显得很重要。储存保管克服外贸商品实用价值在时间上的差异；国际物流系统依靠储存保管创造商品的时间价值。

国际物流通过商品的包装、运输、储存、检验、流通加工等业务的完成，实现其自身的时间和空间效益，满足国际贸易活动和跨国公司经济的要求。

（二）国际物流特有活动

国际物流特有活动主要有报关（包含检查、检疫等活动）和相关文书制成等。

报关是货物在进出境时，由进出口货物的收、发货人或其代理人，按照海关规定格式填报《进出口货物报关单》，随附海关规定应交验的单证，请求海关办理货物进出境手续。

1. 报关单证

海关规定，对一般的进出口货物需交验下列单证：

（1）进出口货物报关单，是海关验货、征税和结关放行的单据，也是海关对进出口货物汇总统计的原始材料。

（2）进出口货物许可证或国家规定的其他批准文件。凡国家规定应申领进出口许可证的货物，报关时都必须交验外贸管理部门签发的进出口货物许可证。凡根据国家有关规定需要有关主管部门批准文件的还应交验有关的批准文件。

（3）提货单、装货单或运单。这是海关加盖印章放行后发给报关人提取或发运货物的凭证。

（4）发票。它是海关审定完税价格的重要依据，报关时应递交载明货物真实价格、运费、保险费和其他费用的发票。

（5）装箱单。单一品种且包装一致的件装货物和散装货物可免交。

（6）减免税和免检证明。

（7）商品检验证明。

2. 报关期限和工作流程

报关期限：《海关法》规定，出口货物的发货人或其代理人应当在装货的 24 小时前向海关申报。进口货物的收货人或其代理人应当自运输工具申报进境之日起 14 天内向海关申报，逾期罚款，征收滞报金。如确因特殊情况未能按期报关，收货人或其代理人应向海关提供有关证明，海关可视情况酌情处理。报关工作流程如下：

(1) 申报：一切进出境货物、物品和运输工具都必须由收、发货人(或其代理人) 在进出境时，持海关规定的单证向海关申报。

(2) 接受申报。海关接受申报，并审核递交的单证是否齐全、准确、有效、清楚。

(3) 查验。进出境货物、物品、运输工具，除经海关总署特准免检的以外，由海关根据情况进行检查确定实际进出口与单证申报的是否相符，检查有无瞒报、伪报和申报不实等走私伪规行为。

(4) 征税。进出境货物、物品、运输工具经海关检查后，除海关特准免税的以外，进出口货物、物品必须缴纳税款或提供担保，委托银行代缴。

(5) 放行。海关在放行前，要全面审核手续是否办完、办妥。然后，分辨情况，作出不同处理。一切手续完备，情况正常，海关即在单证上签印放行。

(6) 后续管理。海关对各类货物包括保税货物、特定免税货物、展示进出境货物、转关运输货物等自放行之日起 3 年内进行后续管理，包括查账、稽查、核销、查处补税等。

(7) 结关。当进出境工具、货物、物品的所有海关手续（包括登记备案、审核报关单证、查验、征税、销案、结案等）全部履行后，方准办理结关手续，解除海关监管。

第三节　国际物流的发展趋势

一、国际物流的发展趋势

21 世纪，全球经济将进一步增长，尤其是发展中国家的经济增长将不可抑制，伴随着经济增长的国际物流将有较大的发展，发展趋势可以归纳为以下几个方面。

(一) 服务化趋势

由于全球收入水平的提高，劳动时间缩短，自由时间增加及社会信息化发展程度的加速，不仅企业服务需求有了很大提高，而且面向不同地域社会服务等国民服务需求也有更加高度化的发展，同时与之相对应的新事业领域也逐渐形成。物流本身就是直接面向客户的一项服务性很强的工作，因此，物流服务质量以及服务的可信程度直接影响着物流业的兴衰。从另一方面看，随着整个社会范围内企业开始真正重视现代物流管理，在信息技术革新以及企业通过学习积累物流经营经验的过程中，企业对物流理念的应对能力也有很大提高，这些都为全方位的发展物流业提供了坚实的基础。

（二）信息化趋势

现代社会已经步入了信息时代，物流的信息化是整个社会信息化的必然要求，也是物流得以发展的最基本要素。物流信息化表现为物流信息的商品化、物流信息收集的数据库化和代码化、物流信息处理的电子化和计算机化、物流信息传递的标准化和实时化、物流信息储存的数字化等，各种技术与观念在未来的物流中将会得到普遍采用。信息化是一切的基础，没有物流的信息化，任何先进的技术装备都不可能用于物流领域，电子商务信息技术及计算机技术在物流中的应用将会彻底改变世界物流的面貌。

（三）智能化趋势

智能化是信息化的一种高层次应用，物流作业过程涉及大量的运筹和决策，如库存水平的确定、运输路径的选择、自动导向车的运行轨迹和作业控制、自动分拣机的运行、物流配送中心经济管理的决策支持等，这些问题都需要借助于大量的知识才能解决。在物流的自动化进程中，物流的智能化是不可回避的技术难题。为了提高物流自动化水平，物流的智能化已经成为物流发展的一个新趋势，这对物流从业人员来说提出了更高的要求，不仅要掌握物流业务的基本知识和操作规程，还要具有运用决策、运筹等方面的理论来指导物流的运作能力。

（四）环保化趋势

物流与社会经济的发展是相辅相成的，现代物流一方面促进了国民经济从粗放型向集约型转变，另一方面成为消费生活高度化发展的支柱。但同时物流活动过程却对环境产生很多不利的影响，如汽车运输带来的废气污染环境，货物包装物、衬垫物等会影响卫生及存在火灾隐患等等。所以，在开展物流活动的同时要考虑环保和可持续发展的问题。

二、我国发展国际物流的几个重要问题

（一）传统思维方式与发展国际物流的矛盾

这里讲的传统思维方式，主要指的是与社会主义经济建设的大方向相背，与市场经济背道而驰，与我国加入 WTO 后的新形势要求不符的陈腐

观念和传统思维。如："大而全，小而全"的小农经济思想；"闭关锁国，孤芳自赏"的旧观念。这些顽症如得不到克服，国际化的大贸易、大流通、大市场无法实现，顺畅的国际物流更无从谈起。这就要求所有相关人员的认识一致，如果观念和思维方式差异过大，则保证不了行为的统一性。如果每一位口岸执法人员都能消除旧观念，改变旧的习惯思维方式，快速通关，建立国际口岸的良好形象，以便更好地吸引外资，发展国际贸易，扩大国际物流规模，那么我国大陆的许多大型口岸就会像新加坡、中国香港一样，充分发挥国际物流枢纽的作用，为我国的经济建设贡献更大力量。

（二）物流基础设施建设与现代物流管理

基础设施是事业发展的根本需要，物流的基础设施包括：港口、码头、公路、仓库配送中心等。这些物流基础设施从某种意义上讲，好比是物流的工具。如果道路承重力不够，质量有问题，会发生严重交通事故，会造成交通阻塞，影响一条线；港口码头设施能力不足，水平过低，肯定要滞船压港，影响了进出口贸易，教训是深刻的。中国20世纪80年代由于港口设施和吞吐能力不足，发生滞船压港，影响了进出口贸易，教训是深刻的。中国加入WTO后，国际贸易大发展，国际物流规模会迅速扩大，我们的各种物流基础设施能否适应要求，够不够用？中国目前的现代物流管理水平能不能应对国际物流高速发展的新形势？如何提前做好准备等都需要我们认真考察。尤其是现代化物流管理不是一朝一夕就能解决的问题，要整体提高，全面升级还要培养训练大批人才。这类问题都是发展国际物流必要的条件，不可等闲视之。

（三）发展国际物流的各项前期准备

要迎接世界经济发展和加入WTO后的新形势，发展国际物流，我们必须做好各项前期准备工作。①做好充分的思想准备。据有关资料报道，中国加入WTO后，预计GDP每年平均增长率提高1%，绝对值将提高近2000亿元人民币，中国贸易物流成本约占GDP的16%。2010年物流市场容量将发展到近12000亿元人民币。如此庞大规模的物流，我们是否已做好思想准备，政府和民间企业是否已意识到物流对中国物流市场乃至中国经济发展的影响等问题。这些问题需要我们事先考虑，预先安排和准备。②在物流法律、法规和标准化等方面尽快与国际接轨。我们要研究国际上通用的物流规则，在物流术语、物流器具等方面实行国际统一规格和标准，减少倒装、倒卸。我们的道路、桥梁桥洞高度等是否符合国际标准。③抓好保税区、保税仓库、港口后方腹地、内陆公路、铁路、码头、车站、物流中心、配送中心、仓库、货场的建设，以确保国际物流大规模发展起来以后，从国外进来的货物及时疏运开来，从国内向外出口的货物及时集配，快速输出。④加强国际物流管理，提高国际物流运作水平。⑤重视国际物流人员资格培训，造就大批国际物流人才队伍。

第十章　物流信息在物流服务中的应用

本章提要

1. 物流信息的含义和种类
2. 物流信息的特征和作用
3. 物流与信息流的关系
4. 物流信息系统的功能与内容
5. 信息技术在物流服务中的应用

第一节　物流与信息流

进入 20 世纪 90 年代以后，全球经济趋于一体化，中国企业在改革开放的市场经济大潮中，在市场竞争趋于国际化、产品技术发展一日千里、发达的信息社会环境中，必须以新的方式去面对竞争。与此同时，企业物流由于物理性的场所和人力交通的制约，而相对的滞后。但这也给企业带来了巨大的挑战和机遇，使企业必须能够把物流、信息同步化，抓住信息、提高效率，实现物流管理现代化，才能在商海中站稳脚跟，获得生存和发展。

一、物流信息的含义和种类

（一）物流信息的含义

信息是能反映事物内在本质的外在表现，如：图像、声音、文件、语言等，是事物内容、形式和发展变化的反映。物流信息就是物流活动的内容、形式、过程及发展变化的反映，是由物流引起并能反映物流活动实际和特征的，可被人们接受和理解的各种消息、情报、文书、资料、数据等的总称。物流信息不仅对物流活动具有支持保证的功能，而且具有连接整合整个供应链、使整个供应链活动效率化的功能。这些功能使得企业物流信息在现代企业经营战略中占有越来越重要的地位。

物流信息从狭义范围来看，是指与物流活动（如运输、保管、包装、装卸、流通加工等）有关的信息。在以接受订单为出发点的交易及随着物流业务而发生的一系列物流活动（如运输工具的选择、运输路线的确定、在途货物的追踪、仓库的有效利用、订单管理等），都需要详细和准确的物流信息。

如图 10－1 所示，整个物流系统就像一盘磁带一样（两轮如果不同时转动，声音就会变调），无论多么好的物流作业，如果不能与物流信息相契合，就不能很好的运转，不能成为一个真正的物流系统。

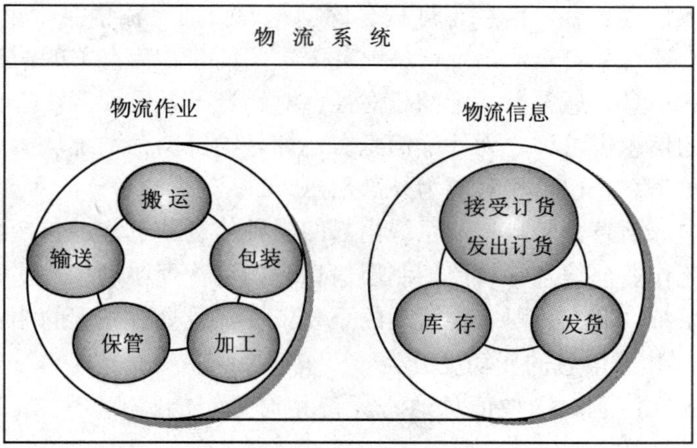

图 10－1 物流系统图

从广义范围来看，物流信息不仅指与物流活动有关的信息，而且包含与其他流通活动有关的信息，如商品交易信息和市场信息等。商品交易信息是指与买卖双方的交易过程有关的信息，如销售、购买、订货、发货、收款信息等；市场信息是指与市场活动有关的信息，如消费者的需求信息、竞争者或竞争性商品的信息、促销活动信息等。在现代经营管理活动中，物流信息与商品交易信息、市场信息相互交叉、融合，有着密切的联系。广义的物流信息不仅能起到整合从生产厂家、经过批发商和零售商、最后到消费者的整个供应链的作用，而且在应用现代信息技术（如 EDI、EOS、POS、互联网、电子商务等）的基础上能实现整个供应链活动的效率化。总之，物流信息不仅对物流活动具有支持保证的功能，而且具有连接、整合整个供应链和使整个供应链活动效率化的功能。

（二）物流信息的分类

1. 按信息的沟通联络方式分类

（1）口头信息。通过面对面交谈所进行交流的信息。它可以迅速、直接传播，但也容易失真，与其他传播方式相比速度较慢。物流活动的各种现场调查和研究，是获得口头信息最简单的方法。

（2）书面信息。保证物流信息内容不变，并可以重复说明和进行检查的一种重要信息。各种物流环节中，数量的报表、文字说明、技术资料等都属这类信息。

2. 按信息的来源分类

（1）外部信息。在物流活动以外发生但提供给物流活动使用的信息，包括供货人信息、客户信息、订货合同信息、交通运输信息、市场信息、政策信息，还有来自企业内生产、财务等部门的与物流有关的信息。来自系统以外的信息，通常有一定的相对性。对物流子系统而言，来自于另一个子系统的信息也可称之为外部信息。例如，物资储存系统从运输系统中获得的运输信息，也可相对成为外部信息。

（2）内部信息。来自物流系统内部的各种信息的总称，包括物流流转信息、物流作业层信息、物流控制层信息和物流管理层信息。这些信息通常是协调系统内部人、财、物活动的重要依据，也具有一定的相对性。

3. 按照物流信息的变动度分类

（1）固定信息。这种信息通常具备相对稳定的特点，有如下三种形式：

①物流生产标准信息。这是以指标定额为主体的信息，如各种物流活动的劳动定额、物资消耗定额、固定资产折旧等。②物流计划信息。物流活动中在计划期内一定任务所反映的各项指标，如物资年计划吞吐量、计划运输量等。③物流查询信息。在一个较长的时期内很少发生变更的信息。如国家和各主要部门颁布的技术标准，物流企业内的职工人事制度、工资制度、财务制度等。

（2）流动信息。与固定信息相反，流动信息是物流系统中经常发生变动的信息，这种信息以物流各作业统计信息为基础。如某一时刻物流任务的实际进度、计划完成情况、各项指标的对比关系等。

4. 按信息的作用不同分类

（1）计划信息，是指尚未实现的但已当作目标确认的一类信息，如物流量计划、仓库吞吐量计划、车皮计划与物流活动有关的国民经济计划、工农业产品产量计划等，许多具体工作的预计、计划安排等。

(2) 控制及作业信息，是指物流活动过程中发生的信息，带有很强的动态性，是掌握物流现实活动状况不可少的信息，如库存种类、库存量、在运量、运输工具状况、物价、运费、投资在建情况、港口发到情况等。

(3) 统计信息，是指物流活动结束后，对整个物流活动一种终结性、归纳性的信息。这种信息是一种恒定不变的信息，有很强的资料性，虽然新的统计结果不断出现，从而从总体来看具有动态性，但已产生的统计信息都是一个历史性的结论，是恒定不变的。诸如上一年度、月度发生的物流量、物流种类、运输方式、运输工具使用量、仓储量、装卸量以及与物流有关的工业产品产量、内外贸易量等都属于这类信息。

(4) 支持信息，是指能对物流计划、业务、操作有影响或有关的文化、科技、产品、法律、教育、民俗等方面的信息，例如物流技术的革新，物流人才需求等。这些信息不仅对物流战略发展有价值，而且也对控制、操作起到指导、启发的作用，是可以从整体上提高物流水平的一类信息。

二、物流信息的特征

(一) 信息源点多（广泛）、信息量大

由于物流是在一个大范围内的活动，物流信息源也分布于一个大范围内，信息源点多（广泛）、信息量大。物流信息随着物流活动以及商品交易活动展开而大量发生，多品种少批量生产和多频度小数量配送使库存、运输等物流活动的信息大量增加。零售商广泛应用 POS 系统读取销售时点的商品价格、品种、数量等即时销售信息，并对这些销售信息加工整理，通过 EDI 向相关企业传送。同时，为了使库存补充作业合理化，许多企业采用 EOS 系统。随着企业间合作倾向的增强和信息技术的发展，物流信息的信息量在今后将会越来越大。

(二) 更新快

物流信息动态性特别强，信息的价值衰减速度很快，这就对信息工作及时性要求较高。多品种少批量生产和多频度小数量配送、利用 POS 系统的即时销售使得各种作业活动频繁发生，从而要求物流信息不断更新，而且更新的速度越来越快。

(三) 物流信息的分类、研究、筛选等难度增加

物流信息种类多，不仅本系统内部各个环节有不同种类的信息，而且由于物流系统与其他系统，如生产系统、销售系统、消费系统等密切相

关，因而还必须收集这些类别的信息。

（四）来源多样化

物流信息不仅包括企业内部的物流信息（如生产信息、库存信息等），而且包括企业间的物流信息和与物流活动有关的基础设施的信息。企业竞争优势的获得，需要供应链各参与企业之间相互协调合作。协调合作的手段之一是信息及时交换和共享。现在，越来越多的企业力图物流信息标准化、合格化，利用 EDI 在相关企业间进行传送，实现信息共享。

三、物流与信息流的关系

物流和信息流之间的关系是密不可分的。一方面，物流活动产生大量的原材料供应、产成品消费等信息。为提高物流的效率，要求信息流保持通畅，并准确反馈物流各环节运作所需要的信息；另一方面，信息技术的不断进步为信息的及时大规模传递创造了条件，反过来促进物流服务范围的扩大和物流组织管理手段的不断改进，促进物流能力和效率的提高。

（一）物流与信息流的关系

1. 物流过程中，伴随着物流的进行，产生大量的反映物流过程的关于输入、输出物流的结构、流向与流量、库存量、物流费用、市场动态等数据，并不断传输和反馈，形成为信息流。

2. 物流活动的内容包括订货管理、订货处理、配送作业、运输、采购等。通过信息流的反馈作用，使其每一项物流作业按照物流要求得以实现。

3. 物流是一项系统性较强的活动，需要制定周密的物流计划。这些计划的制定，需要有大量的、及时的信息支持，充分、准确的信息是制定物流计划有效的保障。

4. 现代通信技术和网络技术的发展和应用，使得跨地区的信息交流和传递成为可能，加之网上支付正在成为现实，使物流在较大范围运作，构建跨地区的物流网络成为可能。

（二）加强物流与信息流的管理

物流与信息流的关系，要求企业必须加强物流与信息流的管理，促进物流与信息流紧密结合，具体措施应该包括：

1. 完善物流信息系统建设，加强物流组织过程中的信息处理功能，为物流活动的开展提供网络化、强有力的信息支持。

2. 促进电子商务的发展，并加强物流与电子商务的有机结合，使物流与电子商务之间形成紧密联系、互相促进的关系，使其在促进网络经济发展的同时，提高全社会的经济运转效率。

3. 重视物流信息技术的标准化问题，使物流与信息流的有机结合更为顺畅，便于物流的合理组织和信息共享。

四、物流信息与物流决策的关系

信息是人的本能所决定的，只有不断获得信息，人类才能正常生存下去。对于物流的活动本身来讲，物流信息同样也是物流正常进行的条件。

（一）物流信息为物流决策提供依据

任何决策在没有信息的情况下都会成为无源之水、无本之木。对于物流这一涉及面极为广泛、结构复杂、影响较多的系统，物流信息就显得更为重要。只有做到信息灵、情况清，才能做到方向明、决策准。

（二）正确的决策，关键在于正确的判断

信息为决策提供了依据，但信息本身不能决定决策，决策最终依靠决策者的判断。同样的信息在不同的决策者面前会产生不同的判断，有时甚至会产生截然不同的结果。就是以同样的信息、相同的处理方法和类似的分析手段也会出现几种不同的方案。只有对这些方案再进行技术经济分析，才能求得最佳方案。

（三）决策的执行结果是对信息和决策方法的检验

决策一旦被肯定，就会变成现实的行动，即决策的执行。决策执行的结果有两种可能，①符合决策目标，②偏离决策目标。应说明的是，符合也是相对而言的，绝不可理解为决策的目标与执行结果完全一样。对于与执行结果偏差过远的决策，有可能是信息不准确的结果，但更可能是决策方法的失误。

显然，信息与决策的关系，表现为信息经分析、处理形成决策，决策执行的结果又成为新的信息，如此往复循环，如图 10－2 所示。

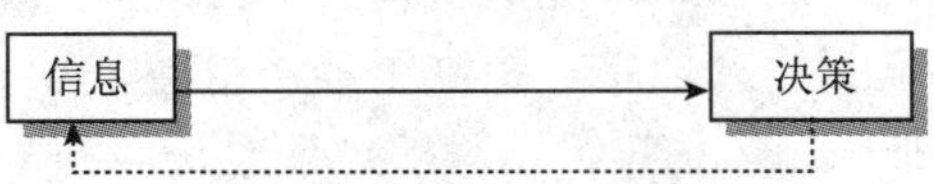

图 10－2　信息与决策关系图

通过收集与物流活动相关的信息，使物流活动能有效、顺利地进行。随着电子计算机和信息通讯技术的发展，物流信息出现高度化、系统化的发展，目前订货、在库管理、所需品的出货、商品进入、输送、备货等要素的业务流已实现了一体化。信息包括与商品数量、质量、作业管理相关的物流信息，以及与订、发货和货款支付相关的商流信息。如今，大型零售店、24 小时点（便民店）为了削减流通成本、扩大销售，大多已连接了 POS 和 EDI 系统，从而使物流信息技术日益普及。

第二节　物流信息系统的功能与内容

一、物流信息系统的概念和功能

（一）物流信息系统的概念

让我们回想一下订货商品在到达客户手中之前的“传统做法”。首先是营业员接收订单，再通过电话或传真使订单信息进入营业所。营业所再确认库内是否有所要的商品，如果有，就写该商品的收货传票、送货传票、账单、接收单等，同时发出出库指令单。仓库根据这个出库指令单将所要的商品从货架上分拣出来并确认，然后将送货传票、账单一起放到配送车上，向客户送货。

货到客户那里时，票与送来的实际货物是否一致，再把送货传票、账单、接收单交给对方，请对方在接收单上盖好签收印章后，返回。另一方面，商品出库后，在库量减少，为避免发生缺货，要对在库量进行管理，必要时要发订单采购。另外，送货收入通常采用费用后付和托收支票的形式，这就发生资金回收的业务，购货时也需要对购货后的付款和支付票据进行预算管理。

上述的流程都是由人工来完成的，既费时又易造成错误。当人们开始尝试用电子计算机应用在物流业务上时，通过应用信息技术，建立物流信息系统，实时、精确、高效率地完成对信息的处理，明显地提高了企业物流的反应能力，降低了生产成本，提高了经济效益。

信息系统（Information System，IS）是对信息进行收集、存贮、检索、加工和传递，使其得到利用的人机系统。物流信息系统（LIS）主要是指以计算机为工具，对物流信息进行收集、存贮、检索、加工和传递的人机交互系统。

与人工“传统做法”不同，在运输配送时，物流中心可以追踪配送中货物的位置、指示配送路线。在分发货物方面，物流中心能够以最短的距离准确无误地分发商品，通过货架上数字式显示等电脑、通讯技术，大大提高物流效率，这就是物流信息系统。这些业务正向着一体化方向发展。

正是物流和物流信息所结成的物流信息系统（如图 10－3），物流信息才能更好地应用于物流作业过程，更好的服务于物流。物流信息系统应用各种方式选择收集输入物流计划的、业务的、统计的各种有关数据，经过有针对性、有目的的计算机处理，即根据管理工作的要求，采用特定的计算机技术，对原始数据处理后输出，对物流进行管理。

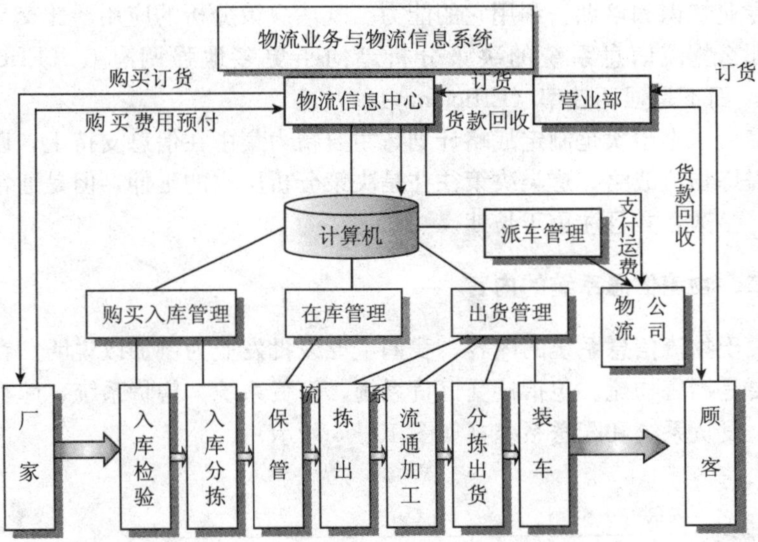

图 10－3　物流信息系统

（二）物流信息系统的功能

物流信息系统从本质上讲是把各种物流活动与某个一体化过程连接在一起的通道。一体化过程应建立在四个功能层次上：交易、管理控制、决策分析以及制定战略计划系统。

第一层次是交易系统功能，包括记录订货内容、安排存货任务、作业程序选择、装船、运输、配送、发货、开发票以及客户查询等。交易系统的特征是：格式规则化、通信交互化、交易批量化以及作业程序化。结构上的各种过程和大批量的交易相结合主要强调了信息系统的效率。物流信息管理系统管理控制、决策分析以及战略/计划制定的强化需要以强大的交易系统为基础。

第二层次是管理控制功能，要求把主要精力集中在功能衡量和报告上。功能衡量对于提供有关服务水平和资源利用等的管理反馈来说是必要的，因此，管理控制涉及评价过去的功能和鉴别各种可选方案。当物流信息系统有必要报告过去的物流系统功能时，物流信息系统是否能够在其被处理的过程中鉴别出异常情况也是重要的。

第三层次是决策分析功能，主要把精力集中在决策应用上，协助管理人员鉴别、评估和比较物流战略和策略上的可选方案。决策分析与管理控制不同的是，决策分析的主要精力集中在评估未来策略上的可选方案，并且它需要相对的灵活性，以便作范围很广的选择。因此，使用者需要有更多的专业知识和培训去利用它的能力。既然决策分析的应用要比交易应用少，那么物流信息系统的决策分析趋向于更多地强调有效（Effectiveness），而不是强调效率（Efficiency）。

最后一个层次是制定战略计划，主要精力集中在信息支持上，以期开发和提炼物流战略。这类决策往往是决策分析层次的延伸，但是通常更加抽象、松散，并且注重于长期。

二、物流信息系统的内容

关于物流信息系统的内容，我们主要以批发业为例加以说明。在批发业主要是销售物流。包括接受订货系统、订货系统、售货系统、库存管理系统、发货系统和配送系统（如图 10－4 所示）。

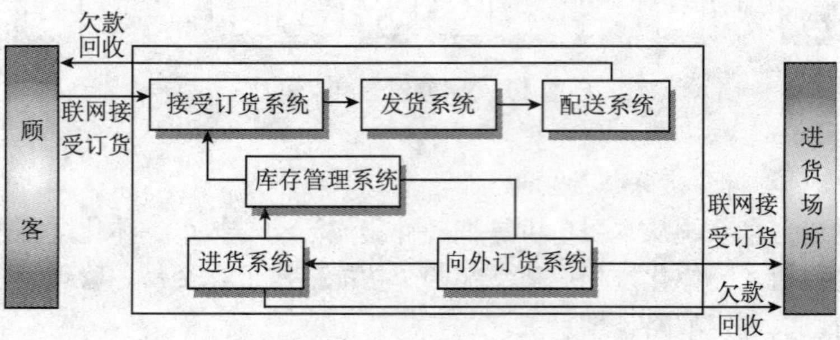

图 10－4　批发业物流

（一）接受订货系统

办理接受订货手续时交易活动的始发点，所有物流活动均从接受订货开始。为了迅速、准确地将商品送到，必须准确迅速地办理接受订货的各种手续。接受订货系统是办理从零售商处接受订单、准备货物、明确交货时间、交货期限、剩余货物管理等的系统。

（二）订货系统

订货系统是与接受订货系统、库存管理系统互动，库存不足时应防止缺货；在库存货过多、库存不合理时，根据订货预测，适时适量地调整订货的系统。

（三）收货系统

收货系统是指根据收货预订信息，对收到的货物进行检验，核对无误之后，计入库存、指定货位等的收货管理系统。

（四）库存管理系统

对保存在物流中心内的商品进行实际管理、指定货位和调整库存的系统叫库存管理系统。批发企业应正确把握商品库存，对于指定恰当的采购计划、接受订货计划、收货计划和发货计划是必不可少的，所以库存管理系统乃是物流信息的中心。

（五）发货系统

如何通过迅速、准确的发货安排，将商品送到客户手中，是物流系统需要解决的主要课题。发货系统是一种与接受订货系统、库存管理系统互动、向保管场所发出拣选指令或根据不同的配送方向进行分类的系统。

（六）配送系统

降低成本对于高效率的配送计划来说是非常重要的。配送系统是将商品按配送方向进行分类，指定车辆调配计划和配送路线计划的系统。

三、物流信息系统所要解决的问题

从物流信息系统来说，信息和物流是同时进行的，即关键是两者内容相一致。所以，必须信息先行，信息跟不上，就什么都谈不上。物流信息系统所要解决的问题主要有：①缩短从接受定货到发货的时间；②库存适量化（压缩库存并防止脱销）；③提高搬运作业效率；④提高运输效率；⑤使接受订货和发出订货更为省力；⑥提高接受订货和发出订货精度；⑦防止发货、配送出现差错；⑧调整需求和供给；⑨回答信息咨询。

物流信息系统就是要解决好上述这些问题。所有这一切的目的，都是为了提高对客户的服务水准和降低物流总成本。

需要注意的是，提高服务和降低物流总成本之间存在“效益背反”关系。物流信息系统起着控制物流各种技能并加以协调的作用。

四、物流信息业务服务的作用

如果在物流领域综合应用现代计算机技术和通信技术，实现物流信息的电子化、数字化，建立完善的物流信息系统，最终达到物流信息资源充分开发和普遍共享，以降低物流成本，提高物流效率，我们就能够比以前任何时候更有效率地设计和管理物流业务、物流系统。

现在，高效的物流信息技术能为我们获取越来越多的物流信息，有效地使用这些信息提供了巨大的机会来改善物流流程的设计和管理方式。

物流信息业务服务主要有以下几方面的作用：

第一，有助于企业作出更好的预测，以减少供应链的不确定性。因为安全库存和最高库存水平取决于一些估计数值，企业经常被迫变化订货数量，因此增加了不确定性。物流信息系统通过集中物流信息减少了整个物流的不确定性，即为物流作业各个阶段及时、迅速提供实际需求的全部信息。

第二，能够使分销商向客户提供更好的服务。传统上利用增加库存来满足非正常的突然订单，匆忙提供产品和服务；在物流信息系统的调控下，先进的信息网络，一体化的物流中心，高效的配送体系，能够低成本和高效率地提供产品、服务。

第三，能够缩短提前期。随着提前期的加长，需求的变动性增大，可以用丰富的物流信息快速满足订单的要求。由于预测期缩短（供应商通过研究 POS 数据能够预料到即将来临的订单）而使预测更加准确，并能降低产成品的库存水平（由于物流信息的迅速、顺畅，可以通过储存原材料和包装材料库存来缩短产成品的周转时间）。由于上述原因，可以有效地缩短提前期。

五、物流信息系统的发展方向

物流信息系统，今后将越来越具有战略意义，并向社会系统化方向发展。

第一，目前在企业日益重视经营战略的情况下，建立物流信息是必要的、不可缺少的。具体地说，为确保物流竞争优势，建立将企业内部的销售信息系统、物流信息系统、生产、供应系统综合起来的信息系统势在必行。

第二，由于信息化的发展，各企业之间的关系日益紧密。如何与企业外销售渠道的信息情报系统、采购系统中的信息情报系统以及与运输信息系统连接起来将成为今后重点研究解决的课题。亦即建立不仅限于本企业还包括社会上多个企业之间的信息情报系统的重要性将日趋增加。

第三，企业的物流已经不只是一个企业的问题，进入社会系统的部分将日益增多。在这种形势下，物流信息情报系统将日益成为社会信息情报系统的一个组成部分。

第三节 信息技术在物流服务中的运用

案例

在美国计算机市场，DELL公司在应用信息技术的基础上发展了根据消费者要求的大量生产系统。最终消费者通过DELL公司的互联网页在订货时说明自己对购买产品的功能要求。DELL公司根据消费者的具体要求生产产品，迅速地配送给客户。DELL的电子商务和MC战略的效果表现在能直接与最终消费者建立信赖关系，高效率地向优良的消费者销售产品提供服务，减少与流通库存和营销业者运行有关的供应链成本。

信息技术正在改变传统供应链的构成并模糊产品和服务之间的区别。例如，美国的3C公司传统上或者直接向大宗消费者或者通过销售商的营销网络向消费者销售MODEMS产品。由于MODEMS不断被改进和变化，新产品不停地被投入市场，使得对具体品种的需要进行预测和计划是很困难的。对于这种类型的产品，协调制造商和分销商的物流成本和管理成本是很高的。信息技术的发展完全改变了3C公司MODEMS商品的销售方式。一旦消费者购买了基本MODEMS，在产品每次升级的时候，通过互联网电子购买升级版本，完全排除传统上的MODEM供应链。MODEM的升级实际上成为3C公司提供的服务，而不是以材料表现的产品，这样即使是有百万的客户同时购买升级版本，3C公司也能满足这些客户的要求，而不受制于它的生产计划、生产能力和营销渠道能力等的约束。

一、网络与通信技术

这里指的网络有两层含义，①物流配送系统的计算机通讯网络，包括物流配送中心与供应商或制造商的联系要通过计算机网络，另外与下游客户之间的联系也靠计算机网络通讯。比如物流配送中心向供应商提出订单这个过程，在未来就会使用计算机通讯方式，借助于增值网（Value Added Network，VAN）上的电子订货系统（EOS）和电子数据交换（EDI）来自动实现，物流配送中心通过计算机网络收集下游客源的订货的过程也可自动进行。②组织的网络化。比如中国台湾的电脑业在20世纪90年代创造出了“全球运筹式产销模式”。这种模式的基本打算是按客户订单组织生产，生产采取分散形式，即将全世界的电脑制造资源都利用起来，采取外包的形式将一台电脑的所有零部件、元器件、芯片外包给世界各地的制造商去生产，然后通过全球的物流网络将这些零部件、元器件、芯片发往同一个物流配送中心进行组装，由该物流配送中心将组装的电脑迅速发送给订户。这一过程需要有高效的物流网络支持，当然物流网络的基础是信息、电脑网络。

物流的网络化是物流信息化的必然，当今世界Internet等全球网络资源的可用性及网络技术的普及为物流的网络化提供了良好的外部环境，物流的网络化也不可阻挡。

二、电子数据交换（EDI）

（一）EDI的含义及其在物流中的应用

电子数据交换（Electronic Data Interchange，EDI）是按照统一规定的一套通用标准格式，将标准的经济信息，通过通信网络传输，在贸易伙伴的电子计算机系统之间进行数据交换和自动处理，也有人称它为“无纸贸易”。以往世界每年花在制作文件上的费用达3000亿美元，所以以EDI为基础的无纸化贸易被誉为一场“结构性的商业革命”。

EDI最初由美国企业应用在企业间的订货业务活动中，其后EDI的应用范围从订货业务向其他的业务扩展，如POS销售信息传送业务、库存信息管理业务、发货送货信息和支付信息的传送业务等。近年来EDI在物流中广泛应用，货主、承运业主以及其他相关的单位之间，通过EDI系统进行物流数据交换，并以此作为基础实施物流作业活动。

（二）物流管理中EDI的构成

构成EDI系统的三个要素是EDI软件、硬件、通信网络以及数据标准化。一个部门或企业若要实现EDI，首先必须有一套计算机数据处理系统；其次，为使本企业内部数据比较容易地转换为EDI标准格式，须采用EDI标准；另外，通信环境的优劣也是关系到EDI成败的重要因素之一。

EDI是为了实现商业文件、单证的互通和自动处理，采用的是不同于人机对话方式的交互式处理，而是计算机之间的自动应答和自动处理。因此文件结构、格式、语法规则等方面的标准化是实现EDI的关键。世界各国开发EDI得出一条重要经验，就是必须把EDI标准放在首要位置。

EDI 标准主要分为以下几个方面：基础标准、代码标准、报文标准、单证标准、管理标准、应用标准、通信标准、安全保密标准。

（三）物流管理中 EDI 的一般流程

物流管理中的 EDI 的一般流程为：发送货物业主（如生产厂家）在接到订货后制定货物运送计划，并把运送货物的清单及运送时间安排等信息通过 EDI 发送给物流运输业主和接收货物业主（如零售商），以便物流运输业主预先制定车辆调配计划和接收货物业主制定货物接收计划。

随后发送货物业主依据客户订货的要求和货物运送计划下达发货指令，分拣配货，打印出物流条形码的货物标签并贴在货物包装箱上，同时把运送货物品种、数量、包装等信息通过 EDI 发送给物流运输业主和接收货物业主，据此请示下达车辆调配指令。

然后物流运输业主在向发送货物业主取运货物时，利用车载扫描读数仪读取货物标签的物流条形码，并与先前收到的货物运输数据进行核对，确认运送货物。物流运输业主在物流中心对货物进行整理、集装，作成送货清单并通过 EDI 向收货业主发送发货信息，在货物运送的同时进行货物跟踪管理，并在货物交给收货业主之后，通过 EDI 向发货业主发送完成运送业务信息和运费请示信息。

最后收货业主在货物到达时，利用扫描读数仪读取货物标签的物流条形码，并与先前收到的货物运输数据进行核对确认，开出收货发票，货物入库；同时通过 EDI 向物流运输业主和发送货物业主发送收货确认信息。

在物流管理中，运用 EDI 系统的优点在于供应链组成各方基于标准化的信息格式和处理方法，通过 EDI 共同分享信息，提高流通效率，降低物流成本。

三、全球定位系统（GPS）

全球定位系统（Global Positioning System，GPS）是由一系列卫星组成的，它们 24 小时提供高精度的世界范围的定位和导航信息。准确地说，它是由 24 颗沿距地球 12000 公里高度的轨道运行的 NAVSTAR GPS 卫星组成，不停地发送回精确的时间和它们的位置，GPS 接收器同时收听3～12颗卫星的信号，从而判断地面上或接近地面的物体的位置，还有它们的移动速度和方向等。

GPS 接收器利用 GPS 卫星发送的信号确定卫星在太空中的位置，并根据无线电波传送的时间来计算它们之间的距离。等计算出至少 3～4 个卫星的相对位置后，GPS 接收器就可以用三角学来算出自己的位置。每个 GPS 卫星都有 4 个高精度的原子钟，同时还有一个实时更新的数据库，记载着其他卫星的当下位置和运行轨迹。当 GPS 接收器确定了一个卫星的位置时，它可以下载其他所有卫星的位置信息，这有助于它更快地得到所需的其他卫星的信息。

在物流管理中，GPS 是非常先进和实用的工具。在物流配送过程中，经常要涉及货物的运输、仓储、装卸、送递等处理环节，对各个环节涉及的问题如运输路线的选择、仓库位置的选择、仓库的容量设置、合理装卸策略、运输车辆的调度和投递路线的选择等进行有效的管理和决策分析，这将有助于物流配送企业有效地利用现有资源，降低消耗，提高效率。事实上，这些问题都涉及地理要素和地理定位导航，全球定位与导航正是 GPS 的长处所在，因此，GPS 技术是全程物流管理中不可缺少的组成部分。

四、条形码与 POS 系统

条形码技术是现代物流系统中非常重要的大量、快速信息采集技术，能适应物流大量化和高速化要求，大幅度提高物流效率的技术。条形码技术包括条形码的编码技术、条形符号设计技术、快速识别技术和计算机管理技术，是实现计算机管理和电子数据交换不可少的开端技术。

条形码是由一组黑白相间、粗细不同的条状符号组成，条码隐含着数字信息、字母信息、标志信息、符号信息，主要用以表示商品的名称、产地、价格、种类等，是全世界通用的商品代码的表示方法。在技术上，条形码是一组黑白相间的条纹，这种条纹由若干个黑色的“条”和白色的“空”的单元所组成。其中，黑色条对光的反射率低而白色的空对光的反射率高，再加上条与空的宽度不同，就能使扫描光线产生不同的反射接收效果，在光电转换设备上转换成不同的电脉冲，形成了可以传输的电子信息。由于光的运动速度极快，所以，可以准确无误地对运动中的条码予以识别。

（一）EAN 条码

EAN 条码是国际上通用的通用商品代码，我国通用商品条码标准也采用 EAN 条码结构。主版是由 13 位数字码及相应的条码符号组成，在较小的商品上也采用 8 位数字码及其相应的条码符号。

1. 前缀码

由三位数字组成，是国家的代码，我国为 690，是国际物品编码会统一决定的。

2. 制造厂商代码

由四位数字组成，我国物品编码中心统一分配并统一注册，一厂一码。

3. 商品代码

由五位数字组成，表示每个制造厂商的商品，由厂商确定，可标识十万种商品。

4. 校验码

由一位数字组成，用以校验前面各码的正误。

（二）条形码在物流系统中的应用

条形码在物流系统中的应用广泛，主要表现在以下几方面：

1. 销售信息系统（POS 系统）

在商品上贴上条码就能快速、准确地利用计算机进行销售和配送管理。其过程为：对销售商品进行结算时，通过光电扫描仪读取并将信息输入计算机，然后输进收款机，收款后开出收据；同时，通过计算机处理，掌握进、销、存的数据。

2. 库存系统

在库存物资上应用条码技术，尤其是规格包装、集装、托盘货物上，入库时自动扫描并输入计算机，由计算机处理后形成库存的信息，并输出入库区位、货架、货位的指令，出库程序则和 POS 系统条码应用一样。

3. 分货拣选系统

在配送方式和仓库出货时，采用分货、拣选方式，需要快速处理大量的货物，利用条码技术便可自动进行分货拣选，并实现有关的管理。其过程如下：一个配送中心接到若干个配送订货要求，将若干订货汇总，每一品种汇总成批后，按批发出所有条码的拣货标签；拣货人员到库中将标签贴于每件商品上并取出用自动分货机分货；分货机始端的扫描器对处于运动状态的分货机上的货物扫描，一方面确认所拣出货物是否正确，另一方面识读条码上用户标记，指令商品在确定的分支分流，到达各用户的配送货位，完成分货拣选作业。

附：专论摘要

博科公司第三方物流信息系统

上海博科资讯股份有限公司专门从事大型构件企业管理软件开发、咨询、销售，面向零售行业、物流行业、外贸行业、制造业、药业、酒店业等，为他们提供全面的企业信息化管理解决方案。

博科公司成立于1992年，总部设在上海，目前共有物流、药业、工商、制造、酒店、审计、通用软件、系统集成等10个事业部，在北京、沈阳、南京、广州、西安、武汉、杭州、温州、宁波、苏州、无锡等地设有37家分支机构，并发展了300多家分销代理商，已形成了一个全国性的销售服务网络。目前公司雇员总数已达900余名，其中中高级技术人员占60%以上。

公司在企业管理软件领域，结合东方式经营管理方式的灵活隐蔽性及中国企业对于系统快速推出新业务能力的迫切需求，提出了“以构件化为技术手段，可成长为产品目标”的设计思路，扎根于中国市场，扎根于企业需求。目前博科各领域的解决方案已在2万余家企业中得到了应用。

（一）博科第三方物流信息系统特点

1. 以现代物流网络的要求进行系统设计；是一个“大物流”体系结构，可适用多层组织架构的多物流配送中心和多仓库体系结构，为物流企业的未来发展提供了拓展性。

2. “大物流”体系结构，可使跨企业的第三方仓储物流系统实现互联，实现供应链一体化。

3. 运用分布处理技术和整合的系统，能够随时掌握供应链上所有仓储点中物资的流动情况，可分析地域需求和库存情况，在整个供应链上及时合理调配资源，平衡资源的有效分布，为生产厂商的计划生产提供有效的数字依据，从而降低宏观的库存总量，降低物流成本，降低总成本。

4. 系统存储了完整的数据，可快速响应货主和客户的需求，更好地服务于货主和客户，并可及时向货主和客户提供详细的统计分析数据，使货主正确掌握自己的产品（商品）的进、出、存、退等情况，合理调整库存分布和生产计划。

5. 可作异地备份和运行，确保系统安全。

6. 应用领域：第三方物流、自有物流配送、生产组装物流、药业物流等。

7. 可与其他应用系统互联，进行双向数据交换，使数据共享。

8. 可提供双语种支持。

（二）运行环境

1. 数据库：IBM DB2、Oracle、MS SQLServer、Sybase。

2. 数据库运行环境：UNIX、WindowsNT、Windows 2000。

3. 应用程序运行环境：Windows98/ME/NT/2000。

（三）功能模块

1. 第三方物流信息系统功能图（如下图所示）

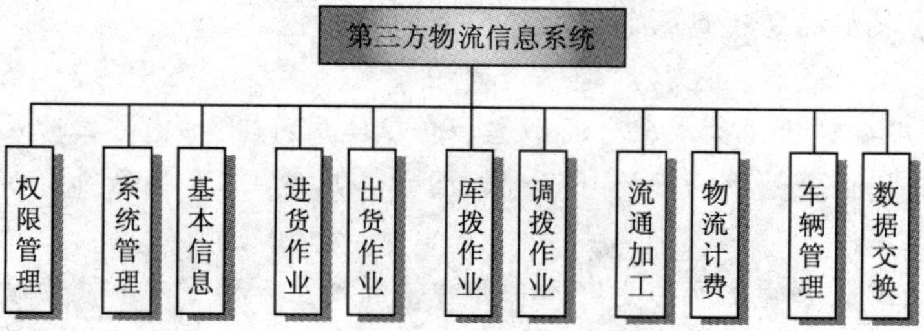

权限管理提供对安全管理的支持。包括以下内容：

(1) 建立系统模块资料、程序资料、组资料、用户资料，建立组程序及操作权限，对操作用户赋予程序和操作权限，建立操作用户货主对应关系，赋予操作人员业务权限。

(2) 查询操作日志，清除操作日志。此模块独立运行，且只能由系统管理员使用。

2. 系统管理

(1) 设定系统初始化和运行时的一些重要数据。

(2) 对系统运行中积累的历史数据做备份和删除处理。

(3) 日结处理。对一天的进、出、存、退等业务进行汇总与统计，生成需上传下行的文件及完成文件的发送。

3. 基本信息管理

基本信息是本系统的基础数据，包括以下内容：

(1) 区域资料。包括区域资料、省份资料、城市资料、物流中心资料、作业班组、行车路线资料、计费区域资料等，多层组织架构和多物流中心系统与区域资料有关。

(2) 货主资料。包括：

①建立行业资料、货主资料、货主供应商资料、货主客户资料，更好

地为货主及其客户服务。

②按货主的商品分类和计量单位来管理货主的商品，满足货主商品管理的要求，并使系统数据容易交换。

③在货主商品资料中记录货主商品的重要信息：货主商品内部货号、商品条码、商品品名、规格、商品分类、储运单位、最小单位、换算关系、储存条件、对商品生产系列号的管控要求、商品包装尺寸、重量、计费方式、堆高控制、保质期、库存状态等。这些重要信息，在物流管理和服务中将发挥重要的作用。

④建立货主送货地资料，确保货主商品发货时能正确给出交货地点，使送货者将商品送达目的地。

（3）仓位资料。包括：建立仓间的参数（面积、高度等）、属性资料（如仓间类型、使用模式、仓间形态和仓位使用特性等）。建立仓间资料后需确定仓间内仓储位的资料（数量、面积和用途），这些资料是仓储配送作业的依据。

仓储配送中货主商品会有各种异常情况发生，为了对货主负责，需对各种异常情况作统一的代码设定，便于在业务作业中做准确的记录和事后的分析统计。

（4）报表查询。货主商品资料表、货主客户资料表、货主送货地资料表。

4. 进货作业管理

进货作业处理分正常入库和客退作业。正常入库作业：根据货主的入库指示（预先通知或不通知），将良品放置于良品库，不良品放置于待处理区，每日入库结束后打印入库管制表反馈给货主。如果需接货，还应包括从第三地将商品运送到物流中心的过程。客退作业包括两种：直接退货和销售退货，系统对这两种退货方式作出不同的管理。

（1）正常入库包括：

①入库通知单有两种方式输入系统，一是根据货主的书面入库通知单由手工输入；二是读取货主系统发送的电子文档，并将其转入系统。入库商品的运输分物流中心为货主接运（标明始发地、零担或整车、计费方式、车号、接货地址）和货主自运（始发地、车号等）。

②商品入库分配仓位可由系统自动执行，也可由人工指定，两者均可修改。

③商品验收入库信息输入电脑，可作修改；对准确无误的入库单作确认，此后不能作修改。

④对入库状况可作多条件详细查询。库位状况查询可提供直观的在线库位进、出、存状态图，快速了解库位状态和库存详细信息。

(2) 入库报表：商品别入库汇总表、商品别入库明细表、商品别入库分析表、入库单入库汇总表、入库单入库明细表等。

(3) 客退作业。区分销售退货和直接退货。对客户退货有一完整的作业流程，系统记录退货过程的信息，并提供退货查询和各种报表。

5. 出货作业管理

出货作业，依据货主的出货指示（出货通知单）的要求，再经物流中心确认、配车、拣货、出货后，库存量相应减少。出货后，还应输入回单资料及拒收原因，完成后打印配送管制表，以告知货主每日配送完成情况。出货作业处理如下：

(1) 出货通知单。包括：

①出货通知单有两种方式输入系统，一是根据货主的书面出货通知单由手工输入；二是读取货主系统发送的电子文档，并将其转入系统。出货商品的运输分自提、公路、铁路、航空、海运。需标明送货地、零担或整车、车号、车型、送货地址、承运商及其他有关信息。

②手工输入出货单或电子文档转入的出货单必须经过确认后才能进入下一步的出货操作，而且在确认时进一步检查库存量是否够。

③可根据不同条件（如货主、送货日期、订单号、地址等）查询出货通知单的运作状况（如出货作业步骤的执行情况、应出货量、实送量、实收量等)，对出货状况进行全程、全面的监控。

④出货查询报表：受订汇总表、商品别应出货表、商品应出货查询表、缺货订单表、缺货订单明细表、缺货商品订单表、商品进出货趋势表、商品进出货缺货表。

(2) 配车作业。出货商品由车辆运出，所以必须要有配车作业，一般在出货通知单确认后，就需对出货通知单做配车作业。配车作业结束后，安排拣货仓储位、拣货和出货等操作。当然配车也可在最后做。

①安排出货车次；

②配车作业；

③车辆配车调整；

④车辆配载表。

(3) 拣货作业。包括：

①拣货仓储位可由系统自动分配，可作人工修改。

②可按不同条件（日期、车次、车号、订单、货主、出货单等）打印

出拣货单。

③对配送中心来说，拣货缺货率越低越好，提供缺货信息可及时采购。

④打印路单，提供给运货驾驶员，内容包括订单号、出货单号、客户名称、地址、送货数量等。

⑤按拣货单拣货后，将实际拣货仓储位和拣货量输入，确保电脑系统信息与实际情况相吻合。

⑥商品待出查询表：对已拣货还未出货的商品或已出货但还未作出货确认商品打印输出，提供给管理人员参考，确保出货作业流程的完整性。

(4) 出货作业。包括：

①出货确认后，各库存量扣减。

②货物送交货主客户后，货主客户将验收结果填写在回单上，并验收签字，此单登记后需返还给货主。

③当回单上货主客户签收的量与发送的量不等时需做客退处理，使货主的商品流向都有明确的记录。

(5) 出货报表：提供多角度的出货报表，从报表的数据中可分析出物流运作的状况，不断完善管理的各个环节，提高运作效率、降低营运成本，从而产生更大的利润。

6. 库存管理

库存管理包括对存量的调整、盘点作业、移仓、温湿度记录以及库存查询和异动查询。

(1) 存量调整：第三方物流没有存量调整的问题，对自主物流需要此功能。

(2) 盘点作业可分为两种情况：一是按货主要求（商品、时间等）进行盘点，将货主存储商品的在库量和电脑记录量报货主；二是本企业管理的需求，了解为货主保管商品的库位。

在库量和电脑账面量情况，如有差异（含损耗）要分析原因，加强仓库进、出、存管理，提高管理水平，降低管理成本，高质量地为货主服务。

①可按货主、仓间仓储位等条件的设定产生盘点计划表（有多种格式），此表可打印输出。

②人工按盘点表进行盘点，盘点数量登记于盘点表，盘点结束将盘点结果输入电脑（按盘点单号）。

③盘点输入结束后，系统会给出盘点差异表（可打印输出），可进行

复盘，并将复盘数据输入电脑，系统再给出盘点差异表（可打印输出）。

④对盘点差异复合后，需作最后的确认，最后确认的差异量作为库存调整的依据。

(3) 移仓：移仓的目的一般为库位调整和优化，将零碎分散的货主商品相对集中，使可用库位连接成片。可分为两种情况：一是按货主要求进行移仓（需收费）；二是本企业管理的需要。移仓可在仓间内部，也可在仓间之间进行。

(4) 温湿度记录：商品保管对仓库及环境的温度和湿度有一定的要求，要记录温度与湿度的变化，当出现超范围的温度与湿度时，及时采取措施，防止商品受损。

(5) 查询报表：商品存量查询表（汇总/明细）、商品异动汇总表、商品异动分析表、商品异动查询。

7. 调拨作业管理

调拨作业是依货主指示，将货物从一物流仓库调拨到他处物流仓库。

(1) 调拨通知单：调拨通知单输入/转入、调拨单路线设定、调拨通知单确认、调拨商品跟踪、调拨到达登记、待出调拨单一览表、待出调拨单明细表、调拨单状况查询等。

(2) 配车作业、车辆配载表。

(3) 拣货作业：安排拣货仓储位（通知单别）、打印拣货单、打印拣货缺货表、打印路单、拣货调整、调拨商品待出查询表。

(4) 出货确认。

(5) 查询报表：货主别调拨汇总表、商品别调拨汇总表、商品别调拨查询表（按调拨单、调拨人单位、汇总/明细）、调拨管制表、已取消调拨表、调拨清算汇总表、调拨清算明细表。

8. 流通加工管理

流通加工主要为货主商品进行改包装、贴标牌、组装（BOM表）处理等。流通加工的处理与货主要求有关，一般按货主要求对货品进行包装或加工处理。本模块为独立模块，有一套完整的作业流程和数据处理过程。

9. 物流计费管理

第三方物流为货主提供的进、出、存等作业发生的费用均按事先签订的合约执行，合约中约定的收费内容和计费规则（物流计费）需在本模块中预先设定和输入，运行日结作业时，系统会按设定的内容和规则对当日发生的业务进行计费。当约定发生变化时，需在物流计费中作及时的调整。本模块还提供查询报表功能。

(1) 基本费率设定。按与货主签订的合约内容和计费规则，对货物进、出、装卸、保管、移仓、加工等业务费用进行设定。

(2) 特殊费率设定。

(3) 特殊计费：特殊计费输入、特殊计费明细表（按费用单、费用别）。

(4) 应收管理：应收发票登记、应收账款报表、收款登记、已收账款报表、应收账龄分析表。

(5) 应付管理：应付发票登录、应付账款报表、付款登记、已付账款报表、应付账龄分析表。

(6) 统计报表：货主物流费用总表、货主物流费用分析表、货主物流分类汇总费用总表、货主物流费用明细表等。

10. 车辆管理

车辆管理的目的在于控制车辆运行费用，最大限度提高运能。

(1) 基本资料。包括：

①内部资料：车辆种类资料、自有车辆资料、驾驶员资料、车辆费用种类等。

②外部资料：承运商资料、外车车辆资料等。

(2) 运行资料：车辆运行记录、车辆保养计划、可用车辆表、车辆保养结束/开始表。

(3) 查询报表，包括：

①对驾驶员运行作业进行统计和分析。有司机别费用分析表等。

②对自有车辆营运费用进行统计分析：车辆费用表、车辆费用分析表、车辆运行综合汇总表等。

11. 数据交换

(1) 可与货主计算机系统进行数据交换（包括 EDI 数据）。

(2) 货主可通过 Internet 查询其托管货物的进、出、存等信息。

12. 条码识别和无线数据通讯

本模块为选项。参照国外物流的管理系统，在系统中使用先进的无线通讯（RF）技术和激光条码识别技术，库位和货物的识别条码化，使仓库货物的进库、出库、装车、库存盘点、货物的库位调整、现场库位商品查询等数据实现实时双向传送，做到快速、准确、无纸化，大大提高效率，将人为的出错率降到最低，从而降低仓储的成本费用。

第十一章　物流企业客户关系管理（CRM）

本章提要

1. 客户关系管理（CRM）的含义
2. CRM的内容和作用
3. CRM的实施
4. CRM在物流服务中的应用

现代企业的营销目标不是靠着生产好的产品来维持生存，而是通过理解客户、服务客户、满意客户，并与客户建立长期的互惠互利关系以赢得市场。因此，加强客户关系管理，把客户作为一种宝贵的经营资源纳入到企业发展战略中，强调把任何一种产品销售都建立在良好的客户关系基础上，使客户关系成为企业发展和营销管理的本质要素势在必行。

第一节　客户关系管理（CRM）概述

客户关系管理（Customer Relationship Management，CRM），是由Gartner Group首先提出的。1999年开始，CRM得到管理界的关注与重视。国内外很多软件商推出了以客户关系管理命名的软件系统，一些企业开始实施以客户关系管理命名的信息系统。

一、CRM的含义

对于CRM的定义，不同研究机构和厂商有着不同的表述。CRM首创者Gartner Group认为，所谓的客户关系管理就是：为企业提供全方位的管理视角；赋予企业更完善的客户交流能力，最大化客户的收益率。

Hurwitz Group认为，CRM的焦点是自动化并改善与销售、市场营销、客户服务和支持等领域的客户关系有关的商业流程。CRM既是一套原则制度，也是一套软件和技术。它的目标是缩减销售周期和销售成本、增加收入、寻找扩展业务所需的新的市场和渠道以及提高客户的价值、满意度、盈利性和忠实度。

IBM对CRM的定义包括两个层面的内容。①企业的商务目标。企业实施CRM的目的，就是通过一系列的技术手段了解客户目前的需求和潜在客户的需求。企业牢牢抓住这两点，就能够适时地为客户提供产品和服务。CRM不是一个“看上去很美”的空洞目标，它是有一系列技术手段作为支持的。②企业要整合各方面的信息，使得企业对分布于不同的部门、存在于客户所有接触点上的信息进行分析和挖掘，分析客户的所有行为，预测客户下一步对产品和服务的需求。分析的结果又反馈给企业内的相关部门，相关部门根据客户的需求，进行一对一的个性化服务。IBM所理解的客户关系管理包括企业识别、挑选、获取、发展和保持客户的整个商业过程。IBM把客户关系管理分为三类：关系管理、流程管理和接入管理。

惠普公司的CRM之道认为，一个企业的CRM流程，应当由4个阶段所组成。①信息管理阶段。CRM系统需要从企业的业务系统、订单管理系统、财务系统中抽取客户的数据，然后进一步加工。②客户价值衡量的阶段。在上一个阶段对数据进行了加工的基础上，包括用数据挖掘工具对数据进行整理，从而生成有用的客户信息。③通过分析产生数据之后，就进入到下一个阶段，即活动管理阶段。根据取得的这些客户信息来设定一些企业所要做的市场推广活动。④实施管理阶段。这是上一阶段活动的具体化。设计完促销活动以后需要通过各种渠道，以呼叫中心外拨的方式、网站发布的方式进行具体的实施。这4个阶段构成了企业CRM闭环的流程，紧密衔接。实施CRM的最终目的是帮助企业能够增加收入，提高利润，提高客户满意度。

德勒咨询公司客户关系管理部的全球负责人史蒂夫认为，客户关系管理是一个创新过程：①把公司内部孤立和分散的客户数据综合起来，从而使得公司对每一个客户都能够有一个比较全面完整的看法；②可以使客户不管从哪一种渠道与公司打交道都能够得到满意服务；③不管企业服务人员通过什么渠道与客户交往，与客户的每一次交往都要有个性化，每一次交往都要有详细记录；④公司必须随时在每一次与客户交往的活动中学到新经验，对客户加强了解，对市场加强了解，使企业根据这些反馈作出改善，使公司整体的服务比以前更加优秀。

从上面对 CRM 的诸多定义中，我们可以看出：①CRM 是一种管理概念，无论如何定义 CRM，“以客户为中心”将是 CRM 的核心所在。其核心思想是将企业的客户（包括最终客户、分销商和合作伙伴）作为最重要的企业资源，通过完善的客户服务和深入的客户分析来满足客户的需要，保证实现客户的终生价值。②CRM 也是一种旨在改善企业和与客户之间关系的新型管理机制，它实施于企业的市场营销、销售、服务与技术支持等与客户相关的领域。通过向企业的销售、市场和客户服务的专业人员提供全面、个性化的客户资料，并强化跟踪服务、信息服务能力，使他们能够协同建立和维护一系列与客户和生意伙伴之间卓有成效的一对一关系，从而使企业得以提供更快捷和周到的优质服务，提高客户满意度，吸引和保持更多的客户，从而增加营业额。另外，通过信息共享和优化商业流程来有效地降低企业经营成本。CRM 的实施，要求以客户为中心来构架企业，完善对客户需求的快速反应的组织形式，规范以客户为核心的工作流程，建立客户驱动的产品、服务设计，进而培养客户的品牌忠诚度，扩大可盈利份额。

CRM 又是一种管理软件和技术，它将最佳的商业实践与数据挖掘、数据仓库、一对一营销、销售自动化以及其他信息技术紧密结合在一起，为企业的销售、客户服务和决策支持等领域提供一个业务自动化的解决方案，使企业有了一个基于电子商务的面对客户的系统，从而顺利实现由传统企业模式到以电子商务为基础的现代企业模式的转化。

二、CRM 的内容

CRM 的基本内容主要包括客户信息管理、联系人管理、时间管理、潜在客户管理、销售管理、电话销售、客户服务、电子商务等。企业的客户关系管理主要是从上述几个方面来展开的。具体内容简要介绍如下：

（一）客户信息管理

建立统一共享的客户资料库，共享的客户资料库可以把销售、市场和客户服务连接起来。客户管理是一个企业及跨部门的客户中心，提供对所有客户和所有客户事件的综合查询与管理。具体包括：客户基本信息；与此客户相关的基本活动和活动历史；联系人的选择；订单的输入和跟踪；建议书和销售合同的生成；客户的分类；客户信用限度的分析与确定。

（二）联系人管理

联系人概况的记录、存储与检索；跟踪与客户的联系，如时间、类型、简单的描述、任务等，并可以把相关的文件作为附件；客户的内部机构的设置概况等。

（三）时间管理

设计约见、活动计划；进行事件安排，如会议、电话、电子邮件、传真；备忘录；进行团队事件安排；查看团队中其他人的安排，以免发生冲突；把事件的安排通知相关的人；任务表；预告/提示；记事本等。

（四）潜在客户管理

业务线索的记录、升级和分配；销售机会的升级和分配；潜在客户的跟踪。

（五）销售管理

组织和浏览销售信息，如客户、业务描述、联系人、时间、销售阶段、业务额、可能结束时间等；产生各销售业务的阶段报告，并给出业务所处阶段、成功的可能性、历史销售状况评价等信息；对销售业务给出战术、策略上的支持；对地域（省市、邮编、地区、行业、相关客户、联系人等）进行维护；把销售员归入某一地域并授权；地域的重新设置；根据利润、领域、优先级、时间、状态等标准，用户可定制关于将要进行的活动、业务、客户、联系人、约见等方面的报告；销售费用管理；销售佣金管理；应收账款管理。

（六）电话销售

电话本；电话列表，并把它们与客户、联系人和业务建立关联；把电话号码分配到销售员；记录电话细节，并安排回电；电话内容草稿；电话录音，电话统计和报告；自动拨号。

（七）客户服务

服务项目的安排、调度和重新分配；事件的升级；跟踪与某一业务相关的事件；事件报告；服务协议与合同；订单管理与跟踪；问题及解决办法的数据库。

（八）呼叫中心

呼入呼出电话处理；互联网回呼；呼叫中心运行管理；电话转移；路由选择；报表统计分析；通过传真、电话、电子邮件、打印机等自动进行资料发送；呼入呼出调度管理；客户投诉管理。

（九）电子商务

个性化界面、服务；网站内容管理；店面；订单和业务处理；销售空间拓展；客户自助服务；网站运行情况的分析和报告。

三、CRM兴起的原因

越来越多的公司开始认识到客户关系管理对提高竞争力和增加价值的

重要性，大部分公司也认识到，CRM 必须是策略、流程、组织、企业文化等业务层面的改变与技术的结合。一些企业开始实施以客户关系管理命名的信息系统，这是有一定必然性的。总的来说，CRM 兴起主要有下述三个方面的原因。

（一）需求的拉动

近年很多企业在信息化方面已经做了一些工作，收到了较好的经济效益。但一个普遍的现象是，在很多企业，销售、营销和服务部门的信息化程度还不能适应企业发展的需要，越来越多的企业要求提高销售和服务的日常业务的自动化和科学化。这是客户关系管理应运而生的需求基础。企业面临的问题可归纳为两个方面：①企业的营销、销售、客户服务部门难以获得所需的客户互动信息；②来自销售、客户服务、市场、制造、库存等部门的信息分散在企业内部，这些零散的信息使得营销人员无法对客户有全面的了解，各部门难以在统一的信息的基础上面对客户。这需要各部门对面向客户的各项信息和活动进行集成，组成一个以客户为中心的企业，实现对面向客户的活动的全面管理。

（二）技术的推动

计算机、通讯技术、网络应用的飞速发展使得上面的想法不再停留在梦想阶段。办公自动化程度、员工计算应用能力、企业信息化水平、企业管理水平的提高都有利于客户关系管理的实现。现在，信息化、网络化的理念在我国很多企业已经深入人心，很多企业有了相当的信息化基础。电子商务在全球范围内正开展得如火如荼，正在改变着企业做生意的方式。通过 Internet，可开展营销活动，向客户销售产品、提供售后服务、收集客户信息。

客户信息是客户关系管理的基础。数据仓库、商业智能、知识发现等技术的发展，使得收集、整理、加工和利用客户信息的质量大大提高。

（三）管理理念的更新

当前，一些先进企业的重点正在经历着从以产品为中心向以客户为中心的转移。有的企业提出了客户联盟的概念，也就是与客户建立共同获胜的关系，达到双赢的结果。在引入客户关系管理的理念和技术时，不可避免地要对企业原来的管理方式进行改变，变革、创新的思想将有利于企业员工接受变革，而业务流程重组则提供了具体的思路和方法。在互联网时代，仅凭传统的管理思想已经不够了。互联网带来的不仅是一种手段，它触发了企业组织架构、工作流程的重组及整个社会管理思想的变革。

CRM 概念的运用，绝不是某一种市场营销或销售的战略，而是面向各行各业并涉及企业所有业务和流程的一场商业革命。随着现有和正在出现的技术的发展成熟，越来越多的公司已经或者正在进入 CRM 领域，CRM 确实前景光明。

四、CRM 是对新营销理论的整合

营销环境的变化对传统的营销理论提出挑战，一些新的营销理论和观点不断被提出，其中具有典型代表意义的有关系营销理论、整合营销理论、网络营销理论、信息营销理论及知识营销理论。CRM 与新营销理论都建立在强调客户资产的基础上，CRM 成为新营销理论的整合。主要表现在：

（一）CRM 充分体现了新营销理论以客户为导向的核心理念

CRM 实施的企业环境必须是一个真正“以客户为中心”、把客户资产看做重要的战略资产的企业。只有将客户关系提到战略的高度，企业才能对业务流程进行重新设计，使业务流程趋向于更有效地管理客户资产。CRM 与新营销理论基于共同的思想根源，遵循共同的价值取向，追求共同的企业目标，CRM 的实质是新营销理论对企业管理思想影响的结果，是企业管理模式变革的具体体现。

（二）CRM 的前提和基础是客户成为企业战略资产

客户关系之所以重要是由于隐藏在客户关系后的客户资产的价值，优质的客户资产能为企业带来可观的利润，而劣质的客户资产只会为企业带来重重经营危机和生存危机。CRM 的设计和功能实现无不围绕着客户资产这一核心，不论是对销售服务过程的动态追踪，或收集处理客户信息，还是对各种营销工具和通路进行整合，或者提高营销自动化的程度，所有这些的思想起源和最终目的都是为提高客户满意度，扩大忠诚客户群，使客户资产组合最优、价值最大。

（三）CRM 的最大价值在于能使客户资产价值最大化

CRM 的最大价值可能在于能将外部资源利用与内部价值创新充分整合，目标是为客户提供满足其需求差异的服务，使客户资产价值最大化。CRM 继承和发展了新营销理论关于立足改变供应链中的各种资源的理论思想，CRM 与 ERP、PRM 的联合，使企业原有的内部资源与供应链的外部资源形成一个统一完整的闭环系统，实现信息共享和资源最优配置来打造企业竞争优势。

五、CRM对企业竞争力的影响

作为一种信息产品，CRM（客户关系管理，Customer Relationship Management）从1997年开始，在全球市场上一直处于高速发展的过程中。1999年全球CRM市场收益为76亿美元，2001年为120亿美元，2004年约为670亿美元。根据最近的研究报告，在受调查的企业中有2/3以上期望在未来的五年内改变其客户关系的管理模式，而有3/4以上的企业计划集成"面对客户"的信息管理系统及其组织的其他部分，这也说明客户关系管理受到企业的推崇。

客户关系管理能为企业带来的价值、效益和利润，让我们首先看一些数据：

50%以上的企业利用互联网是为了整合企业的供应链和管理后勤（世界经理人文摘网站）；

客户满意度如果有了5%的提高，企业的利润将加倍（Harvard Business Review）；

一个非常满意的客户的购买意愿将六倍于一个满意的客户（Xerox Research）；

2/3的客户离开其供应商是因为客户关怀不够（Yankee Group）；

93%的CEO认为客户管理是企业成功和更富竞争力的最重要的因素（Aberdeen Group）。

根据对那些成功地实现客户关系管理的企业的调查表明，每个销售员的销售额增加51%，客户的满意度增加20%，销售和服务的成本降低21%，销售周期减少了1/3，利润增加2%。

以上的数据表明CRM的实施对企业的意义十分重大。

（一）客户关系管理大大缓解了高度扰动的市场环境下企业的经营风险

市场扰动不断加剧，是当今企业生存的外部环境，具体表现在：客户需求的不确定性增加，多元化趋势增强，变化加剧。这样，企业传统的"为产品找客户"，以产品为中心的经营理念将承受极大的风险，因为产品开发一旦失败，企业面临的就是灭顶之灾。在这样的市场环境中，如何缓冲市场扰动造成的冲击，降低经营风险，就成了企业必须面对的难题。转变思维观念，"为客户找产品"，积极发展与客户长期的互利关系，以客户为中心来经营企业，让"产品成为客户关系上的一个标点符号"，成为缓冲市场扰动的影响，最大限度地降低经营风险的有效途径之一。

（二）客户关系管理极大地提高了企业的盈利能力

客户关系管理对企业盈利能力有巨大影响，主要表现在：①客户关系管理对客户份额的关注，能为企业带来更高的投入回报。客户关系管理强调企业客户在该行业的高价值客户总体中所占的份额，这个份额越高，企业的盈利能力越强。②客户关系管理对长期价值的重视，增强了企业长期的可持续发展能力。有研究表明，长期的客户关系与企业的长期盈利能力具有高度正相关关系。③客户关系管理带来的忠诚客户，对企业有巨大的贡献。客户关系管理强调对客户的忠诚培养，而忠诚客户对企业的贡献已经受到关注。

（三）客户关系管理是企业的独特优势

它不易为竞争者模仿，这就为企业营造了很好的市场壁垒，使其享受创新的垄断收益，对企业的竞争力影响重大。在信息技术的支持下，企业与客户之间的关系是建立在充分沟通的基础之上的。对客户而言，这种沟通独一无二，充满个人色彩，又为企业满足个性化需求提供了机遇。

（四）客户关系管理大大增强了企业在新经济环境中的竞争能力

研究表明，在新经济环境下，相对于有形资产，无形资产对企业竞争力的贡献更大，而且其贡献份额呈上升趋势。客户资产作为企业的一项重要的无形资产，其重要性已经受到了广泛的关注，成为企业市值的要素之一。客户关系管理战略，对于企业在新经济时代有效地管理企业客户资产，是有重大作用的。

第二节　CRM 的实施

一、CRM 的实施目标

CRM 主要实施于企业的市场营销、销售、客户服务和技术支持等与客户相关的部门，其实施目标归纳起来主要有三个方面：

（一）通过提供快速和周到的服务帮助企业吸引和保持更多的客户

CRM 不仅是一种管理手段，还是一种全新的营销管理理念。利用 CRM 系统，企业能够从与客户的接触中了解他们的姓名、年龄、家庭状况、工作性质、收入水平、通讯地址、个人兴趣爱好以及购买偏好等信息，并基于此进行“一对一”的个性化服务。通过搜集、追踪和分析每一个客户的信息，知道他们需要什么，为他们量体定做产品，并把客户想要的产品和服务及时地送到他们手中。这就是随着市场不断细分而最终出现的大规模定制的市场营销原则的精髓，即根据不同的客户建立不同的联系，并根据其不同的特点和需求提供不同的服务，从而真正做到“以客户为中心”，赢得客户的忠诚。

（二）通过对业务流程的全面管理降低企业的成本

CRM 通过对客户信息的管理和挖掘，不仅有助于现有产品的销售，而且提供了对历史信息的追溯，及时对未来趋势进行预测，能够很好地实现企业与客户之间的互动。企业能够依据不同的客户过去的购买行为，分析他们的不同偏好，预测他们未来的购买意向，据此有针对性地分别对他们实施不同的营销活动，避免大规模广告的高额投入，从而使企业的营销成本降到最低，而营销成功率最高。

（三）通过电话呼叫中心实现服务的自动化

通过电话呼叫中心能够实现故障申报、业务受理、客户投诉等服务的自动化。用户只需拨打一个统一的电话号码即能得到“直通车”式的服务，一改以往拨打多个电话，问题仍得不到解决的局面。

二、CRM 的实施方案与步骤

（一）方案选择

1. 方案一，简易型

销售人员在报账前必须填写《客户资料卡》及《客户接触记录卡》，通过 E-mail 方式发送至公司统一的信箱，并且抄送一份给其直接负责人和公司领导。

公司内其他部门的人员在获取有价值的市场信息之后也可以通过 E-mail方式发送至公司统一的信箱。

公司的有关人员可以授权获得该信箱的密码，阅读信箱内的内容，进行分析，为工作的开展提供便利。例如可以为公司的客户服务，用户回访，新产品研发、产品升级论证提供参考、帮助。

2. 方案二，基于 Web 形式的 CRM 系统（如下页图所示）。

市场、研发等人员根据自己的权限在异地、本地均可以通过 Web 方式进入系统提交自己所获取的市场信息、客户信息或在授权范围内根据需要查询有关信息。公司管理层也能够随时查询客户信息中心的有关信息。

（二）实施步骤

CRM 的实施是一个创新的系统工程，从 DELL、GEHP 等著名企业实施 CRM 的成功经验来看，一般包括 8 个步骤，概要如下：

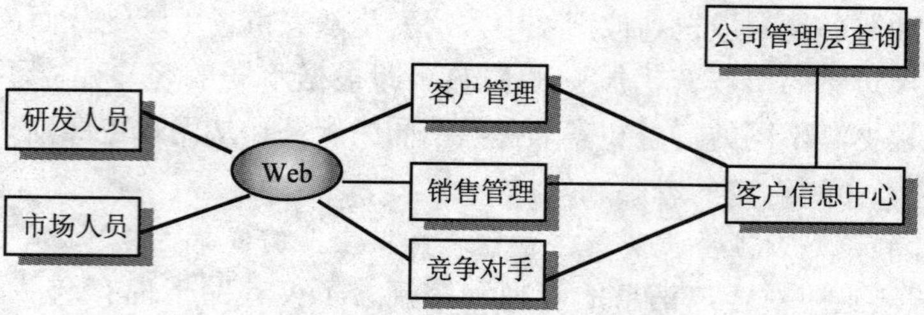

基于 Web 形式的 CRM 系统

1. 可行性评估

在实施 CRM 之前，企业应当先做客观、充分的可行性评估。可行性评估既包括技术评估，也包括公司文化的评估。通过评估，明确实施 CRM 的关键问题所在，哪些问题可以通过技术解决，哪些问题需要通过战略调整解决，哪些问题需要观念转变、文化重造来解决。只有这些看似"软"的问题解决了，企业上 CRM 项目才能水到渠成。

2. 规划战略目标

在经过慎重考虑之后，确定要实施 CRM 时，应规划好企业短期、中期、远期目标和直接、根本目标。目标的不确定性会导致 CRM 实施的失败。另外，目标不宜定得过高。

3. 阶段目标与实施路线

在确定实施进程之前，要确定阶段性目标和实施效果。在量化实施目标之前，不要仓促上马。设计好目标之后，企业还要根据企业的具体情况和技术发展的趋势确定 CRM 入口，如 Call Center 和 Web 入口。

4. 设计业务流程

成功的项目小组应该关注流程的设计。研究现有的营销、销售和服务策略，并找出改进方法。流程确定之后，企业应该根据业务流程来调整组织结构，使企业的组织结构具有足够的柔性，增强对市场和客户的反应能力。

5. 设计 CRM 系统结构

因为企业具体情况千差万别以及方案选择的多样性，因此企业在设计 CRM 系统结构时可以借鉴他人模式，但不能照抄照搬。

6. 实施与培训

CRM 实施更多的是专业技术人员的事情，但 CRM 的应用却是全体员工的工作，因此在专业技术人员实施 CRM 时，企业应对员工广泛开展培训。

培训重点有 3 个方面：①观念培训。实现以产品为中心的观念转变为以客户服务为导向的观念。②专业技术培训。如如何应用 CRM 系统，如何使业务行为与 CRM 相配合。③创新能力培训。使 CRM 能与企业环境、企业业务和客户情况的变化相适应。

7. 系统整合

CRM 系统试运行过程中应当使之与企业的其他信息系统，如采购系统、生产制造系统等相耦合，形成信息兼容的庞大功能群。

8. 效果评价

企业应该适时评估实施进程和实施效果，并把它作为项目参与人奖惩的依据。在 CRM 实施和评估过程中，企业可聘请专业监理公司或专业顾问参与进来。

三、CRM 成功的关键因素

成功实现 CRM，可以从两个层面进行考虑：其一，解决管理理念问题；其二，向这种新的管理模式提供信息技术的支持。其中，管理理念的问题是客户关系管理成功的必要前提。这个问题解决不好，客户关系管理就失去了基础；而没有信息技术的支持，客户关系管理工作的效率就将难以保证。

国外对客户的研究相当重视，从 20 世纪 80 年代至今，已经有相当丰富的研究成果，加之国外发达的管理咨询业的不断推广，这些管理思想已经不断得到实践，更趋于成熟。另外，由于资金雄厚，国外企业在信息技术上投了巨资。进入 90 年代以后，国外的软件公司及时将通信、计算机技术引入到企业的客户管理中，许多大的软件公司为了抓住这一商机，陆续推出客户关系管理软件，这些软件目前已经在欧美的各大企业中发挥作用。

相比国内的企业，由于体制的原因，国内的市场长期处于短缺状态，使得企业认识不到客户的重要性，形成难以更改的恶性商业风气。国内管理界对于客户的研究，目前还主要停留在满意管理上，而满意管理仅仅是客户关系管理中的一个初级分支。近一两年，客户关系管理的理念在中国企业界逐渐风行，但由于管理研究支持的欠缺，许多企业的管理者对于这一舶来品，认识还非常模糊。这是一个变革的时代、创新的时代，比竞争对手领先一步，而且仅仅一步，就可能意味着成功。业务流程的重新设计为企业的管理创新提供了一个工具。在引入客户关系管理的理念和技术时，不可避免地要对企业原来的管理方式进行改革，变革、创新的思想将有利于企业员工接受变革，而业务流程重组则提供了具体的思路和方法。

具体到 CRM 的实现，我们还应该关注以下几个方面：

（一）高层领导的支持

这个高层领导一般是销售副总经理、营销副总经理或总经理，他是项目的支持者，主要作用体现在 3 个方面：①他为 CRM 设定明确的目标；②他是一个推动者，向 CRM 项目提供为达到设定目标所需的时间、财力和其他资源；③他确保企业上下认识到这样一个工程对企业的重要性。在项目出现问题时，他激励员工解决这个问题。

（二）要专注于流程

成功的项目小组应该把注意力放在流程上，而不是关注于技术。应认识到，技术只是促进因素，本身不是解决方案。因此，好的项目小组开展工作后的第一件事就是花费时间去研究现有的营销、销售和服务策略，并找出改进方法。

（三）技术的灵活运用

在那些成功的 CRM 项目中，它们的技术的选择总是与要改善的特定问题紧密相关。如果销售管理部门想减少新销售员熟悉业务所需的时间，这个企业应该选择营销百科全书功能。选择的标准应该是，根据业务流程中存在的问题来选择合适的技术，而不是调整流程来适应技术要求。

（四）组织良好的团队

CRM 的实施队伍应该在以下几个方面有较强的能力。①业务流程重组的能力；②对系统进行客户化和集成化的能力，特别是对那些打算支持移动用户的企业更是如此。③对 IT 部门的要求，如网络大小的合理设计、对用户桌面工具的提供和支持、数据同步化策略等。最后，实施小组具有改变管理方式的技能，并提供桌面帮助。

（五）极大地重视人的因素

很多情况下，企业并不是没有认识到人的重要性，而是对如何做不甚明了。可以尝试如下几个简单易行的方法：方法之一，请企业的未来的 CRM 用户参观实实在在的客户关系管理系统，了解这个系统到底能为 CRM 用户带来什么；方法之二，在 CRM 项目的各个阶段（需求调查、解决方案的选择、目标流程的设计等等），都争取最终用户的参与，使得这个项目成为用户负责的项目；方法之三，在实施的过程中，千方百计的从用户的角度出发，为用户创造方便。

（六）分步实现

欲速则不达，这句话很有道理。通过流程分析，可以识别业务流程重组的一些可以着手的领域，但要确定实施优先级，每次只解决几个最重要的问题，而不是毕其功于一役。

（七）系统整合

系统各个部分的集成对 CRM 的成功很重要。CRM 的效率和有效性的获得有一个过程，它们依次是：终端用户效率的提高、终端用户有效性的提高、团队有效性的提高、企业有效性的提高、企业间有效性的提高。

第三节　CRM 在企业物流中的应用

一、从客户服务角度看物流

（一）物流及物流服务质量

1998 年，美国物流管理协会为了适应物流的发展重新修订了物流的定义："物流是供应链过程的一部分，是以满足客户需要为目的的，为提高产品、服务和相关信息从起点到消费点的流动储存效率和效益而对其进行计划、执行和控制的过程。"从服务的角度来说，物流就是为产品的生产制造和市场营销提供服务。

一般而言，物流是以产品的生产制造和市场营销为主线，以相关信息流协调供应商和客户行为的协作性竞争体系，在整个系统活动中，为生产制造、市场营销和消费者提供相应的服务。因此，无论是在我国还是在西方国家，越来越多的管理者认为，与其说物流作业是一种生产性活动，不如说是一种特殊的服务活动更确切。

不难看出，在物流过程中向客户提供的服务水平是影响客户购买和连续购买企业产品的关键因素，服务水平越高，预期的销售量水平也就越高。物流服务质量因不同客户而要求各异，要掌握和了解客户要求：商品狭义质量的保持程度；流通加工对商品质量的提高程度；批量及数量的满足程度；配送额度、间隔期限及交货期的保证程度；配送、运输方式的满足程度；成本水平及物流费用的满足程度；相关服务（如信息提供、索赔及纠纷处理）的满足程度。

企业物流服务质量是变化发展的，将在社会发展进程中依客户需要发展而提出绿色物流、柔性物流等新的服务概念，形成新的服务质量要求。同时，需要适应经济全球化发展，引进国际物流服务标准，不断提高物流服务质量，积极开展国际化物流经营活动。

有助于企业提高竞争力的服务项目有：①定点定时送货；②货损担保；③减少存货短缺；④缩短订货周期；⑤提供应急发货；⑥缩小发货批量和增加发货次数；⑦代客户储存；⑧拼配配套供应；⑨拆零和再包装；⑩通报订单执行情况；⑪物流咨询。

当然，为客户提供的服务项目越多，水准越高，产生的费用也越大。这就需要权衡决策，在成本增加与销售扩大之间，选择最大限度的利润，特别是要考虑到长远的利益。

（二）物流服务的基本特征

对物流的客户服务有不同的理解：把服务看做是一种活动，就要求对客户的控制能力；把服务看做是绩效水平，就要求对客户的精确衡量；把服务看做是管理理念，就要求把客户服务作为物流经营的核心。美国学者莱隆德认为，客户服务是一种过程，是通过节省成本费用为供应链提供重要的增值利益的过程。企业物流服务可以理解衡量物流系统为企业生产经营各种商品或服务创造时间和空间效用的尺度。企业物流服务是服务优势和服务成本的一种平衡，具有以下四个主要特点。

1. 结构性

企业物流系统提供物流服务表现出明确的结构性特征。①物流服务是由多种物流资源和多种物流功能要素通过合理配置形成的，必然反映出结构性要求；②企业生产经营发展导致物流需求呈现多元化、综合化趋势，与之相适应的物流服务也就会体现出结构性变化。提升物流服务水平，就需要重视物流服务的结构性。

2. 差异性

不同的物流系统提供的服务不可能完全相同，同一个物流系统也不可能始终如一提供完全相同的服务。物流服务表现出差异性。服务的差异性主要受企业物流系统提供服务的能力与服务方式的影响，同时也受客户参与物流服务的过程，对服务不同的评价和认识的影响。当然，物流需求的个性化和独特化发展需要有个性化、柔性化的物流服务。

3. 增值性

物流服务能够创造出时间和空间效用，通过节省成本费用为供应链提供增值利益，表现为突出的增值性。服务的增值性直接体现了物流服务作为价值创造活动的成果。同时，也反映出了物流服务对企业生产经营过程中产品和服务价值的增值作用。

4. 网络性

任何物流服务都有赖于经营者和消费者的相互协作和共同努力。在物流资源和物流功能要素的组合中，现代网络理念和网络技术促进了物流服务组织的网络化、企业物流服务技术的网络化，而且还表现在物流服务需求的网络化。

（三）电子商务下企业物流服务模式

电子商务的发展深刻地改变了传统的商业贸易过程和交易方式，迫切需要建立与之相适应的现代企业物流模式。从物流服务来看企业物流模式，包括自我物流服务模式、协作物流服务模式和第三方物流服务模式。

1. 自我物流服务模式

所谓自我物流服务模式就是指企业在基于 Internet 技术的电子商务发展影响下，可以利用企业已有的物流资源，通过采用先进的物流管理系统和物流技术，不断优化物流运作流程，为企业生产经营发展需要提供高效、优质物流服务的基本方式。采用该模式一般需要企业拥有较好的物流资源，需要企业有较大的物流规模，需要企业将物流纳入发展战略。

2. 协作物流服务模式

这种模式就是指企业在仅用自己已有的物流资源难以满足生产经营活动的需要时，与相关企业为有效解决物流问题而开展的物流服务协作的基本做法。采用该模式要注意企业之间的协作基础，即资源互补、运作合理、利益共享等。

3. 第三方物流

这种服务模式指的是企业将生产经营活动所需的物流服务外包给第三方物流企业完成的基本方法。按照供应链理论，企业将不具备供应能力的物流服务需要交给专门的物流企业，能形成强大的竞争能力。该模式将成为企业物流发展的主导模式。

二、CRM 在企业物流中的应用价值

物流中实现了 CRM 以后，可以为企业带来以下好处。

（一）增加新客户、减少老客户的流失

CRM 可以对某些特定的、潜在的客户进行针对性的营销策划，不仅投入成本低，而且成功率高。利用 CRM，企业发现新的客户、了解客户的需求、和客户保持密切交流和沟通，确保客户能够从企业得到其所希望的服务项目、服务内容和服务水平。

老客户的流失是企业在市场竞争中经常遇到的问题，企业在 CRM 的支持下可以减少老客户的流失。通过对老客户需求变化分析，可以发现哪些老客户正在流失，并可以进一步分析造成这些客户流失的原因，以防止

同类客户的流失。

（二）寻找创利客户

企业利用 CRM 可以发现哪些客户的消费占了较高的利润，这样就不必花费过多的精力和财力无目标地开发新客户；而且，利用 CRM 所开发、保留的客户都是具有较高的利用价值，可以创利的客户。即利用 CRM 可以挖掘创利客户，为企业的商品和配送、担保、储存、咨询等服务活动找到完全匹配的正确客户，使企业不必以高投入开发新客户，并且还能减少竞争对手的注意。

（三）降低成本

企业在物流管理活动中，需要利用广告等各种营销手段对客户进行促销，广告费用和营销手段的成本直接影响到企业的运营成本。而 CRM 的应用可以大大降低广告等市场营销成本，只以少量的投入有针对性地对潜在客户和创利客户进行促销，就可以取得高于常规营销手段的效果。

（四）提高客户的利用价值

利用 CRM 可以更多地获取客户的消费比例、提高客户的后期增量销售，更多地获取客户的后续销售，获得更多的来自满意客户所推荐的新客户，并能够对客户实现更多的交叉销售，使客户的利用价值得到极大的提高。

（五）可以实现对客户的针对性销售

利用 CRM 可以了解哪些客户是真正的创造利润客户，哪些客户可以通过交叉销售或增量销售改变无利或低利状态，哪些客户需要其他的外部销售渠道管理，哪些客户可以激发未来的业务。利用客户信息可以成功地进行企业的市场营销策略和相关的商品价格、成本等管理活动。

这些益处的取得，需要经常与最有可能创利的客户群保持密切接触，与他们沟通，对他们的需求进行预测，为他们及时提供特别服务。这就必须利用 CRM 中的客户信息和客户的历史活动模式来了解、预测客户群的未来购买模式和购买行为。

（六）为企业带来巨大利润

CRM 一旦建成，将不易被对手模仿，客户的资料都掌握在自己手里，其他公司想建设类似的一个数据库，需要很长的时间和更高的成本，而且不可能与你公司的完全一样。只要 CRM 能充分有效地为客户提供个性化服务，即提供的是一对一的服务，客户的忠诚度也将大大提高，因为如果客户转向其他企业的话，他就得将自己的信息全部从头重复地告诉新公司。这样你就能吸引并牢牢地掌握自己的关系客户，为公司带来长期的巨大利润。

有效的 CRM 是一种创造长期利润的工具。通过 CRM，可以随时了解自己的客户构成变化、需求变化，并由此制订企业的发展方向，就是说企业在未来更应该在哪方面发展。当实现了客户需要什么服务就提供什么服务时，才真正实现了“市场营销”，企业才有真正的发展潜力。客户对企业的认可、参与、忠诚度的建立和维持，将充分推动企业的发展。

通过 CRM 对企业竞争对手档案库的建立，在产品销售过程中不断搜集竞争对手的动态、市场活动、销售失败的原因分析，为企业提供对手反应机制的第一手资料；客户反馈信息是零售企业制定营销策略的一个重要来源，通过 CRM 可以建立反馈信息共享，让相关人员在同一时间、以同一方式得到相同的反馈信息，从而为企业获得长久的利润增长提供了动力。

三、企业物流中如何实现 CRM

企业物流服务的经营管理，实质上就是提高企业的物流服务能力，满足物流服务需求，创造更好的物流服务价值。提高物流管理水平，近年来国际上较为流行的一种新的管理模式——客户关系管理（CRM），不失为企业可以尝试的一种有效管理模式。

（一）树立“以客户为中心”的管理理念

在企业的各个层面树立“以客户为中心”的管理理念是导入 CRM 的重要前提，是实施 CRM 的起点和终点，也是 CRM 成功的开始。

传统的企业以生产为中心，现代的企业特别是物流企业必须以客户为中心。因为今天能形成企业竞争优势和核心竞争力的，不再是那些有形的机器设备、厂房、资本和产品等物质资源，而是管理、技术、人才、市场和品牌等无形资源。客户资源作为一种重要的市场资源，它对企业具有重要的价值。有效的客户关系管理能够提高客户忠诚度，在客户管理中吸收新客户的成本要远远超过保留现有客户的费用。美国学者雷奇汉和赛塞的研究结果也表明，客户的忠诚度每提高 5%，企业的利润就能增加 25%。

1. 做好客户信息的收集，即建立客户主文件，为了控制资金回收，必须考核客户的信誉，对每个客户建立信用记录，规定销售限额。对新老客户、长期或临时客户的优惠条件也应有所不同。

2. 了解客户的需求。通过建立一种以实时的客户信息进行活动的方式，将客户的信息和服务融入到企业的运行中去，从而有效地在企业内部传递客户信息，尤其在销售部门、生产部门和物流逐步形成企业各个部门之间。

企业常常会发现不同的客户群存在不同的服务要求：大公司允许较长的供货提前期，而小型企业则要求在一二天内供货。根据客户需求，企业可能这样设计物流服务：建立大型分销中心和产品快速供应中心。

3. 获知客户的喜好和需要并采取适当行动，建立并保持客户的忠诚度。通过提供超过客户期望的服务，可将企业极力争取的客户发展为忠诚客户。而且随着客户和企业间的往来，客户的个别需求和偏好也会变得更加详细明了。

（二）重塑企业文化

重塑企业文化是推进 CRM 的重要基础。“以客户为中心”的管理理念的培育和形成，需要在企业文化的重塑过程中得以实现。成功的 CRM 的实施所关注的不仅是 CRM 软件系统的安装、调试、培训等工作本身，而且要把更多的精力放在理念贯彻、思想融合，即企业文化体系的重塑及贯彻上。经过文化改造后的企业，将为成功地实施及应用 CRM 系统铺平道路。

1. 重视客户利益，再造企业经营理念

企业在以前的市场竞争中，往往会形成一种以企业本身利益最大化为惟一目的的企业文化。在这种文化的指导下，许多企业为获利自觉或不自觉地损害客户利益，导致客户不断流失，企业的利润也因此受损。因此，企业必须紧密结合市场需求，对经营理念进行革命式的再造，根本改变企业素质，构思与重塑一个“从客户利益出发”的企业文化体系。

2. 重视以客户为主的外部资源，建立客户导向的经营组织

CRM 作为一个专门管理企业前台的管理思想和管理技术，提供了一个利用各种方式收集和分析客户资源的系统，也提供了一种全新的经营理念和战略思维。它可以帮助企业充分利用以客户为主的外部关系资源，扩展新的市场和业务渠道，提高客户的满意度和企业的盈利能力。

“以客户为中心”，建立“客户导向”的经营组织，将关注焦点集中于以客户为主的企业外部资源，才能使企业的每一位员工清醒地知道企业的处境，使企业的每一个部门都围绕着客户协调运作。

3. 关注客户个性需求

全球经济一体化和卖方市场的膨胀使消费者对商品的选择有了极大余地，“个性化”和“多元化”的价值观念及消费需求，促使消费者在选择商品和服务时将个性化需求提高到了前所未有的高度。

著名的 DELL 公司之所以能够在 IT 市场脱颖而出，重要的一点就是

因为其建立了一套能够快捷地满足客户个性需求的企业文化体系，奇迹般地保持了多年50%以上的增长率，成为当今世界上最大的电脑厂商之一。国内知名企业海尔也尝到了满足客户个性化需求的甜头。

（三）建立有效的客户关系管理系统

凡成功的企业CRM一定是企业文化与信息技术完善结合的综合体。

1. 客户信息系统

客户信息系统是客户资源管理系统中重要的组成部分，它为客户资源管理提供最基础的信息，为企业的经营决策提供原始数据。客户的信息主要包括客户的基本资料、客户行为购买行为特征、客户服务记录、客户维修记录、客户订货记录、客户对企业及竞争对手的产品及服务的评价、客户建议与意见等。客户信息系统应至少包括信息采集点、信息集成、信息整理、分析和总结、信息传递渠道等。

2. 客户分类管理

许多企业已经意识到通过价值区别来对客户进行分类管理，以便获得更多的利润。客户分类管理中至少应包括以下内容：

(1) 细分客户群的标准：客户的个性资料、客户的消费量和频率、客户的消费方式、客户的地理位置、客户的职业、客户的关系网等。

(2) 不同客户群信息的进一步分析：消费特点分析、购买行为分析、消费趋势分析、对产品和服务的期望价值分析等。

(3) 不同客户群的管理：确定不同客户群对企业的价值、重要程度，并针对不同客户群的消费行为、期望值等制定不同的物流服务策略。

3. 资源配置系统

对于不同价值、不同消费需求的客户群，企业应配置不同的市场、销售、服务、管理资源。资源配置系统至少应包括这些内容：企业物流资源统计、调配系统，企业物流资源渠道，企业物流资源配置中的管理等。

（四）积极应用现代科学技术，构筑CRM技术平台

1. 实现企业物流的信息化、自动化和智能化。在现代通讯技术、信息技术和网络技术迅速发展的时代，积极采用现代科学技术，全面改造和提升企业物流的技术能力。典型的企业是美国联邦快递（FedEx）公司。该公司1973年开始营运，是全球规模最大的快递运输公司。该公司营运的主要特点是充分利用并发挥电子信息与网络化技术。

目前国内一些企业都建立了管理信息系统，但是，许多企业对投资昂贵的管理信息系统的应用只限于对前台销售数据的处理。为了实现CRM，企业必须对原有的信息设施进一步完善。这就需要进行大规模的IT基础

设施投资，并将繁多的信息采掘、分析、显示技术进行整合，保持企业营运和决策支持系统的领先性。

2. 运用新技术降低物流资源耗费。通过供应链管理新概念和新技术的应用，不断创新物流发展模式，实现物流资源的可持续发展。现代高新技术发展为绿色物流发展提供了机遇。绿色物流就是以绿色环保思想为指导，广泛应用绿色技术设备，对绿色商品实行绿色储存、绿色运输和绿色包装的物流运作和物流管理新模式。现代企业绿色物流一方面要严格控制物流系统的污染，另一方面要建立科学的工业和生活废料处理的物流系统。

3. 运用现代技术，实现物流目标合理化、作业规范化、功能集成化和技术一体化。

IT 基础设施的构建，只是完成了 CRM 的基础工作。企业拥有大量的客户信息，还不能实现 CRM。还需要对这些数据进行采掘和析取，采掘其中的销售规律知识，分析销售与客户的关系，这就需要采用各种数据采掘和析取工具。一旦利用数据采掘、析取工具完成对营销知识的挖掘，还需要将这些知识以用户可以理解的方式表达出来，即用各种清晰的图形表示工具与数据仓库、数据采掘、数据析取工具整合在一起，方便用户的应用，达到 IT 设施的全面应用。

案 例

安吉天地物流呼叫中心系统

上海三贝信息技术有限公司是国内优秀的呼叫中心系统集成商，携手全球先进的呼叫中心技术领导者和基于 IP 的分布式呼叫中心平台的提供商美国奥迪坚通讯系统有限公司，共同打造安吉天地物流客户服务中心。安吉天地物流是由上汽集团上海汽车工业销售总公司与世界著名的天地物流控股公司合资组建的物流公司，在物流领域和汽车服务领域最大的中外合资项目，也是中国首家汽车物流合资企业。安吉天地汽车物流公司主要以技术咨询、管理、培训，以及仓储、运输服务为主业，向上海大众、上海通用等国内汽车制造厂家提供世界一流的物流服务，并为其在整车物流、零部件入厂以及售后物流等方面提供一体化、网络化的物流管理方案。随着经济全球化、伙伴协同关系日益复杂和增强，通讯技术、网络信息技术进步以及管理思想的创新，都要求安吉天地物流利用先进的技术来提高分销供应链的效益。网络技术不仅缩短了供应链，同时也造就了更加挑剔的客户，他们希望企业的服务变得“更好、更具个性化、更快、更便宜”，安吉天地物流公司是介于供货方和购货方之间的第三方，它的运营必须建立在以客户为中心的观念之上。通过考察国外先进的物流企业的管理经验，他们发现，客户服务中心的建立对于不仅仅可以提升客户的满意度和忠诚度，而且可以有效实现产品与信息从原料到最终消费者之间的增值服务。所以，呼叫中心作为一种服务和交易平台受到安吉天地物流的重视。

2003年8月，上海三贝信息技术有限公司，成功打造安吉天地物流公司的客户服务系统，将安吉天地的各个部门有效地融入一个以“呼叫中心”为主的信息交换平台，并且从当前企业的现状进行分析，提供一套完善的客户服务系统解决方案，不仅可以提供本地区服务，而且还可以做到长距离的跨区域服务，能够及时聆听客户的需求，有效地帮助安吉天地解决客户信息的采集、传输、共享，提高决策水平，从而在进行合理的库存、运输、配送等最佳的方式满足客户的需求的同时，也给其带来更多的效益。安吉天地物流客户服务中心作为企业的核心服务系统，是集企业形象宣传、信息查询、业务受理类服务、客户投诉及建议、客户回访与主动呼出为一体的企业级多功能呼叫中心平台系统。该系统是建立在奥迪坚高度一体化呼叫中心平台之上的客户服务系统，采用先进的通讯与计算机相结合的一体化呼叫中心技术，在一台服务器上充分融合了CTI、PBX、ACD、VoIP、Voice、E-mail等技术和应用，并充分利用企业现有的信息网络资源，将自动语音查询、人工服务、因特网服务、信息资料处理紧密结合起来，为物流企业提供了网络时代高效通讯所需的常用功能。

三贝采用的奥迪坚统一的模块化设计，把握良好的程序设计思想，严格按照软件工程思想进行程序设计，并且结合物流行业的特点进行可行性分析、需求分析、系统分析，才能保证该服务中心的维护响应的速度。该系统是以一个特定号码作为电话接入的系统号码，提供全天候24小时不间断服务，客户可以利用电话、传真、手机、电子邮件、因特网等方式向企业请求相关服务，系统可以及时响应客户的需求，并且可以集中受理订单状态查询、客户投诉、客户业务咨询和处理业务，能与Internet、数据库系统很好地集成，实现数据共享和各种其他不同的业务功能。奥迪坚凭借其高度的灵活性和柔韧性，可以无缝地嵌入安吉天地个性化的业务和服务流程和高效、简洁、实用的信息管理系统，成为真正的综合性服务和营运中心。系统通过电话、传真、Internet、E-mail 等多种方式，结合后台订购配送机构订单管理、数据挖掘分析、库存管理、财务管理等功能；并且提供智能路由选择、电话外拨、预计客户等待时间、屏幕弹出、呼叫与数据同步转移等先进功能，让客户感受到高质量的服务，提升客户的忠诚度。同时，可以与 CRM、ERP、DRP、PRP 等系统完美结合，为信息的使用者提供了最大限度的灵活性和实效性，形成完善的企业供应商管理信息系统。值得一提的是，奥迪坚基于 IP 的分布式呼叫中心技术，可以实现公司各地业务、物流中心、仓库、销售代表、售后服务等部门通过 VoIP 方式的有机结合，既可节省企业的运营成本，也可以拓展企业销售与服务的外延。

三贝构建的安吉天地物流客户服务系统具有很强的扩充能力，升级方便，系统的安装调试快速，管理机制简单、功能齐全、操作快捷，人机对话界面友好，投资回报率高。为安吉天地提供一致化、个性化、一站式的服务与支持，加强销售管理，实现订购电话惟一、订单处理统一，提高整个销售渠道的工作效率，确立快速的市场响应速度，提高单位运力，直接降低企业销售运营成本，并且快速响应客户投诉，最大限度提高客户服务满意度，从而大大提高物流企业的竞争能力。

参考文献

1. 张毅．现代物流管理．上海人民出版社，2002

2. 王成．现代物流管理实务与案例．企业管理出版社，2001

3. 王斌义．现代物流实务．对外经济贸易出版社，2003

4. 宋华等．现代物流与供应链管理．经济管理出版社，2000

5. 王焰．一体化的供应链．中国物资出版社，2002

6. 林涛等．客户服务管理．中国纺织出版社，2002

7. 现代物流管理课题组．物流服务管理．广东经济出版社，2002

8. 现代物流管理课题组．物流客户管理．广东经济出版社，2002

9. 徐章一．客户服务——供应链一体化的营销管理．中国物资出版社，2002

10. 叶万春．服务学营销．高等教育出版社，2001

11. 王方华，高松，刘路辕，张佰华．服务营销．山西经济出版社，1998

12. 李胜利．客户服务．民主与建设出版社，2002

13. 徐文静．物流战略规划与模式．机械工业出版社，2002

14. 何明珂．物流系统论．中国审计出版社，2001

15. 崔介何．物流学概论．中国计划出版社，1997

16. 苏士哲．英汉物流管理辞典．清华大学出版社，2001

17. 金真，唐浩．现代物流——新的经济增长点．中国物资出版社，2002

18. 马士华，林勇，阵志祥．供应链管理．机械工业出版社，2002

19. 陈祝平．服务市场营销．东北财经大学出版社，2001

20. 雷蒙德·P·菲斯克等．互动服务营销．张金成等译．机械工业出版社，2001